金融
リテラシー
入門
応用編

幸田博人／川北英隆 [編著]

Introduction to
Financial Literacy

一般社団法人 金融財政事情研究会

はじめに

　本書は「金融リテラシー」2分冊の後半部分に当たる「応用編」となる。すでに、「基礎編」の「はじめに」において、本「金融リテラシー」の書籍化の由来については詳述しているが、「応用編」のみ手にとられる方もおり、簡単に書籍化の由来について記載しておく。

　大学生向けの教科書を作成しようと思い立ったきっかけは、私（幸田博人）と京都大学経営管理大学院の川北英隆特任教授（京都大学名誉教授）との共同で、2019年度後期に、京都大学経済学部において「金融リテラシー」の講義を行ったことである。京都大学で「金融リテラシー」の講義が行われるのは初めてであった。対象学生は、2・3・4回生であり、幅広く学生が学ぶことが可能な形態として用意されたものである。「金融リテラシー」の講義に、250名を超える多数の学生の履修登録があったが、これは、当時、話題となったいわゆる2,000万円問題の直後の講義スタートということもあり、学生の関心がきわめて高かったという背景もあった。14回の講義に、金融庁や金融機関などの外部の専門家を多数（10人）お招きして、現場での「金融リテラシー」に係る問題意識を直接講義に取り入れることをねらいとした。また、学生にとって、この「金融リテラシー」の課題が、日本社会の将来の発展にとっていかに重要であるかを認識しつつも、簡単には金融リテラシーの全体水準が底上げされていかないだろうということも理解されることとなった。

　「金融リテラシー」に関する体系的な内容について、編者（幸田・川北）としては、若い方々に、共通認識が得られるように、地道に基盤を整えていくことこそが、きわめて大事なことではないかとの思いがある。そうしたなかで、講義録そのものの書籍化というよりは、むしろ、主に大学生向けに体系的な教科書としての書籍を作成することが、こうした「金融リテラシー」に係る基盤を整えていくことに通じるのではないかと考えた次第である。

　こうした観点もふまえると、教科書としての「金融リテラシー」は、基礎

的なことをきちんと学んだうえで、そのベースから発展的な応用課題、たとえば、資産管理の高度化、金融テクノロジーであるFinTechをめぐる状況変化、さらには、高齢化のなかでの金融ジェロントロジー（老年学）問題などについての理解を深めていくことがよいのではないかと考えた。内容の多面性にも鑑みて、「基礎編」と「応用編」の2分冊方式としたものである。

　本書は、第2分冊の「応用編」として構成したものである。「応用編」では、「金融リテラシー」と、世の中の金融（資産運用、金融商品に係る事項など）に関するさまざまな変化が、どういうかたちでかかわりをもつかについて、具体的な経済や金融の事象との関係をみながら、読者の理解を広げていくことを企図したものである。そういうことを通じて、「金融リテラシー」についてどういう観点から重要と考えるのか、なぜ「金融リテラシー」が必要なのかなどに関し、考えを深めていくことがおおいにできればと思う。個人それぞれの「金融リテラシー」が問われる局面が今後生じていくのはなぜなのか、日本の高齢化社会の到来と「金融リテラシー」の向上には、どういう課題を考えておく必要があるかなどについて、各論的に構成したものである。

　すなわち、金融商品をめぐる販売面の課題、金融機関のビジネスモデルとの関係、資産形成の重要性、資産運用の高度化の観点、FinTechが広がっていくなかで「金融リテラシー」のあり方が大きく変わる可能性があること、年金運用との関係など、さまざまな側面から、基礎的な「金融リテラシー」の理解を土台にしつつ、そうした応用的な観点での理解を進めることができればと考える。後述する「「応用編」のねらいと構成について」に、本書の構成について詳述してあるので、参照されたい。なお、第1分冊の「基礎編」とあわせて、本書籍を熟読することが、「金融リテラシー」の全体像を理解するためには欠かせない。「基礎編」については、「応用編」の前提として、若い読者を含めてさまざまな世代の方々に手にとっていただくことは望まれるところである。

　2020年に入った途端に生じた新型コロナウイルス感染症（COVID-19）の広範囲な影響は、いまだに収まる様相はみえない。新型コロナウイルス感染

症がもたらす問題は、社会・経済の枠組みに大きな影響を与えつつ、新たな社会のあり方の構築に向けて大きな変化を生じさせている。また、日本においては、2020年代に入り、社会・経済構造の大きな変革期、転換期に、本格的に直面していくこととなる。具体的には人口減少・シニア化の加速、同時に地方の縮退など社会のあり方そのものに、どう立ち向かうか、すなわち社会・経済構造のあり方そのものが問われている。グローバル化の先行き不透明と自国中心主義の広がりのはざまのなかで、将来の道すじや方向感が定まりづらく、また、大企業としての停滞（スピード感の欠如）およびイノベーションへの取組みの遅れなど、日本的な構造的なさまざまな課題が突き付けられている。

「金融リテラシー」のなかで取り上げた資産形成やジェロントロジーなどのテーマは、そうした社会・経済に係る構造上の問題から出てくる地域縮退や地域間格差・世代間格差の問題などとも、きわめて近接している。「金融リテラシー」を学んでおくことは、これから生じることとなる日本の社会・経済構造の大きな変貌が、日本の旧来型社会・経済システムに相応なる揺さぶりをかけてくるなかで、個々人にとっての強い基盤になるものと思われる。また、そうした個々人の強さが、日本の社会・経済構造の安定化にも通じることになりうると考えている。特に、この「応用編」には、そうした日本の社会課題につながる課題が山積みであることが、十分に認識され、それらを、どういうかたちで乗り越えていけるか、ヒントになる事項も多いと考える。

足元、新型コロナウイルス感染症の問題が明らかにした日本の旧来型社会・経済システム、特に、デジタル化の圧倒的な遅れは明確に認識され、行政や大企業の運営の仕組みそのものを、根本的に変えざるをえないこともはっきりしつつある。そうした大きな環境変化のなかで、「金融リテラシー」というものの重要性を日本国民が十分に認識して、ライフプランのなかでの金融へのかかわり、資産形成に向けたアクションをとることで、日本全体の強みに変えていくことが求められる。ポストコロナ時代には、新しい働き方を前提に、「金融リテラシー」を有意義に活用した人生設計、あるいは人生

100年時代を生き抜いていくことが必要であろう。

　今回の「金融リテラシー」の２分冊での出版にあたっては、本教科書の作成にご参加いただいた皆様、「基礎編」では、福本勇樹氏（ニッセイ基礎研究所）、森田宗男氏（金融庁）、加藤健吾氏（日本銀行）、増田剛氏（東京証券取引所）、山内恒人氏（慶應義塾大学理工学研究科）、佐藤雅之氏（金融庁）、「応用編」では、安野淳氏（金融庁）、野尻哲史氏（合同会社フィンウェル研究所）、野村亜紀子氏（野村資本市場研究所）、松尾元信氏（金融庁）、髙橋則広氏（年金積立金管理運用独立行政法人（GPIF）前理事長）、以上の方々には、本書作成に係るご協力に深く感謝を申し上げたい。

　あわせて、今次書籍化に伴い、有識者の方々に、「金融リテラシー」に係るコラムでのご寄稿をお願いし、以下の皆様から深みのあるコラムのご寄稿をいただいた。「基礎編」では、８名の方々（高田創氏、湯山智教氏、草鹿泰士氏、藤田和明氏、堀天子氏、奥野一成氏、松山直樹氏、河合江理子氏）、「応用編」でも８名の方々（大澤佳雄氏、角田美穂子氏、大橋圭造氏、飯山俊康氏、吉永高士氏、門間一夫氏、大庫直樹氏、新井紀子氏）からコラムのご寄稿をいただいた。本書に、少しでも視野の広がりがあるとすれば、こうしたコラムを通じてのさまざまな示唆が、きわめて参考になるところによるものである。

　本書は、きんざい出版部の堀内駿さんの熱心なサポートとご協力なくして成立しなかったものであり、さらには、私の編集作業をサポートしてくれた黒田真一さんの協力で実現したものであり、感謝している。

　冒頭でご紹介したように、もともとの京大の「金融リテラシー」の講義の内容が、本教科書作成の出発点であったことから、その講義に関しサポートいただいているみずほ証券株式会社に感謝するとともに、京都大学大学院経済学研究科長兼経済学部長の江上雅彦教授をはじめとする京都大学の皆様方のご支援に、御礼を申し上げる。また、この講義のゲスト講師に、多くの金融庁の方々にご参加いただいたことについても、金融庁としての強い問題意識に加えて、具体的な活動を積極的に進めていただいている一環として、本サポートに感謝したい。

　私は、社会人になってから通算36年にわたって金融機関で働いてきた。

2018年7月からは縁あって、京都大学経営管理大学院特別教授としていくつかの講義を担当している。2019年に、「金融リテラシー」の講義を川北特任教授と共同で行い、これを契機にこうした教科書としての「金融リテラシー」の書籍を出版することができた。金融に携わってきたものとして、金融機能のベーシックな理解がさまざまな方々に広がることに、少しでもお役に立てればと思う。

　本書籍は、できれば今後も改訂をしながら、長く若い方々の参考書籍になることにつながればと考えている。読者の皆様から忌憚のないご意見をお寄せいただければと思う。

幸田　博人

【執筆者紹介】

幸田　博人（こうだ　ひろと）　編著、「応用編」のねらいと構成、第2章、第9章

京都大学経営管理大学院特別教授・大学院経済学研究科特任教授

一橋大学経済学部卒。日本興業銀行入行、みずほ証券執行役員、常務執行役員、代表取締役副社長等を歴任。

現在（2018年7月～）、株式会社イノベーション・インテリジェンス研究所代表取締役社長、リーディング・スキル・テスト株式会社代表取締役社長、株式会社産業革新投資機構（JIC）社外取締役、一橋大学大学院経営管理研究科客員教授、SBI大学院大学経営管理研究科教授など。

著書に、『日本企業変革のためのコーポレートファイナンス講義』（編著、金融財政事情研究会、2020年）、『プライベート・エクイティ投資の実践』（編著、中央経済社、2020年）、『日本経済再生25年の計』（編著、日本経済新聞出版社、2017年）、『金融が解る　世界の歴史』（共著、金融財政事情研究会、2020年）ほか。

川北　英隆（かわきた　ひでたか）　編著、第4章、第7章

京都大学名誉教授・同経営管理大学院特任教授

京都大学経済学部卒業、博士（経済学）。日本生命保険相互会社（資金証券部長、取締役財務企画部長等）、中央大学国際会計研究科特任教授、同志社大学政策学部教授、京都大学大学院経営管理研究部教授等を経て、現在に至る。

著書に、『株式・債券市場の実証的分析』（中央経済社、2008年）、『「市場」ではなく「企業」を買う株式投資』（編著、金融財政事情研究会、2013年）ほか。

安野　　淳（やすの　じゅん）　第1章

金融庁総合政策局総合政策課資産運用高度化室長

1989年、国際基督教大学教養学部卒業後、日本興業銀行（現：みずほ銀行）入行、外国為替、財形貯蓄、確定拠出年金等を担当。みずほ銀行にて、主に職域営業企画、資産運用企画（投資信託窓販、NISA等）、Fintech関連業務（投資信託口座開設アプリ、ロボアドバイザー等）を担当。2017年5月、金融庁入庁。総務企画局政策課、総合政策局総合政策課を経て2020年7月より現職。

野尻　哲史（のじり　さとし）　第3章

合同会社フィンウェル研究所代表

一橋大学商学部卒。国内外の証券会社調査部を経て、2006年からフィデリティ投信株式会社に勤務、フィデュリティ・インスティテュート退職・投資教育研究所所長。2019年5月、定年後の雇用延長契約で同所長を続ける傍ら、合同会社フィンウェル研究所を設立、資産活用世代向けに、資産の取り崩し、地方都市移住、勤労などに特化した啓発活動をスタート。行動経済学会などの会員のほか、2018年9月からは金融審議会市場ワーキング・グループ委員。著書に『IFAとは何者か──アドバイザーとプラットフォーマーのすべて』（金融財政事情研究会、2020年）ほか多数。

野村　亜紀子（のむら　あきこ）　第5章

野村資本市場研究所研究部長

1991年、東京大学教養学部教養学科卒業後株式会社野村総合研究所入社。NRIアメリカ・ワシントン支店、野村総合研究所資本市場研究部などを経て、2004年4月の野村資本市場研究所発足に伴い転籍。2017年4月より現職。年金制度、資産運用業界、証券市場制度等の調査研究を手がける。著書に『進化する確定拠出年金』（金融財政事情研究会、2017年）、共著書に清家篤編著『金融ジェロントロジー　「健康寿命」と「資産寿命」をいかに伸ばすか』（東洋経済新報社、2017年）ほか。

松尾　元信（まつお　もとのぶ）　第6章

金融庁証券取引等監視委員会事務局長

1987年、東京大学法学部卒業後、大蔵省（現：財務省）入省。広島国税局徳山税務署長、国際金融局為替資金課課長補佐、内閣法制局参事官、主計局主計企画官、同地方財政担当主計官、国際局為替市場課長などを歴任。2014年7月より金融庁総務企画局企画課長を経て、総務企画局参事官（信用・保険制度担当）、2017年7月より公認会計士・監査会事務局長兼任。2019年7月より金融庁総合政策局政策立案総括審議官、2020年7月より現職。

髙橋　則広（たかはし　のりひろ）　第8章

年金積立金管理運用独立行政法人（GPIF）前理事長
1980年、東京大学法学部卒業後、農林中央金庫入庫。長崎支店長、企画管理部
副部長、総合企画部副部長、債券投資部長、開発投資部長などを経て、2017年
6月、常務理事。2011年6月、専務理事。2015年6月〜2016年3月、JA三井
リース株式会社代表取締役兼社長執行役員。2016年4月〜2020年3月、年金積
立金管理運用独立行政法人（GPIF）理事長。

目　次

第1章　金融商品とその担い手のビジネスモデル

安野 淳

第4章　資産運用の高度化

川北 英隆

第7章　老後に備えた資産運用

川北　英隆

第8章　年金資金運用・ESG投資

髙橋　則広

「応用編」のねらいと構成について

幸田 博人

「応用編」の位置づけについて

　本書の成り立ちは、京都大学経済学部などで行った「金融リテラシー」講義をベースに、教科書として編集したものである。その詳細は、すでに冒頭の「はじめに」のところで記述してあるので、それを参照されたい。

　現在、「金融リテラシー」に係る大学での教育面の活動は、「金融教育」の一環として、講義形態で行われることが増えてきている。しかしながら、こうした枠組みが、日本のアカデミズムの場でどこまで定着しているのか、あるいは、今後どう定着を図っていけるかは、まだまだ途上である。アカデミズムにおける「金融リテラシー」に係る研究のレベル感、また、アカデミズムと実務（金融機関など）の連携などを考えると、欧米との彼我の差は大きいものと認識される。

　京都大学では、2019年度に初めて「金融リテラシー」の講義を行った。その趣旨は、以下の2つの観点で考えている。第一は、大学生一般にとって、将来の個人のライフプランのなかで"お金"や"金融の基礎知識"を知っておくことの有用性という観点である。これは、今回の教科書としての「基礎編」の位置づけとリンクしている。第二は、「金融リテラシー」というテーマが、アカデミズムとの連携で社会課題や金融課題の解決に向けて取り組む方向感のなかで相応の意義を有する（たとえばジェロントロジー問題などは典型である）。第二の観点は、教科書としての「応用編」の観点とリンクしている。これは、「金融リテラシー」の重要性について、日本の社会課題として明確にとらえ、体系的に理解をしていくことに通じている。そういう意味

で、「金融リテラシー」の「応用編」の位置づけは、「金融リテラシー」の教科書として、学生のみならず、金融関係者、当局など政策関係者、大学の教育・研究関係者など幅広い関係者との間で問題意識を共有し、日本の今後のあり方を考えていくにあたって重要な示唆を与えるものである。

全体の構成について

(1) コラムの位置づけ

「基礎編」でのコラム8本に加えて、この「応用編」においてもコラム8本を用意した。このコラムを本文（第1章から第9章）の前に熟読することで、この「金融リテラシー」についての問題意識のスコープが広がり、個々人にとっての「金融リテラシー」の有用性に理解が深まり、その活用の仕方がイメージできると考える。さらには、日本の今後の社会・経済構造の変化のなかで、「金融リテラシー」の重要性にも思いが広がる面もある。ぜひ、「応用編」8本のコラムをお読みいただいたうえで、本文に進んでいただくことをおすすめしたい。応用編のコラムは以下のとおりである。

大澤佳雄氏（株式会社許斐　会長）
「金融リテラシー　日本と米国」
角田美穂子氏（一橋大学大学院法学研究科　教授）
「AI時代の金融リテラシーを考える──法学の視点から」
大橋圭造氏
（一般財団法人国際ビジネスコミュニケーション協会（IIBC）　理事長）
「金融リテラシーと自己決定（self determination）に思いをよせて」
飯山俊康氏（野村ホールディングス株式会社　執行役員、野村證券株式会社
代表取締役副社長）

「行動なきリテラシーは無意味である——日本の金融リテラシーに求められるもの」

吉永高士氏（野村総合研究所アメリカ　金融・IT研究部門長）

「「日本人の金融リテラシー」問題の本質」

門間一夫氏（みずほ総合研究所株式会社　エグゼクティブエコノミスト）

「２つの金融リテラシー」

大庫直樹氏（ルートエフ株式会社　代表取締役）

「金融リテラシー議論の盲点」

新井紀子氏（国立情報学研究所　教授、一般社団法人「教育のための科学研究所」　代表理事・所長）

「データ時代の人材に求められる「新読解力」」

(2)　第１章〜第９章のポイント

第１章は、「金融商品とその担い手のビジネスモデル」と題して、金融庁の安野淳氏（金融庁総合政策局総合政策課資産運用高度化室長）に執筆していただいた。安野氏は、民間の金融機関（銀行）で長年リテール金融に携わり、近時、金融庁に入られて、行政サイドから金融にかかわることとなった。「金融リテラシー」に対する強い問題意識を有しておられることに加えて、民間との連携も意識されていることから、当局としての視点としてわかりやすい内容となっている。

資金循環の話からスタートし、「金融リテラシー」に係る問題意識をクリアに提示したうえで、金融商品について基礎的な内容から解説している。また、最近のデジタライゼーションの動向などにも目配りし、そのうえで、2017年３月に発表した「顧客本位の業務運営に関する原則」の位置づけや重要性に言及している。金融商品を取り扱う金融機関のビジネスモデルの課題にも言及しつつ、最近注目を集めているIFA（インデペンデント・ファイナンシャル・アドバイザー）という業態について、一定の独立した立場のもとで活動する担い手の将来的な可能性にも触れている。行政当局として、「金融リテラシー」がさらに浸透していくように、重要な担い手である金融機関の

課題解決に向けた取組みとして、何を政策的に重視しているかが、よく理解できる内容となっている。

第2章は、「金融機関のビジネスモデル」と題して、筆者（幸田）が執筆した。筆者は、2014年4月から2016年4月まで2年にわたり、証券会社の役員（常務執行役員）で国内リテール部門の責任者として、個人投資家向けの金融商品販売業務に携わっていた経験がある。第2章でも言及したプロダクトアウト型からフィー型への移行過程にあり、また、ゴールベースなどの議論をしていたこともあり、今回の執筆内容には、そういう観点での問題意識も記述した。

金融機関における「金融リテラシー」の位置づけや関係性に言及したうえで、金融機関としての営業スタイルについての観点、フィデューシャリー・デューティー（FD）の重要性、また、今後の日本の人口減少社会や急速な高齢化という大きな社会課題としての観点として"金融ジェロントロジー"を視野に入れながら、各世代において「金融リテラシー」の向上を、いかに進めていくかが大切であるかについて述べた。

第3章は、「資産形成と資産活用──超高齢社会の金融サービス」と題して、合同会社フィンウェル研究所代表の野尻哲史氏に執筆していただいた。野尻氏は、長年にわたる証券会社、アセットマネジメント会社での勤務のなかで、日本における「資産形成と資産活用」が十分に行われていないことについて危機感を覚え、さまざまな媒体を通じて発信されている。本章においても、「資産形成と資産活用」に焦点を当てて、わかりやすく説明している。

資産形成と資産活用の両面から考える時代に入ってきたことに関する視点を提示し、人口構成の大きな変化からの示唆や海外との金融資産比較などについて言及しつつ、「資産形成と取り崩し」に着目する重要性について論述している。また、「金融ジェロントロジー」（高齢者の金融資産を適切に管理・運用するための研究）の重要性に言及し、生涯にわたるお金との向き合い方の重要性、特に退職後の生活とお金、具体的には、「資産の取り崩し」の制度設計と社会的な意義を強調している。英国の例も引きながら論述しており、説得力がある。

第4章は、「資産運用の高度化」と題して、共同編者である京都大学経営管理大学院特任教授（京都大学名誉教授）の川北英隆氏に執筆いただいた。川北氏は、もともとの生命保険会社における長年の経験に加え、アカデミズムにおける資産運用分野やコーポレートファイナンス分野の専門性などもふまえ、日本の資産運用分野におけるトップクラスの専門家としての立場から、今回は、資産運用の高度化に関し、わかりやすく説明している。

　資産運用の高度化の論点として、具体的には2つのポイントを示している。1つは、多様な金融資産を活用する方法について、もう1つは、いわゆるFinTechについて、それが個人の金融資産に何をもたらそうとしているのかという観点である。前者については、資産運用における分散投資の意味とそれに基づく投資理論、特にリターンとリスクの関係の理論について詳しく説明し、また、分散投資の限界に関しても具体的に詳述している。後者については、FinTechが個人の金融資産にどのように影響しようとしているのか、いくつかの事例として、決済や投資アドバイスの観点でその将来的な可能性について、指摘している。

　第5章は、「金融ジェロントロジー——人生100年時代における資産管理のあり方」と題して、野村資本市場研究所の野村亜紀子氏（研究部長）に執筆していただいた。野村氏は、資本市場に係る制度面や個人投資家に係る動向などの調査を長年行っており、海外における資本市場の動向にも大変通じていて、最近では、「金融ジェロントロジー」の分野について、先進的なリサーチを行っている。今回の教科書では、日本の今後の人口問題の深刻さを「応用編」の1つの重点テーマとして位置づけており、「金融ジェロントロジー」の基本的事項についての要点を、わかりやすく説明している。

　「金融ジェロントロジー」が注目されている背景、少子高齢化社会の到来と認知症という現実的な問題のとらえ方、また「健康寿命」を延ばすことの重要性を「金融リテラシー」の文脈で整理している。「金融ジェロントロジー（Financial Gerontology）」とは、1980年代に米国で始まった学術分野の1つであり、老年学や老齢学と訳されるジェロントロジーという学術分野を、金融、ファイナンスに応用しようとしたものである。学際的な観点で取

り組む重要性を、詳しく説明している。そのうえで、「金融ジェロントロジー」の実践とは何か、現在進んでいる具体的な取組みについて解説し、今後、日本の社会課題として、「高齢化と金融包摂」というアジェンダとして取り組む必要があることについて言及している。

第6章は、「FinTechと金融デジタライゼーション戦略」と題して、金融庁の松尾元信氏（前総合政策局政策立案総括審議官、現証券取引等監視委員会事務局長）に執筆していただいた。松尾氏は、長年、金融行政にかかわってこられ、「金融リテラシー」に対する強い問題意識を有しており、近時、FinTechに係るさまざまな政策面における具体的な取組みの中心的な役割で担当していることから、当局としての「FinTechと金融デジタライゼーション戦略」について、まとめたものである。

最近のIT化の急速な進展やデジタライゼーションの加速化などをふまえ、「金融リテラシー」において、こうした新しいデジタライゼーションの動きがいかに重要か、いまFinTechでどんなことが起こっているのかについて、整理している。そのうえで、金融庁が2019年に打ち出した「デジタライゼーション戦略」の重点5分野、①データ戦略の推進、②イノベーションに向けたチャレンジの促進、③機能別・横断的法制の整備、④金融行政・金融インフラの整備、⑤グローバルな課題への対応について、解説している。また、重要なトピックスとして、暗号資産の法制度とブロックチェーンにも言及している。

第7章は、「老後に備えた資産運用」と題して、再度、共同編者である川北英隆氏に執筆していただいた。今回は、老後に備えた資産運用の観点から、老後の生活に備えるための資産運用の中心的な位置づけとしての年金について、その後、投資に関する税制について、わかりやすく説明している。

ライフステージと年金の関係を概観したうえで、公的年金の資産運用のモデルポートフォリオの考え方を理解し、そのうえで、個人投資家としての株式や債券に対する投資スタンスについて、解説している。さらには、ESGの視点からの長期投資、投資信託の位置づけなどにも言及している。最後に、長期投資に関する税制の活用という観点から、年金制度と税制上の優遇

6

措置などにも言及するなど「税リテラシー」にも言及しており、まさに「老後に備えた資産運用」にふさわしい内容となっている。

第8章は、「年金資金運用・ESG投資」と題して、年金積立金管理運用独立行政法人（GPIF）の前理事長の髙橋則広氏に執筆していただいた。厚生労働大臣から寄託された年金積立金の管理および運用を行う独立行政法人として、年金資金運用をどういう考え方で行っているかについて、整理して記述している。また、GPIFがESG投資をすることについての意義にも言及いただき、新しい取組みのご紹介もしている。

まず、年金の運用のいちばんの基本としての長期の分散投資について、詳しく、過去のデータなども活用して解説しており、なぜ、長期分散投資が必要なのか、わかりやすく説明している。そのうえで、年金積立金の役割や運用実績について詳述していて、年金運用に係る全体像をとらえることができる。また、最近のESG投資については、GPIFとしてのスチュワードシップ活動の位置づけなどに言及し、具体的なGPIFとしてのESG投資の内容について説明しており、ESG投資の重要性について、十分に認識できる内容になっている。

第9章は、「「基礎編」「応用編」のまとめ──今後の「金融リテラシー」の展望」と題して、筆者（幸田）が執筆した。編著者として、この「基礎編」「応用編」を通じて、「金融リテラシー」に関し、何を感じ、どういう課題認識をもち、そして、今後の「金融リテラシー」の展望をどうとらえているのかについて、最後に"まとめ"として記述したものである。

視点として、2つの点を記述した。第一は、コラム16本と川北英隆氏の2本の「おわりに」から、どういうことが浮かび上がるのかに関し整理して、いくつかの重要な視点を指摘した。第二は、20年来にわたる「貯蓄から投資へ」「貯蓄から資産形成へ」という流れが、いまだに停滞したままであることを、どうとらえておくかについて、筆者の認識を記述したものである。これらの点については、ぜひ、読者からの忌憚のない意見をいただければと考えている。

このように、第1章から第9章までを、「応用編」として幅広くカバーした構成内容となっている。なお、各執筆者の記述については、金融庁の方々を含め、私見にわたる部分が含まれていることは、各執筆者から、「あらかじめお断りしておきたい」との意向もいただいており、本「「応用編」のねらいと構成について」においても、筆者から、その旨言及しておきたい。

　「金融リテラシー」の全体像の骨格が「基礎編」をベースとしつつ、さらに「応用編」の部分が付加され、広がりをもって構成できていると考える。今後の大学生の「金融リテラシー」の向上に資するだけではなく、グローバルイシューとしての「金融リテラシー」の重要性に鑑み、関係者の問題意識が醸成され、「金融リテラシー」の向上に向けた政策的な取組みが浸透していく一助となることができれば、幸いである。

金融リテラシー　日本と米国

株式会社許斐　会長
大澤　佳雄

　なぜ日本において「金融リテラシー」が市場参加者に普及していないのか。本書は今日の市場を動かす大きな力となってきた個人に向けて著されているが、真っ当な「金融リテラシー、市場リテラシー」が銀行、証券会社、機関投資家、資金調達者である企業はもとより政策当局においても理解され始めたのは、誤解を恐れず極論すれば、「つい先日」といってもよい。なぜかの淵源をたどってみよう。

　第2次世界大戦後の日本経済の復興と高度成長は恒常的な資金（資本）不足を背景に、「市場」主導の反対概念として「政府＝制度」主導で実現したといってよい。その「政府」主導の根幹をなすものが、銀行などの金融機関に預貯金を集中させることであった。銀行に集まった資金を経済政策、金融政策にのっとって資金配分をさせることで、戦略的かつ効率的に政策重点産業の発展を促したもので、企業のバランスシートの右側（負債、資本）はほとんど銀行からの融資と株式投資によって充足されていたといってよい。お金を預ける個人にとっても元本割れのリスクがない金融機関の定期預金や社内預金に預けておけば、10年で倍になるような金利水準が長く続いていたのだ。「金融リテラシー」の理解が必要な個人はほんの一部の「お金持ち」に限られ、その範囲も「財産三分法（現金、株式、不動産）」や、金融の繁閑の判定、株式市場の相場理論程度のものであった。

　日本経済の高度成長も1970年代には終焉を迎え、金融市場の開放が徐々に進められていたが、1985年「プラザ合意（過大評価されていたドルレートの修正するオペレーションを行う多国間合意）」をきっかけに、「円買い」が起こり、当局にとっても思いもよらない大量の外貨資金が国内の窮屈な仕組みの

なかに流入した。高成長を前提とした旧来の金融制度を温存しながら「外圧」に背中を押され部分的な金融自由化（市場化）を認めてきたが、政府、日銀ともに「市場のリテラシー」の理解が十分であったとはいえない状況であった。急激な円高の進行で企業マインドは冷え込み資金需要もない状況のもと、行き場を失った大量の資金が株式や土地などの資産市場へ集中することになり巨大なバブル現象が展開した。当局は資産価格が急騰しても消費者物価が安定的に推移していたこともあり、「実体経済にはさしたる影響がない」と高をくくっていたのだ。銀行、証券会社、機関投資家、企業から個人に至る市場参加者も株価、地価ともに永遠に下がらないとの幻想に酔ってバブルに踊り、大切な「資産＝国富」を大きく損耗する結果となった。金融機関の不良債権は100兆円にのぼり、多くの銀行、証券会社、事業会社が破綻した。バブル経済はもちろん「市場の失敗」であるが、わが国の場合は金融制度を司ってきた「政府の怠慢による失敗」であったことに異論はあるまい。

　敗戦ともいわれるバブルの崩壊を受けその傷跡の修復に多くの時間を要したが、日本が第2次世界大戦後「民主主義」を何のてらいもなく受け入れたごとく、市場主義へのコペルニクス的転換（1996年から2001年のいわゆる日本版金融ビッグバン）が敢行された。しかしながら金融統制の時代が崩壊した後の金融業界の業態転換、市場の環境整備に時間を要したことはいうまでもない。金利や証券価格が毎日変わる世界になり、長期金融、短期金融の分離、銀行、証券の業務分離が撤廃され、当局も金融行政から監督へ軸足を移した。投信運用、年金運用などを主体的に行う投資顧問業が誕生したことは個人の市場へのアクセスにとって最も重要なことと考えられる。不動産や債権の証券化が進むなどファイナンシャルテクノロジーを駆使した新しい金融商品が開発され投資のユニバースが一気に広まったといえよう。

　「市場に資金配分を委ねる」自由主義先進国米国でさえ、大恐慌後1933年以来守られてきた銀行業務、証券業務の分離法制（グラス・スティーガル法）が撤廃されたのは1999年であり、まさについ先日のことといってよい。規制は緩やかだが公正さを追求するルールは厳しい米国市場でも今世紀に入っ

て、エンロン、ワールド・コムの粉飾会計事件、大手投資銀行リーマン・ブラザーズの破綻に帰結するサブプライム・ローン証券化事件など世界を震撼させる不祥事が続いている。市場の花形銘柄の企業が突然破綻し、最も信用力の高い債券が紙くずになってしまったのだ。昨日確立した「金融リテラシー」が今日も通じるとは限らないことは頭に入れておく必要がある。

　「金融リテラシー」普及の先進国米国の個人投資家の行動をみてみよう。筆者が初めてニューヨークを訪れたのはオイルショックの年、50年近く前のことである。マンハッタンのグランド・セントラル駅の広いコンコースの突き当たりにメリル・リンチのブースが陣取り、50インチほどの大きなディスプレイが掲げられていた。手元のキーボードに銘柄を入力すると株価や罫線が表示されるサービスを提供していた。ダウ平均が1,000ドルを割る局面でもあったので、毎夕のラッシュ時になると大行列ができ自分の持株の動向をチェックして帰宅する「善良な投資家たち」の姿をいまでも鮮明に思い出す。

　米国の個人投資家については、ご婦人方の「投資研究会」がプロのアナリスト顔負けの分析能力と投資判断をもっていることはつとに知られている話だ。2003年の「金融リテラシー改善法」に結実する投資教育も小学生の頃からなされており、個人の資産形成はあくまで個人のリスク・テイクとその成果で実現するということが子どもの頃から叩き込まれている。多くの信奉者（株主）がいるウォーレン・バフェット氏が主催するバークシャ・ハザウェイ社の株主総会は中西部の田舎町オマハで開催され、毎年多くのプロの運用者から個人が集まる。今年（2020年）の総会はコロナ禍でストリーミング配信となったが、今年90歳にもなるバフェット氏が4時間半の総会を取り仕切った。航空関連株を売り払った同社のこれからの投資動向に関心が集まったが、株主に対してはなんと「SP500に投資することを勧める」とし、「当社の株価がこれから10年同インデックスに勝てるかどうかに人生を賭けたくない」とまで言い切ったそうである。まさに長期投資を主軸にするバフェット氏の真骨頂の発言である。米国では1株から株を買えるので同社の株主になるには日本円で20万弱の資金を投じればよい。また、世界最先端のテクノロ

ジーの世界に参加しようと思えば同様の元手でGAFAやインテルの株を買うことができる。米国では建国以来のフロンティア精神がいまだに衰えておらず、自ら働く以外に自分の手元資金を投じ、それを生かして別次元の経済活動に参加することに大きな意義を認めているといってよい。稼いだお金は貯めておくという日本人の感覚とはおおいに違っているといえるだろう。

　米国においては1974年に制定されたエリサ法によって企業年金の運用が国債などの固定金利の世界から株式投資へ向かった。過去のデータから株式市場のパフォーマンスが国債などの債券投資利回りをはるかに上回っていることが実証され、元本安全な債券投資に安住することは同法の定める忠実義務（フィデューシャリー・デューティー）にもとると解釈されたことが転換のきっかけとなった。その背景にはベトナム戦争やオイルショックに悩む米国経済の再生を、株式市場を「経済成長のエンジン」として活性化させ新しい投資を刺激するけん引力としたいとの連邦政府の政策意図があったことは否めない。さらに年金の世界でも1981年には確定拠出型年金が生まれ、いまや年金制度の主流となっている。運用手段は自社株をはじめ多種多様な選択肢が用意されているが、従業員それぞれが運用手段を選択し、年金受給額はその成果によって決まる。米国における市場の整備、運用手段（投資スタイル）の多様化、アセット・マネジメント業界の発展はここに始まったといっても過言ではない。一般個人の金融リテラシーの普及も否応なしに急速に進んだ。

　翻って日本では、バブル経済の崩壊とその修復のプロセスで終身雇用制度（定年制）、年功序列制度、約束されたベースアップなどの日本的雇用慣行の修正が迫られ、大企業に就職してもその傘の下に安住できない時代が到来した。年金制度も米国に遅れること20年ではあるが、企業、個人ともに自らが運用リスクを負う確定拠出型の年金制度が発足した。中央銀行のマイナス金利政策も実に4年の長きにわたって続いている。個人金融資産の過半を占める預金の金利も定期預金をしてもほとんどゼロに近い水準が長く続いている。このような状況下、個人は「金融リテラシー」を習熟し市場に乗り出さなければならないことは自明のことであるが、そのような環境が十分に整備

されているであろうか。バブルの崩壊から30年、銀行などの金融機関、証券会社、保険会社、投資顧問会社など金融サービスを提供する側もリテールに軸足を移したが、いまだに本部主導のキャンペーン型プロダクツ・アウトの営業姿勢が色濃く残っている。個人投資家が安心して相談できるライフタイム・アドバイザー的な「金融プロフェッショナル」が育つことが期待される。

　現在（2020年）世界経済に急ブレーキをかけているCOVID-19の終息はみえないが、その後の世界においては、再び資本主義（民主、自由主義）の有効性が問われることに異論はない。成熟先進国が足をそろえてSDGs（持続可能社会実現の展開目標）に向かっていけるのか、企業レベルでは経営の基本にESG（環境、社会的責任、会社規律）を据えることができるのかが問われる。個々人こそが金融リテラシーはもちろん、世界市民としての正しい生き方のリテラシーを高めて、資本主義の新しい姿をつくりだす原動力にならねばならない。

AI時代の金融リテラシーを考える
──法学の視点から

一橋大学大学院法学研究科　教授

角田　美穂子

金融リテラシーも法学もすべては自由な意思決定のため

　法学の視点からみると、金融サービスは主に「契約」の問題ということになる。契約の内容を示して締結を申し入れる意思表示（申込み）に対して相手方が承諾をすれば契約が成立し、合意したとおりのサービスを事業者は提供し、利用者は対価を支払うことで完結する。そして、どんな内容の契約を誰と締結するか、そもそも契約を締結するか否かも含めて自由が保障されている（契約自由の原則）。それを裏返せば、自らの意思決定の帰結である法的効果は自らが受け入れなければならないということになる（自己責任原則）。

　しかし、若者の過剰なカードローンを利用してのマルチ商法、高齢者にハイリスクで複雑な金融商品を「定期預金みたいなもの」といって販売した場合にまでこの原則を貫くことは、自由を空疎なものにしかねず、法が実現すべき正義にもとる結果になりかねない。だからこそ、自己責任原則を原則としながらも、金融サービスの「消費者」として契約の拘束力を否定しやすくしたり（クーリングオフや消費者契約法）、あるいは、事業者に説明を義務づけ、顧客のニーズや属性に適合しない商品は勧誘してはならない（適合性原則）といった法規制や法解釈が蓄積されてきている。そして、金融リテラシーとは「どのサービスが自分にとって適切なのかを主体的に検討して選択していくために必要な金融や経済に関する知識や判断力を指す」のであるから、アプローチの違いこそあれ、契約の意思決定の自由を確保するという目的は共有している。その意味で金融リテラシーと法学とは切っても切れない

関係にある。

　ただし、ここで注意が必要である。金融リテラシーが問題にしている事項は、法学がこれまであまり注意を払ってこなかった領域だということだ。民法の世界では、市民社会の構成員は成年になれば契約などの法律行為は単独でできる行為能力者として扱われ、いわば金融リテラシーは前提問題となっている。成年年齢が満20歳から18歳へ引き下げられることで消費者トラブルの増加が懸念されているのは、まさにこの文脈だ。

AI普及によって、金融リテラシーはいらなくなるか

　金融サービスへのAI導入が盛んである。法学の視点からみて興味深いのは、AIが担うタスクが広がりをみせていること、特に知的労働を代替する方向での発展を遂げていることである。たとえば、AIを使って自動化された投資アドバイスを受けられるロボ・アドバイザーという革新的な金融サービスが登場しており、注目を集めている。このサービスを例に、金融リテラシーの今後について考えてみることにしよう。

　筆者のみるところ、金融リテラシーには少なくとも4つのレベルがある。金融や経済の「知識」、資産管理の決定を行う「判断能力」、そのための「スキル」、そして、自らの人生設計図をふまえた「決断」である。ロボ・アドバイザーのなかでも顧客にかわって投資「判断」を行う一任型では、使用者自身に投資の「知識」や「スキル」がなくともポートフォリオ理論を実装した資産運用が自動的に実現する。意思決定の機械化は、無意識のうちに合理的な「判断」を妨げてしまう行動バイアスの回避も可能とする。しかし、ロボ・アドバイザーで最も注目すべきは、自動化による価格破壊で、これまで富裕層しかアクセスできなかったサービスの敷居を劇的に下げ、普通に働いている現役世代にも広く門戸を開いたことであろう。この世代は、家計資産を保有しているというより形成途上ということもあり、投資・資産運用への関心を高めることが往年の課題となっていた。進行する高齢社会の年金制度を支えながら、長寿という人類未踏の世界に自ら足を踏み入れることになる現役世代の、人生設計図をふまえた「決断」までも、このサービスは視野に

入れている。将来的には、リタイア後の資産取り崩しのアシストも重要なテーマとなるだろう。しかし、忘れてはならないのは、そのようなAI導入サービスを選んで契約するという意思決定を人間がしたということ、そして、そのメリットを享受するということは、自分の意思決定の頻度を減らし、より広い裁量のあるタスクをAIに託しているということだ。

たとえば、建築家に家を建ててもらうことにしたとする。これは請負契約であるが、この契約の特徴は、仕事の成果として家を完成させるにあたって請負人には裁量が認められていることだ。しかし、そこは注文者にとっては生活の拠点になるので、いろいろな要望を出すだろう。建築家は専門家の立場から、それらのニーズを具体化していくことになる。逆にいえば、請負契約を結んだ注文者は自分にふさわしい生活の器を具体化してくれる建築家を選ぶという、非常に大事な意思決定を行ったことになる。金融リテラシーは、その意思決定を最適なものに近づけてくれるだろう（そのための費用の算段など）。

ある実験結果から

この例は別のインプリケーションも与えてくれる。大事な意思決定の後はすべてお任せではなく、かかわり続けなければならないということだ。

ここで、ロボ・アドバイザー導入が投資家に何をもたらすかを実験したある研究（D'Acunto, Prabhala, Rossi, The Promises and Pitfalls of Robo-advising, The Review of Financial Studies, Vol 32, Issue 5（2019）1983-2020）によると、導入前には投資先を分散していなかった顧客にとっては、ロボ・アドバイザーは着実にポートフォリオ分散の向上とボラティリティの低減、そして運用成績の向上ももたらした、とある。逆に、導入前から分散投資をしていた顧客（金融リテラシーが高い人であることを示唆しよう）には有意な変化は認められなかった。他方、顧客の属性いかんにかかわらず、投資判断の行動バイアスの「解消」ではなく「減少」、オンラインアカウントへのログインを通じた顧客の注意・関心の向上が確認されたという。

実験で使われたデータはインドの株式投資のみ、分散も株式銘柄数という

ことで、示唆を読み解く際には注意が必要だが、この結果はいくつかの意味で示唆的である。まず、ロボ・アドバイザーというAI導入サービスを選択することによってもたらされるメリットは顧客の類型いかんに左右され、しかも、そのメリットは金融リテラシーが向上することで大きくなるとは必ずしもいえないということだ。このことは、顧客のニーズ・属性と金融商品の複雑さやリスクに着目して適合的商品・サービスか否かを判断してきた適合性原則をAI時代仕様にヴァージョンアップする必要性を示唆しているように思われる。

そして、この研究論文でも指摘されている大事な点は、だからこそ、顧客はAIのふるまいを観察しておかないといけないということだ。AIのアルゴリズムを設計するのは人間で、顧客にとって不利に、事業者に利益をもたらすように仕組む可能性もある。

加えて、2020年春の新型コロナウイルスの世界的流行に端を発する株価大暴落はAIの投資判断の限界を強く印象づけることになったといえそうだ。過去の市場データから機械学習によって得られたパラメーターを適用するパターンが劇的な環境変化で変わってしまう「レジメチェンジ」が起きたため、パラメーターの再調整が余儀なくされたのだという（編集委員永井洋による足立氏インタビュー「日経QUICKニュース・世界株安・AI取引の弱点」日本経済新聞2020年3月24日）。

AIにどこまでのタスクを託すのか、そして、それが自分のニーズにあったサービスなのかを見極める審美眼が必要で、金融リテラシーはそのための大事なスキルとなろう。

金融リテラシーと自己決定 (self determination) に思いをよせて

一般財団法人国際ビジネスコミュニケーション協会（IIBC）　理事長

大橋　圭造

　筆者は2008年から数年間、香港で邦銀のアジア業務の責任者を務めたが、就任早々挨拶のため香港にアジアのヘッドクォーターを置く外銀のアジアのトップに面談する機会を得た。その際初対面の相手から出た最初の質問は「貴職は香港で何年ビジネスをしてきたのか」であった。

　「昔4年程度シンガポールで勤務したことはあるが、香港は初めて」と答えると、「私は勤務先こそ数回変えたが、この十数年一貫して香港でアジアのビジネスをみてきた。知識も経験も人脈もある。邦銀はどこも似たようなもので、ローテーションでアジアに来るようだが、外からみると人事戦略がわかりにくい」との反応であった。邦銀の組織力について力説してはおいたものの、会社は変わるが仕事は変わらない彼と、仕事は変わるが会社は変わらない筆者との職業意識の差を実感した瞬間であった。

　また、筆者は2012年春にロンドンにある投資銀行の会長に就任したが、就任後最初にサインを求められたのが会長としてのジョブ・ディスクリプションであった。具体的な業務内容や責任範囲、求められるスキルや資格、経験が詳細に記述されていた。ロンドンは2回目の勤務で、前回もジョブ・ディスクリプションにはサインしていたが、前回は商業銀行の支店のgeneral managerとしてのそれであり、投資銀行の現地法人で責任の加重されたchairman of the boardとしてのジョブ・ディスクリプションは初めてみるものであった。金融当局の求める経験、知識、資質等は事前に調べ、口頭試問にも合格しており、ジョブ・ディスクリプションについても内容はそれと大差ないものと考えていたが、想像以上に厳格なものであった。ローテーショ

ン人事の感覚が抜けないでいた筆者は、ジョブ・ディスクリプションにサインオフしながら身の引き締まる感覚を覚えたものだ。

いま、COVID-19対策としてのテレワークの浸透を背景に、日本の雇用環境においてもいわゆるメンバーシップ型からジョブ型への変革を求める声が多い。解雇が厳しく制限されている日本では、当面テレワークへの対応や社内の人材流動性の向上に主眼が置かれようが、労働法制分野における対応が進めば個人の自律的なキャリア形成をいっそう促進することにもつながろう。

そうなると、「終身」雇用を前提とする就「社」は、転「社」もありうる就「職」へと次第に変貌していくわけで、どういう仕事に就くかについても会社任せからself determinationへと変わっていくことになる。その際必要となるのが「職務」リテラシー（職務内容の理解とそれに必要な知識、経験、資格等の獲得）および自己責任への自覚であることは論をまたない。

筆者は、1993年夏に銀行が子会社を通じて証券業務に参入した際、参入当初の業務範囲の制限やファイアウォールについて当局と意見交換を行った経験がある。銀行系証券子会社に参入当初、株のブローカレッジが認められなかった背景には、信用力の高い都銀が子会社形態とはいえ株のブローカレッジに参入すると、中小の証券会社のビジネスが大きな影響を受けるのではないかという危惧があったように思う。株の投資は適時開示と業者のコンプライアンス順守を前提に自己責任で行うものであると考えていた筆者は、当局のスタンスに違和感を覚えた記憶がある。

筆者は留学を含めると在外生活が19年に及んでおり、ロンドン、ニューヨーク、香港、上海、シンガポールと国際金融都市の大半で勤務した経験があるが、現地通貨ベースの生活資金に多少の余裕が出ても、決済性の銀行口座に預け続けるだけであった。インサイダー規制の絡みから原株等への投資は禁止されていたが、そんな実情など百も承知の現地の取引銀行からは筆者でも投資可能な商品の売込みが少なからずあったものの、忙しさにかまけて何の投資も行っていなかった。というより、日本でもやってこなかったことを海外で時間をかけてやる気にはならなかったというのが正直なところであ

る。

　一昨年の秋、40年も前の米国留学中にお世話になったルームメイトの母君に再会する機会があった。筆者がニューヨークにある投資銀行の会長でもあったことを知っていた90歳を超える彼女が最初に発した言葉が「昔、マイクロソフトのIPOに応募したが、本当によい投資となった。もう歳だから投資のアドバイスは求めないけどね」ということだった。同年代の筆者の母がゆうちょ銀行の定期貯金ぐらいしかもっていなかったのと対照的であり、大変印象に残るシーンであった。

　筆者は2020年6月までの3年余、民間の金融機関が全期間固定金利の住宅ローンを提供できるよう、証券化の手法を通じてお手伝いすることを主な業務とする政府系金融機関の役員を務めた。人生でおそらく最も高い買い物である住宅の購入資金をどのような条件（自己資金、償還期限、償還方法、金利－変動・固定等）で借り入れるのがベストか、長い借入期間の間には収入も変わりうるし、支出も変わりうる、変動金利で借りた場合、金利は下がることもあれば上がることもありうる。人生で住宅ローンを何度も借りることはまずないため、初めてのお客様でもこうした点について十分判断できる環境の整備が最も重要であったように思う。

　以上、金融リテラシーに多少とも関係すると思われるエピソードを書いてきたが、これらエピソードに共通していることは、雇用環境におけるself determinationと同様、資金調達・資産運用においてもself determinationが求められるようになり、その前提として金融リテラシーと自己責任への自覚が重要になっていく点であろう。雇用環境におけるself determinationの重要性が増すのに平仄をあわせるかたちで個人の資金調達・資産運用におけるself determinationの重要性が増すこともあろう。転「社」が一般的になれば、年金もポータブルなdefined contributionが標準装備となり、運用も会社任せから自己責任に変容していくのはその一例である。お上のいうことに従う、長いものには巻かれろ式の発想からの転換、言い換えれば個人としての自立・自律が求められる時代を乗り切るために、金融リテラシーもまた不可欠なものとなっていくのではなかろうか。

もっとも、self determinationといっても、何も動物園の檻にいきなり放り込まれるわけではない。借入れや投資のリスク・リターンについては十分に説明されるべきであるし、金融商品の開発、販売、助言、運用、資産管理に携わる金融事業者のフィデューシャリー・デューティーも貫徹されるべきであろう。また、金融商品に関する情報を判断するにあたっても、提供された情報をそのまま理解するレベルにとどまらず、インテリジェントな質問を投げかけプロアクティブに動くことは、フィデューシャリー・デューティーの高度化につながろう。この意味で、金融リテラシーの向上は自己のためにのみあるのではなく、外部経済効果をも期待できるものであろう。

　日本において人口減少、少子高齢化が進展するに伴い、雇用機会、資産運用機会のグローバル化も進むものと思われる。プロアクティブな語学力で職務リテラシー、金融リテラシーを自家薬籠中のものとすることが求められる時代もそう遠い話ではなかろう。「人と企業の国際化の推進」に貢献することを基本理念とするIIBCとして、こうした面でもお手伝いできれば幸いである。

野村ホールディングス株式会社　執行役員
野村證券株式会社　代表取締役副社長

飯山　俊康

いまなぜ金融リテラシーが重要か

　金融リテラシーとは、OECDの文書によれば「金融に関する健全な意思決定を行い、究極的には金融面での個人のよい暮らし（well-being）を達成するために必要な金融に関する意識、知識、技術、態度および行動の総体」である[1]。ここではよい暮らしを達成するために必要という前向きな表現が用いられているが、「金融リテラシーがないと個人も社会も大変なことになる」のが日本の実情ではないだろうか。

　日本人は貯蓄習慣の高い国民とされているが、後述するように、おおいに不安を感じさせるデータもある。また、日本で貯蓄の向かう先はまず預貯金だが、足元の超低金利の環境下では預貯金だけでは資産は一向に増えない。一方で、激しい自然災害が毎年のように発生し、新型コロナウイルスのようなパンデミックも、今回限りでない可能性がある。国家財政が厳しいなかで、公的な支援には限界があるうえに、日本社会は少子高齢化という根本的な課題を抱えている。世代間扶養を基本とする社会保障制度は、持続させるために給付を抑制し続ける以外に手はない。したがって、世代間扶養ではないかたちで、各々の備えを厚くするしかない。

　要するに、短期的な緊急事態への備えと、長期的な生活水準確保・向上の

1　OECD/INFE「金融教育のための国家戦略に関するハイレベル原則」（金融広報中央委員会仮役、2012年6月）。

両面から、個人・世帯レベルの財務体質を強化することが、従来にも増して重要になる。日本では、金融リテラシーがすべての国民にとって必要不可欠という事態になっている。

知識装備と行動は別物

ここでまず、日本の個人・世帯の金融行動を確認する。

金融広報中央委員会の2019年調査によると[2]、「金融資産非保有世帯」が2人以上世帯の23.6％、単身世帯の38.0％だった。ここでいう金融資産非保有世帯とは、金融資産を保有していない世帯と、預貯金のみを保有するが運用または将来の備えのための預貯金はゼロという世帯の合計である。無収入世帯の多くが金融資産非保有であるのは理解できるとしても、年収500万～750万円の2人以上世帯の13.5％、単身世帯の15.7％が金融資産非保有と回答していた。

さらに、「運用または将来の備えのための金融資産」の内容をみると、その4割強が預貯金で占められた。将来の備えという動機を伴うなら、ゼロ金利の環境下では一定のリスクをとって長期分散投資を行い、資産を増やそうとすることが十分に合理的だが、投資信託を保有する世帯の比率は2人以上世帯の14.2％、単身世帯の16.8％にとどまった。

金融業界では、このような状況に対応するべく、金融リテラシー向上のためのさまざまな取組みを行ってきた。上記データの引用元である金融広報中央委員会でも、金融リテラシーに関する多面的な情報発信とともに、教育関係者向けの教材や授業の実践例、セミナーなどを提供している。業界レベルの取組みの一例をあげると、日本証券業協会では、①自ら学習したい人向けに「投資の時間」というウェブページを設置、②学校教員、教育関係者向けに「金融教育応援コーナー」を設置し金融経済教育のためのさまざまなツールを提供、③中学、高校、大学の各段階で使える学習教材の提供や教員サポート用ウェブサイトの設置、④教育機関への無料の講師派遣、などを行っ

2　金融広報中央委員会「家計の金融行動に関する世論調査」（2019年）。

ている。手前味噌になるが、個別事例として野村ホールディングスをあげさせていただくと、①小中高向けの出張授業、②大学向けや生涯学習としての金融教育講座の提供、③学習教材の提供、④株式学習コンテストへの特別協賛などを実施している。また、確定拠出年金（DC）の加入者教育や職場積立NISAの情報提供、ライフプラン・セミナーといった職域ビジネスを通じた取組みも行っている。

　すべての国民が一定の金融リテラシーを備えるようにするには、学校教育の段階からの取組みは重要であろう。しかし、金融に関する主要な行動のほとんどは社会人になってからとられるものであり、足下で、教育による知識装備が必ずしも行動に結びついているとはいえないようだ。冒頭の金融リテラシーの定義に照らせば、金融に関する知識装備は、金融リテラシーの必要条件だが十分条件ではない。知識装備と行動の間に簡単に超えられない一線があるというのが日本の現実ではないだろうか。

全員に実行してもらうためには仕掛けが必要

　繰り返しになるが、一部の意識の高い人が実行するだけでは不十分であり、幅広い人々が行動に移せるようにしなければならない。それには教育や啓発活動だけでは限界があり、仕組みや規制の後押しが必要となる。

　まず、税制優遇を活用した、資産形成のインセンティブづけをさらに拡充することが考えられる。具体的には、DCとNISAである。DCは私的年金の一種で、企業年金である企業型DCと、個人向けのiDeCoの2種類がある。加入者自身が運用商品を選択するのが特徴的だ。NISAは、株式・株式投資信託の運用収益が非課税になる口座で、一般NISA、つみたてNISAがある。

　資産形成支援制度は、実際に利用されることが肝要である。投資信託協会の2019年調査によれば[3]、一般NISAの認知率が76.4％、つみたてNISAが60.7％、60歳未満における企業型DCの認知率が45.8％、iDeCoが57.2％と、それなりの認知はされていることがうかがわれた。

3　投資信託協会「2019年（令和元年）投資信託に関するアンケート調査（NISA、iDeCo等制度に関する調査）報告書」（2020年3月）。

しかしながら、同じ調査で、認知している人のなかで口座を開設し金融商品を保有していると回答した人は、一般NISAが20.8％、つみたてNISAが7.6％、企業型DCが14.9％、iDeCoが11.9％にとどまった。制度認知者の多くが実際に利用するには至っていないのである。

　制度を知っているが利用しないという人を極限まで減らし、可能な限り大勢による制度の利用を目指すなら、税制優遇によるインセンティブ付与に加えて、さらに踏み込んだ仕掛けが必要なのではないだろうか。ここでは、2つのアイデアを提示したい。

　1つは、健康診断・人間ドックの金融版の導入である。「金融資産ドック」といってもよい。個人に毎年、専門家による家計・金融資産のチェックを受けてもらう。そこで問題が発見されたら、個別分野の専門家への相談を含めた対策を促す、といったものだ。チェックすることで気づきを与える「ナッジ」の手法である。昨今、企業においては健康経営が推進されているが、従業員の心身の健康と、金融面の健康は両輪であろう。政府が、「心身・金融両面の健康経営」を表彰するのも有効ではないだろうか。

　もう1つは、iDeCoへの自動加入制度の導入である。iDeCoは制度改正により2017年以降、公的年金加入者であればほぼ全員が利用可能な制度となっている。加入者数は順調に伸びているが（2020年5月時点で約160万人）、公的年金加入者が6,700万人以上であることをふまえれば、幅広い普及拡大には思い切った施策が必要となる。そこで、制度の初期設定を「加入という行動をとる人が加入する」から、「いったん対象者は全員自動的に加入させ、加入を望まない人は脱退する」へと変更してはどうか。行動ファイナンスの知見を取り入れ、デフォルト設定により行動に導く手法である。

　実際、英国では2012年に、雇用主に対し私的年金（職域年金を含む）に非加入の従業員を、適格な私的年金に自動加入させることを義務づける制度が導入されている。同制度の対象となる民間従業員の年金加入率は、2012年の42％から2018年には85％に上昇した[4]。日本で実施するには制度改正を含め

4　The Pensions Regulator, "Automatic Enrolment: Commentary and analysis: April 2018-March 2019," October 2019.

数々のハードルがあるが、検討の余地があるのではないだろうか。

求められる金融リテラシーとは

　ナッジやデフォルト設定により資産形成に取り組むような一般の個人が、最低限理解しておくべき事項、金融リテラシーとは何だろうか。

　資産形成にフォーカスするなら、以下の3点があれば十分ではないかと考えている。

① 　早く始めることの重要性

② 　継続することの重要性

③ 　定時定額の積立による時間分散の効果

　資産形成を早くから始めて継続し、時間を味方につけるのがよいことだと理解はできるが、しばしば最初に行動に移すのがむずかしいので、自動加入の制度でサポートする。これにより時間分散の効く積立を開始できる。いったん始めてしまえば、本人が明確に継続不能という意思決定を下さない限り続けることになる。途中経過は金融資産ドックで把握することができる。金融資産ドックやiDeCoへの自動加入制度のような仕掛けは、いわば、資産形成のきっかけづくりにすぎないが、まずは経験して慣れることが重要だ。それらを契機に、より多くの個人が、金融知識への関心を高めたり、自身の意思で行動を起こしたりすることもありえよう。

　日本の人口高齢化は着実に進む。日本には団塊の世代（1947〜1949年生まれ）と団塊ジュニア世代（1971〜1974年生まれ）というベビーブーマー層がいるが、団塊サード世代が存在しない。2022〜2024年には、団塊の世代が後期高齢者（75歳）となり社会保障費の急増が懸念される。団塊ジュニア世代は、これら上の世代を支えつつ、次世代からの仕送りをあてにできないことを前提に自らの老後に備える必要がある。彼らが40歳代後半のいま、金融リテラシーを全員が備えるべく、変化を起こさなければ間に合わない。残された時間は少ない。

「日本人の金融リテラシー」問題の本質

野村総合研究所アメリカ　金融・IT研究部門長

吉永 高士

米国人の金融リテラシーは高いのか

　金融リテラシー（ここでは投資リテラシーを含むものとする）というものが、世界のさまざまな国・地域で暮らす一人ひとりが自律した人生を全うするために肝要であり、かつそれを獲得するために金融教育が有効であることは論をまたないだろう。一方で、日本人が日本人全般の金融リテラシーについて語るときには、ほとんどの場合、その「低さ」について嘆いたり批判したりすることがセットにされており、往々にしてそれが「貯蓄から投資へ」や「貯蓄から資産形成へ」が進まない大きな要因であるとするコンテキストにおいて語られることも多い。その際には、暗に、あるいは明示的に、欧米先進国の人々、特に米国人の金融リテラシーが日本人のそれに比べて高いという想定が置かれており、それが個人金融資産に占める株式、債券、投信などのリスク資産と預貯金の割合がほぼ対照的な関係にある彼我（米日）の差をもたらす大きな要因であると因果関係づけして「問題の構造ととらえて」いる日本人の方には現在も年に何度かお会いする。それをさらにさかのぼって突き詰めていくと、米国人の場合は小中学生の頃から学校教育のなかに十分に金融教育（投資教育含む）の機会がビルトインされリテラシー全体が底上げされているとの前提があり、日本の貧困な金融教育を改善することこそが「貯蓄から資産形成へ」が進まない状況を改善するための抜本的対策になるという期待感や課題意識があり続けてきたように思う。しかし、仮に日本人の金融リテラシーが低いことが事実であるとしても、その原因認識や課題設定の段階からボタンの掛け違いがあったのではないかと筆者は長らく感じな

がら生きてきた。また、問題と対策との整合性も根本的な次元でのズレを抱えたまま平成の30年間があっという間に過ぎてしまった気がする。

　筆者は、日本人の多くが「もう米国から学ぶことはない」と自信に満ち溢れていた昭和の終わりに社会人になり、4年間の金融専門誌の記者生活でバブルの形成と破裂を間近で見届けた後、1990年代初頭から現在まで米国に居住している。米国では米銀を中心とする先進国の銀行、証券会社、独立系アドバイザー、保険会社、FinTech企業等の経営戦略やオペレーション、制度問題などの研究を生業とし、その一環で米国金融機関らが投資家教育や貯蓄から投資への誘導においてどのような役割を果たしているのかについても四半世紀以上にわたりみてきた。また、1人の生活者としても、自分の周りの米国人の金融リテラシー水準も理解しているつもりであり、子どもが通った幼稚園から大学に至る教育現場での金融や投資に関する教育機会の実態については親というエンドユーザーの立場からも一定程度把握している。

　それらの生活実感もふまえて断言するのだが、おしなべて日本人の金融リテラシーは米国人のそれに比べて劣っているということはない。つまり、米国人のほうが日本人より金融リテラシーが特段高いということは決してない。また、米国人には日本人に比べ幼少の頃から金融教育機会が高頻度で幅広に提供されているということもない。

　米国人の金融リテラシー水準が高くないことは各種の消費者調査などでもエビデンスが示されており、それに異論や違和感を唱える米国人や米メディアもほとんどみたことがない。たとえば大手ディスカウント証券会社のチャールズ・シュワブが2020年8月に公表した「金融リテラシー・サーベイ」（18歳以上を対象に2020年6月実施。有効回答数2,046人）によると、米国では89％の人々が「金融教育の欠如」が国家的な社会問題の要因になっていると考えており、また個人のレベルでも「貧困」（58％）、「就業機会の欠如」（53％）、「貧富格差」（52％）といった問題に影響していると認識している。さらに、「いまとなっては若いうちに習得しておけばよかったと後悔」している金融的スキルの対象として、「貯蓄の価値の理解」（59％）、「基本的な資金管理」（52％）、「金融・投資のゴール設定と実現に向けての方法」（51％）

があげられている。ちなみに、米国では32州で高校の授業において金融教育を行うことが義務づけられているものの、その実効性が不十分であるとの指摘が、米国証券業界自主規制機関傘下のFINRA投資教育財団のサーベイなどからもさなされている。日本人の自虐的な金融リテラシー観の起原は判然としないが、それが米国との比較において語られるのを聞くたび、根拠のない都市伝説と同じ類のものではないかと感じている。

消費者への金融教育以上に有効なもの

それでは、日米間で消費者の金融リテラシーがおおむね同レベルであるとした場合、少なくとも結果的には、総体として個人金融資産に占めるリスク性資産の割合を高めにして投資を通じた資産形成ができている米国と、預貯金の割合が高いままの日本の現状を分岐させているものは何だろうか。金融資産を預貯金で保有すること自体が合理的になってしまう長期デフレの影響についてはアベノミクス「第一の矢」の超金融緩和政策後にそれが軽減された現在の日本では投資誘導への致命的な制約要因になってはないとすると、投資商品販売会社の基本的な投資提案のアプローチの差が決定的な違いをもたらしている可能性があると筆者は考えている。

米国では1990年代半ばに大手対面証券会社の従業員ファイナンシャルアドバイザー（FA）を中心に、顧客やその家族の人生にとって大切なこと（目標や深刻な悩み、課題等）を包括的に聞き出し、これらを投資や資産形成の「ゴール」として設定して、その実現シナリオをファイナンシャルプランニングにより描き、予見性のある期待リターンと想定リスクに基づく中長期分散投資によって実行する「ゴールベース」アプローチが同時多発的に広がっていった。米国でもそれ以前のFAは相場や商品の魅力を語るスキルを発揮しながら「次に儲かりそうなもの」（例：個別株の一点買いやテーマ型投信）を提案する乗換営業により売買を起こし続ける営業スタイルが従業員型でも独立型（IFA）でも一般的だったが、新しいアプローチでは「顧客の話を聞く」ことができることが必須かつ最大の差別化スキルとなった。FAは聞き出したゴールの実現のために必要な対策をリバランス付きの中長期分散投資

により実行することを提案し、継続レビューとともに顧客ファミリーのゴール実現に伴走する存在となっていった。2000年代に入ると、ハイテク株バブルの崩壊を奇禍として、それまではゴールベース・アプローチの有効性を半信半疑に傍観していた準大手・地場証券、保険系証券・代理店、銀行、IFAを含む広範な対面チャネルの裾野広いFAにも一気に広がっていった。2000年代後半以降にはファイナンシャルプランニングを組み込んだ営業プロセスが確立しそのために必要な営業支援ツールも広範な販売会社に実装され、対面営業をするFAの新人研修だけでなく、中堅・ベテラン研修でもゴールベース・アプローチによる営業プロセスを学び直し、基本動作として使いこなすようになった。

　他方、預り資産規模が小さいなどの理由で対面でのアドバイスへのアクセスがなかったり、対面対応自体が好きではないセルフ型投資家についても、チャールズ・シュワブをはじめとするディスカウント証券会社やフィデリティやバンガードなど運用会社のダイレクトチャネルなどを通じて、ゴールに紐づけた中長期分散投資は並行して広がっていった。これらの担い手では口座開設時の最低預り資産基準などは対面チャネルに比べてきわめて低く設定されていることから、投資資産の少ない小口投資家を裾野広くカバーするとともに、彼らが自分で操作できる簡易版のプランニングツールを提供するなどしてゴールベース投資に誘導するうえで大きな役割を果たした。さらに、現在までに生き残った米国のロボアドバイザーのほぼすべてが、こうしたセルフ型投資家向けのゴールベース・アプローチ適用の延長線上で提供されており、簡易ツールによるゴール設定とリバランス付きの中長期分散投資実行をビルトインしている。

　金融リテラシーに話を戻すと、投資商品販売会社の門を叩いた消費者はそもそも自分が何を買うべきかわかっているわけではないのは、米国でも日本でも同じだと考えていい。たまたま訪ねた販社で短期的売買を基本的な営業スタイルとするFAに会い、語られた銘柄や商品の妙味に魅せられて短期売買益ねらいに誘導されることもある。同様に、ゴールベース・アプローチをとるFAにたまたまめぐり会えて、自分や家族の人生で重視していることや

課題を聞いてもらえて、その実現のためのゴールの切り出しと実現シナリオの提案をしてもらって、中長期分散投資に誘導される人もいるだろう。度を越さない短期的売買や投機的売買はそれ自体は善でも悪でもないし、投資の楽しみ方の1つでもある。しかし、投機的売買とゴールベースの中長期分散投資の最大の違いは投資の結果に対する相対的な予見性の違いにある。過去実績が将来予測をいっさい担保しないことは当然だが、ゴールベース・アプローチで期待リターン／想定リスクを示したうえで、ゴール実現に向けたシミュレーションのうえでプランを策定し、99％以上の投資家がゴール実現を目指して提案する中長期分散投資（人口減などを背景に低成長が見込まれる日本の場合は米国などの成長国株式をしっかり組み込んだグローバル中長期分散投資）と、誰が「勝つ」か「負ける」か蓋を開けるまでわからない投機的売買では、顧客が結果に対して100％自己責任で負うことは同じでも、投資アドバイスとしての意味合いはまったくといっていいほどに違う。ひとたびゴールに紐づけられた金融資産と投機的売買は本来相いれないものだし、預金に滞留する資金が「老後の足し」など個々の人々の潜在的または無意識的なゴールと不可分に結びついているなら、予見性を欠く短期的売買益ねらいを目指す証券資産への預金からのシフトが、社会全体として起きるはずがない。これは、セルフ型投資家が短期的売買益ねらいの株式や投信を購入する場合についても同様の構図が当てはまる。

　なお、筆者は、米国で起きたことが数年後には日本においても必ず起きるというような、いわゆる「タイムマシン経営論」的なものは信じていない。経験的には、米国で起きたことの9割以上のことはそのままでは日本では起きることはないと感じている。しかし、米国に住み、金融業界の研究を行い、自分でもさまざまなタイプの投資商品販売会社を通じて投資するなかで日々痛感しているのは、米国で起きたことを日本で再現するにあたり、日本でやりにくい理由やできない言い訳を一生懸命探すことに時間やエネルギーを費やすのではなく、日本ならではの工夫やカスタマイズを施しながらも当事者としての強い意識と意志をもって「どうやればできるか」を追求することで実現できることは少なくないということだ（一方で、米国で起きていない

ことの９割以上は日本では起きないとも感じている。ここまで述べてきたこととの関連で例をあげると、投機的売買の普及拡大というかたちで社会課題としての「貯蓄から投資」や「貯蓄から資産形成へ」が進むことは絶対にないと確信しているし、金融教育だけで日本人の金融リテラシーを大幅に向上させることもむずかしい）。

　日本で「貯蓄から投資」が進まなかった理由の１つが日本人の「金融リテラシー」にあったとしても、その一義的責任を消費者に帰するのは筋が違う。金融教育により金融リテラシーを全体的に高める機会を学校や生涯教育などのさまざまなライフステージにおいて提供し続けることは意味があるし重要だが、意識の高い消費者の勉学意欲に依拠して社会的変化を起こすにはおのずと限界がある。金融リテラシーが高くない人々が金融リテラシーが高くないままであっても、「老後2,000万円が公的年金以外に必要」といったそれぞれの人生設計の策定を支援し、その実現のために必要な対策の実行手段としてリバランス付きの中長期分散投資に誘導する投資商品販売会社や営業員（呼び方はFAでも何でもよいが）がそこかしこに存在することのほうが投資を通じた資産形成の推進や実現にはよほど有効であろう。その意味で、営業員のアドバイザーとしての金融リテラシーは消費者の金融リテラシーよりも遥かに重要だし、彼らを研修する立場にある所属先の投資商品販売会社の責任はきわめて重い。

2つの金融リテラシー

みずほ総合研究所株式会社　エグゼクティブエコノミスト
門間 一夫

金融リテラシーの概念は広い

　政府広報オンライン「暮らしに役立つ情報」のなかに、「知らないと損をする？　最低限身につけておきたい金融リテラシー」という項目がある。2013年4月の金融経済教育委員会の報告書に基づき、挿絵入りで一般向けにわかりやすくまとめられている。わかりやすくまとめられているのはよいが、こうした広報活動からあらためて思うのは、金融リテラシーを国民に身近に感じてもらうのはなかなか大変だ、ということである。理由は2つある。

　第一に、個人個人の金融をめぐる状況はきわめて多様である。たとえば、「家計の金融行動に関する世論調査」（金融広報中央委員会）の2019年版によれば、2人以上世帯が保有する金融資産の金額は、平均値で1,139万円だが、中央値だと419万円になる。これは、金融資産をあまりもたない人々が数としては圧倒的に多い一方で、相当な金額をもつ富裕層も存在していることを示す。月々の貯蓄ができるかどうかが重要な人々と、億単位の資産を有効に活用したいと考えている人々では、金融リテラシーが意味するものはまったく異なる。

　第二に、いま述べたこととも関連するが、上記2013年の報告書で「最低限身につけるべき」とされている4分野・15項目は、その項目の多さや抽象度の高さもあって、「これが最低限ならハードルは高い」と初心者には感じられてしまう。たとえば、保険商品の購入にあたっては、①自分にとって保険でカバーしたい事象が何かを考え、②カバーしたい事象が起きたときに必要

になる金額を考えるべき、とされている。しかし、それらをきちんと考えることは、そう簡単ではない。しかも、現実の保険商品は、カバーされる事象が複数組み合わされていたり、特約やオプションが存在したりする。保険というのは、さまざまな金融活動のなかでも相当高度なリテラシーを要する領域なのである。

実際には高度なことが「最低限」だといわれると、金融リテラシーの入口でつまずいてしまう人もいるのではないか。金融リテラシーは「本当に最低限」の部分と「プラスアルファ」の部分に分けて、メリハリをつけてとらえることが重要だと思う。

「本当に最低限」の金融リテラシー

まず、誰にとっても必要な「本当に最低限」の金融リテラシーは、おおむね次の3つに集約される。

第一に、月々の収入と支出を把握することである。上述した政府広報は冒頭部分が特に優れている。「無駄づかいはいけないよ」「お金はよく考えて使いなさい」「おこづかい帳をつけるといいね」などと、子どもの目線に立ち返って金融リテラシーの導入を試みている。そしてまさにこうした、①無駄づかいをしない、②支払う前によく考える、③収支を記録する、といった基本的な金銭習慣こそ、大人自身があらためて徹底すべきことでもある。特に「収支を記録する」は、金融リテラシーのすべてがそこから始まるといっても過言ではない。健全な消費行動も将来の人生設計も、まずは現状把握の習慣からである。体重計や体温計を使わずに健康管理ができないのと同じである。何事もまず「見える化」なのである。「クレジットカードだとつい使いすぎる」という理由で、キャッシュレスに抵抗を感じる人もいる。しかし、「おこづかい帳をつける」という基本を忠実に実践する限り、支払い媒体が何であろうが使いすぎは防げるはずである。

第二に、危険から身を守る知識の習得である。詐欺や悪質な金融商品の被害から、最終的に身を守れるのは自分しかいない。近年はオンライン・バンキングなどもかなり普及してきた。ネット上での被害を防ぐ知識は、平穏な

普通の暮らしを守るうえで欠かせないものになりつつある。防犯・防災には、家に鍵をかける、火の始末に気をつけるなど、誰もが習慣化している基本動作がある。しかし、金融については、そのレベルのことも必ずしも徹底されていないのではないか。政府や自治体による啓蒙活動においても、この部分は力を入れるべきだろう。

第三に、「わからなければ安全運転」を心がけることである。保険、住宅ローン、投資などいかなる金融分野でも、さまざまな金融商品のなかから自分に最もあったものを選べるようになることが、金融リテラシーとして理想ではある。しかし、理想にこだわりすぎればかえって決めるのがむずかしくなるという面もある。次善の策として、「皆が利用している標準的な商品を選ぶ」「魅力的にみえる商品には裏があると思え」など、大きな失敗を回避できる安全運転の行動指針がいくつかあるはずである。車に乗るなら、プロのドライバーのような技術はなくても、誰でも安全運転はできなければならない、というのと同じである。

「プラスアルファ」の金融リテラシー

次に、「プラスアルファ」の金融リテラシーである。そもそも近年、金融リテラシーの必要性が強調されるようになってきた背景の1つに、日本経済には「貯蓄から投資へ」という変化が重要だという問題意識がある。1,800兆円を超える家計金融資産の54％（2019年度末）が現預金として保有されているのは非効率であり、それらをより有効に活用することが経済成長を高めることに資するという見方である。同時に、個人個人の視点で考えても、少子高齢化を背景に公的年金の厳しさが増すなか、自助努力による資産形成に関心を強めざるをえない。

こうした文脈で必要な金融リテラシーとは、資産運用の基本原理を知ることである。①投資には価格変動などのリスクが存在する、②大きなリターンを求めればリスクも高まる、③分散投資や長期投資によってリスクとリターンの組合せを改善させることができる、④内外の政治経済動向がリスクとリターンに影響する、といった事柄である。一流のファンドマネジャーが行う

高度な投資戦略も、すべてこうした基本原理の応用なのである。

　「プラスアルファ」の金融リテラシーとは、こうした基本原理をベースにして、資産運用の知識や経験を徐々に積み上げていくことである。この意味での金融リテラシーは、なくても生きてはいけるが、あればあるほどよい。先ほど述べた事柄が必修科目なら、こちらは選択科目のようなものである。誰もが同じレベルまで到達する必要はない。自らの関心や状況に応じて、楽しみながら知識や経験を広げていく世界だ、と気楽に付き合ってよい金融リテラシーだと思う。

資産形成は受難の時代

　環境としてやや残念なのは、特に日本において、慢性的な超低金利が続いていることである。せっかく金融リテラシーを身につけても、それで資産を増やすのはむずかしい時代なのである。20世紀の後半には、リスクのない銀行預金や郵便貯金に、黙っていても相応に高い利子がついた。いまでは、銀行に預けたお金から得られる利子よりも、ATMの利用などで銀行に払う手数料のほうが多い。リターンを得たい、資産を運用して増やしたいと考える人は、預金や国債ではなく、最初から株や投資信託のようなリスク商品に投資せざるをえない。

　そういう時代だからこそ金融リテラシーが重要だともいえるのだが、金融のことを知れば知るほど、普通に運用して資産を増やすのはなかなかむずかしい、という現実もみえてくる。近年はプロの投資家でさえ運用に苦労しているのである。ましてや一般の人々の努力には限界がある。

　だからせめて、資産形成を後押しするための公的なサポートは欠かせない。その意味で、NISA（少額投資非課税制度）の導入など近年の制度改革は評価できる。こうした非課税制度をどう活用するかも、金融リテラシーとしてきわめて重要である。また、制度の拡充や使い勝手の向上などを、政府はさらに検討してもよいと思う。

　低金利時代に終わりはみえない。そもそも低金利が延々と続いている根本的な理由についても、明確な結論は出ていないのである。原因がよくわかっ

ていないのだから、処方箋は期待できないと考えるべきだ。超低金利は今後も長く続くと想定しておく必要がある。思い切ったリスクがとれる一部の富裕層を除き、資産運用に幻想を抱かず、高望みせずに安全運転という哲学に徹することも、実は立派な金融リテラシーだと思う。結局、超低金利のもとで資産を形成していくには、日々の生活のなかで貯蓄を積み上げ、元本自体を自力で増やしていくという努力が、何より重要ということになる。金融リテラシーの一丁目一番地は、やはり「おこづかい帳」をつけることなのである。

金融リテラシー議論の盲点

ルートエフ株式会社　代表取締役

大庫　直樹

　「金融リテラシー」という言葉が使われるようになって、すでに10年以上の歳月が流れている。それでも、相変わらず金融リテラシーについての議論が続いているということは、問題が解決には至っていないことを示唆している。なぜか。

　1つの大きな理由は、金融リテラシーを評価するための指標が明確になっていないということである。金融リテラシーに関する指標を決めて、測定し、改善度合いを把握しない限り、当局の政策や金融機関の施策がどれだけ顧客の金融リテラシーを上げることに貢献しているのか、実際にはみえてこない。改善しているのか、していないのかさえわからないのに、金融リテラシーに関する政策や施策を議論しても空理空論に陥るおそれがある。

　よく金融機関に行くと、投資経験を金融商品別に聞かれて、それをもって金融リテラシーとみなす風潮がある。本当に、そんなみなし方でよいのだろうか。

　投信、仕組債、外貨建て商品などの購入経験があるからといって、金融リスクに精通しているということにはならないだろう。そうした商品を購入している顧客は、時に金融知識がなく、金融機関の営業担当者の言いなりに商品選定をしていることも、少なくない。その意味で、商品別の購入経験が金融リテラシーの指標になるということはないのだ。

　商品別の購入経験以外に金融機関で聞かれることは、金融資産の大きさ、今回の投資はその金融資産のどれくらいの割合なのか、余裕資金か何かの目的のために貯蓄・投資したいのか、何年くらいの投資期間なのか、投資が1割値下りしたらどうするか、など投資に関する目的やリスク許容度を聞くば

かりである。ゆえに、金融機関は実際のところ顧客の金融リテラシーについては何も知らないなかで、金融商品を紹介し営業している。これが現実なのである。

　私の本職は金融機関の経営陣をクライアントにする経営コンサルタントである。その一方で、金融庁参与、金融庁金融研究センター顧問として政策立案のお手伝いをしている。

　2018年、2019年と金融研究センターの研究テーマの１つにFiduciary Duty（顧客本位の業務運営）があった。金融機関は誠実に顧客の金融リテラシーを理解し対応しているのか、あるいは顧客が金融機関で金融商品を購入する際には、どのような条件がそろえば金融機関に対してポジティブな評価をするのか、それを探ろうという研究である。このプロジェクトには調査費用が予算化され、大規模な顧客アンケート調査を実施することになった。入札により業者選定を行い、2019年度は8,000名に近い回答を得た。

　この時の工夫は、回答者の基本属性（年齢、居住地、職業、金融資産規模、金融商品ごとの購入経験、継続中のローン契約の有無）のほかに、基本的な金融知識に関する質問を３つほど行ったことである。①「金利が上昇すると債券の価格はどうなるか」、②「預金金利が年１％でインフレ率が年２％だとしたときに、１年後に預金口座にあるおカネでいまよりもどれくらい多くのモノを買えると思うか」、③「１つの企業の株式と、複数の企業の株式に投資する投資信託を購入する場合で、一般的にどちらの損益の振れ幅が小さいか」の３つである。いずれの質問も、金融投資の基礎中の基礎の理論を理解しているかどうか確認するものである。

　これらの質問に対する結果は、金融リテラシーが十分であるとは、決していえないものであった。３問とも正解した回答者は全体の４分の１に満たない。特に①の質問についての正解は、全体の３割程度、投資経験ありの回答者に限っても半分に満たない水準であった。金利が上がると債券価格が下がるという基礎知識さえもない顧客が一般的であるという事実を理解したうえで、金融機関が営業活動をすることが必要だということだ。

　この顧客アンケート調査では、NPS（Net Promoter Score）を顧客評価の基

準としていた。具体的にはまず「あなたがメインに利用している金融機関の窓口・販売担当者を、友人・知人に紹介したいと思うか」という問いに対して０～10点で評価してもらう。ポジティブであれば、10点をつける。そのうえでNPSは、推奨者（10点、９点をつけた人）の割合から批判者（０～６点をつけた人）の割合を引いた数値として定義される。

　NPSを開発したコンサルティング会社のベイン・アンド・カンパニーによれば、世界中のどのような産業であっても、高いNPSが営業成果によい影響を与えるという。事実、私自身もコンサルティング活動のなかで、NPSと金融機関のある種の営業成果には有意な関係があることを幾度となく確認している。したがって、NPSは顧客にとってもポジティブであれば金融機関側もポジティブとなり、Win-Winの関係が成り立つ。

　金融研究センターでの調査から得た非常に有益なことは、NPSが高くなる要因を決定木（複数回の質問により目的とするデータを明確に選り分けるアルゴリズムのこと）で分析してみたところ、先の金融リテラシーを問う３つの質問の回答状況に応じて、NPSを高めるために重要となる金融機関の営業上のポイントが異なることが判明したことだ。

　全問正解者のグループの場合、販売担当者が顧客のニーズにあった商品を説明しているかどうかが最も重要な事柄になる。一方で、そうでないグループの場合は、わかりやすい商品説明であるかどうか、ということになる。後者の場合、ニーズにあっているかどうかよりも、わかりやすさのほうが大切だということ自体も興味深い。金融リテラシーが低い顧客には、ニーズにあうかどうかよりもわかりやすさがより重要というのも、自然な解釈が成り立つ。

　次いで重要となるのが、全問正解者のグループの場合、販売員のニーズやライフプランの把握姿勢に満足しているかどうか、あるいは金融機関に対する信頼度ということになる。このグループは、結構シビアな目で金融機関を評価していることがうかがえる。一方、そうでないグループの場合、運用成績に満足しているか、顧客のニーズにあった商品を説明しているか、となる。２番目の事項に、直截的な運用成績がくるところなど、このグループの

場合、単純な評価基準を持ち合わせているように思え、金融リテラシーが低いということとも符合しているようにみえる。

　ちなみに、全問正解者のグループの場合、決定木の3階層目に販売員のマーケット状況や今後の見通しについての説明に満足しているかどうかが現れ、4階層目にようやく運用成績についての満足度が現れることになる。

　このように顧客の金融リテラシーのレベルを見極めることができるのなら、営業上もどのような点を優先すべきか、的確な対応ができるようになる。逆に、金融商品別の購入経験をもって金融リテラシーとみなす限りにおいては、こうした対応はできそうにない。

　ここで説明した内容については、金融庁金融研究センターのディスカッション・ペーパーとして公開（2018年7月　松本大輔・前川知英「顧客本位の業務運営（Fiduciary Duty）にふさわしい金融商品販売のあり方」、2019年8月、松本大輔・中西孝雄「顧客本位の業務運営（FD）にふさわしい金融商品販売のあり方」）されている。

　しかしながら、このペーパーに触発されて金融リテラシーの把握方法を変更したという話をいまだ聞かない。私自身ですべての銀行、証券会社、保険会社の金融リテラシーの把握方法をどうしているか調べているわけではないのだが、基礎的な金融理論の知識を聞いて金融リテラシーを把握する試みが一般化しているとも、とうてい思えない。

　結局のところ、金融リテラシーの評価方法を定めずに、いくら金融リテラシーについて論じてみても、非生産的な議論を展開するだけではないのだろうか。ここにあげた基礎的な金融理論に関する知識の有無だけが、金融リテラシーの計測方法だとはいわないが、別の方法で計測をしようと努力した形跡も見当たらない。とりあえず形式的に金融商品別の購入経験で代替しておこうと思ったところから、一歩も前進していないのではないか。金融リテラシーを実際に引き上げていくためにも、早く金融リテラシーを正しく計量化していく取組みを始めるべきではないだろうか。

データ時代の人材に求められる「新読解力」

国立情報学研究所　教授
一般社団法人「教育のための科学研究所」　代表理事・所長
新井 紀子

　20世紀の間は「君は理系、私は文系」という役割分担が、大学でも会社でも通用した。文系人材の多くは「社会に出れば、行列や微積分など不要だ」「大学入試までの数学は『暗記』ですむ」と豪語できた。だが、時代は変わった。

　単にスマホ上のアプリを消費者として活用する「デジタル機器時代」ではない。それだけならば５歳児でもできる。むしろ、デジタルデバイスから膨大なデータが自動的に蓄積される際に、そのデータをどう「科学し、活用していくか」が、第一次産業も含め、すべての生産者に問われる時代であり、用いられている理論や実践に基づいて利用のあり方の倫理やリスクが議論されるべき時代だ。

　「AI時代」といわれるが、現在広く用いられている機械学習技術は人工「知能」などではなく、大規模データ上での統計技術にすぎない。しかも、長くても数カ月、場合によってはリアルタイムで計算を終了しなければならないため、かなり狭い範囲で計算手段を選ばざるをえない。かつてスパコンの計算速度で世界１になった「京」に比べて、2020年にやはり世界１になった「富岳」の性能が最大100倍にすぎないことから、指数的どころか、２乗的に爆発する計算でも大規模データを扱うのは困難なことが多い。２乗以上を必要とするタスクは、中学校の教科書にもざらに見つかる。順列組合せが代表的な例だ。n個から２つを取り出し、ペアをつくるとか、それらが同じかどうか見比べる、という簡単なタスクを考えてみよう。n個から２つを取り出すやり方は、

$$\frac{n(n-1)}{2} = \frac{n^2 - n}{2} \quad \text{とおり}$$

である。式に n の 2 乗が登場する。 n がたかだか 1 億でも、 n の 2 乗は 1 京になる。 3 つ組をつくるとなると n の 3 乗が必要になる。単位は 1 杼だ。何をどうやっても計算できそうにない。以上の議論は中学までの数学でわかる。しかし、AIやスパコンに対する過剰な期待が一般に知的レベルが高いと考えられている人々にまで広がっている現状をみると、こうした「計算に関する当たり前の感覚」をもっている人材はさほど多くないと考えざるをえない。

　統計やAIを、縦書きで書かれた（＝式が 1 つも出てこない）一般書で「物語として」理解することはできない。理論とテクノロジーは「そのまま」理解しないと必ず誤読する。高校数学を暗記や物語として読解しようとして、少なからぬ人が失敗し、消去法で文系を選ぶことからも、想像にかたくないだろう。

　20世紀に求められた、読み書きそろばんに加えて知的営みとしての読書や新聞等からの情報収集では21世紀のリテラシーとして明らかに不十分だ。上述の簡単な例からわかるように、大学初年度の一般教育（数学とプログラミングを含む）までは科目に偏りなく、どんなテキストでもスムーズに読解し、そこに書かれていることの意味と意図を理解できることが21世紀のリテラシーの基本になるだろう。「なぜ微分について考えるべきか」「正規分布していると考えられた事象が、実運用を続けるうちに正規分布しなくなっていく原因にどんなことが考えられるか」「水は水蒸気になっても氷になっても体積が増えるならばいったい水はどんな状態で密度最大になるのか。それはなぜか」等を自ら問い、その答えを具体的・論理的に考えるトレーニングを初等中等教育だけでなく生涯続けることを意味するだろう。こうした21世紀型のリテラシーを身につけるには、式の理解は欠かせない。式とは、文章にすると長大になる抽象的概念を、一目で読める分量になるように記号を用いて圧縮したものである。直接計算できるように表現方法が工夫されているため、意味を理解しない機械（＝コンピュータ）でさえ計算できるくらいだか

ら、訓練されさえすれば誰でも計算はできる。しかし、それを読解するには、一見無味乾燥で何も目指していないようにみえる定義を正確に理解する力と、なんら物語が書かれていない記号列のなかに「意味」や「目的」を見出さなければならない。それは、むしろ法律の読解に似ており、ストーリーや言葉がもつ力にドライブされる文学的な読解とは異なる。

　私たちの研究チームでは、事実について書かれた文章を科目や分野によらずに読みこなすことができるスキルを「汎用的読解力」と定義し、そのうち200字程度の短文をスムーズに読み解くことができる「汎用的基礎読解力」を問う「リーディングスキルテスト」を開発し、一般社団法人「教育のための科学研究所」から提供している。これまで、小学6年生から金融機関を含む一流企業の会社員まで20万人以上が受検した。最近は、入社試験等で採用する企業や新入生のクラス分けに活用する大学が増えている。

　リーディングスキルテストは、文章の構造を読み解く力を問う①係り受け解析と②照応解決、論理構造を読み解く③同義文判定と④推論、非テキスト（画像や概念図）とテキストを対応させる⑤イメージ同定、そして、定義を読み解く⑥具体例同定、という6分野で診断する。「項目応答理論」を採用し、オンラインで提供される。項目応答理論は受検者のレベルに応じた問題セットが提供される仕組みで、通常のペーパーテストに比べて能力の分散が大きい集団に対して有効とされ、TOEFL等が採用していることでも知られる。リーディングスキルテストでは、それぞれの問題に対して過去の膨大な受検データから難易度と識別力が付与されており、受検者の反応（＝正誤）に基づきリアルタイムで最も適切な次の問題を計算し、出題する。その結果、上述した6つの分野で、受検者が全体のなかでどのような位置にあるかを「能力値」としてフィードバックする。図は、⑤イメージ同定の問題の一例である。この問題は1,000人以上が解いた段階で正答率が29％だった。この問題を拙著『AI vs. 教科書が読めない子どもたち』（東洋経済新報社）で紹介したところ、「パソコンで解くことに慣れていなかったのではないか」「成績に直結しないので不真面目に解いたのではないか」等の批判が少なからず寄せられた。しかし、あるテレビ局が東大新入生をアルバイトとして数十人集めて

図1　リーディングスキルテストの問題（イメージ同定）の例

　下記の文を読み、メジャーリーグ選手の出身国の内訳を表す図として適当なものをすべて選びなさい。

　　メジャーリーグ選手のうち28％は米国以外の出身の選手であるが、その出身国をみるとドミニカ共和国が最も多くおよそ35％である。

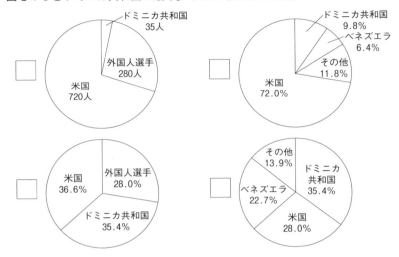

紙に印刷したうえで解かせたところ、正答率が53％しかなかった。また、リーディングスキルテストを導入した複数の自治体が本テストの能力値と、文部科学省が実施する「全国学力状況調査」（中学生：国語、数学、理科）の各科目の成績と高い相関があることを発表する等、本調査の妥当性は年々補強されている。そのなかで、ある職階（係長・課長・部長クラス）では、20代に比べて専門と非専門のテキストの読解力の差が広がる傾向がみえてきた。自らの専門に関係するテキストを集中的に効率よく読む習慣を強化することで、非専門のテキストが読みづらくなり、さらに敬遠するようになるのかもしれない。

　21世紀の金融リテラシーには、テクノロジー、特にITの進展やその理論と実装を正確に把握することは欠くことができない能力であろう。誰もがデータサイエンティストやプログラマーになる必要がある、というわけではない。むしろ、彼らが業務において言語化せずに行っていることを外部から言

語化し、実装の倫理やリスクについて対等に議論するうえでも、分野に依存しない汎用的読解力を継続的に強化していく必要があるといえよう。

第1章

金融商品とその担い手の
ビジネスモデル

金融庁総合政策局総合政策課　安野 淳
資産運用高度化室長

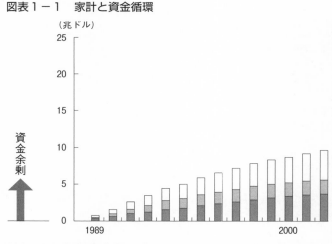

1 はじめに

　本章は、筆者自身の金融機関でのリテール部門における企画・マーケティング業務の経験や、現在の金融庁における金融リテラシー向上や資産運用高度化に向けた取組み、特に資産形成を国民に広げていくための政策面での対応などをふまえ、金融商品についての論点や担い手としてのビジネスモデルのあり方、さらには、今後の政策面でのポイントなどについて、解説したい。筆者の問題意識は、資金循環における日本の特異性にあり、この資金循環を改善していく必要性を強く意識している。なお、筆者の私見にわたる部分が含まれることをあらかじめお断りしておきたい。

　資金循環とは、企業、家計、政府、海外といった主体ごとに、資金がどう流れるかを整理したものである。家計の資金循環について、図表１－１でみると、日本の家計金融資金は、10年近く伸びが止まっている。これに対して、米国は10年程前から急速に伸びているし、欧州も着実な伸び方をしてい

図表１－１　家計と資金循環

（兆ドル）

資金余剰

（注）　欧州委員会、各国政府、IMFデータなどから作成。欧州は継
出典：2019年11月10日日本経済新聞朝刊「資金循環 ゆがみ拡大　借

る。

　一方、企業の資金循環について、図表１－２でみてみたい。企業はもともと資金不足で、家計から資金を調達して、それを投資して成長するというモデルだったのだが、現在は大幅な資金余剰主体になっている。日本だけでも５兆ドル以上の資金余剰になっていて、欧米も加えると10兆ドルに達しようとしている。この理由の１つとして考えられるのが、デジタライゼーションの進展である。日本の高度経済成長期のように、預金で集めた家計の資金を、間接金融の枠組みで工場建設などの巨額な設備投資に回して、世界に製品を供給し、利益を得るというモデルが終焉しつつあるということだろう。事実上、産業界もデジタル化の時代に入ってきているなかで、今後のビジネスモデルのあり方が問われている。時価総額ランキングの上位をみても、GAFAのような、「モノ」ではなくデータやウェブに関連する会社にかわったことがわかる。このような産業構造の大きな変動により、企業部門も資金余剰になっている。

　政府はというと、図表１－３に示してあるとおり、資金不足はひたすら増

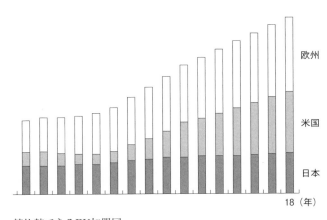

続比較できるEU加盟国。
金、政府に偏在　日米欧企業カネ余り」より抜粋

図表1－2　企業と資金循環

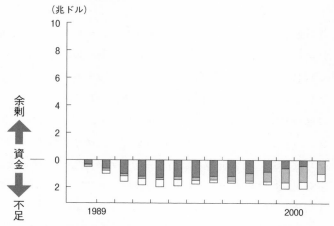

（兆ドル）

（注）　欧州委員会、各国政府、IMFデータなどから作成。欧州は継続
出典：2019年11月10日日本経済新聞朝刊「資金循環　ゆがみ拡大　借

図表1－3　政府と資金循環

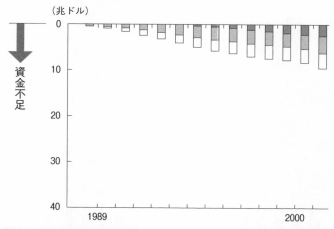

（兆ドル）

（注）　欧州委員会、各国政府、IMFデータなどから作成。欧州は継続
出典：2019年11月10日日本経済新聞朝刊「資金循環　ゆがみ拡大　借

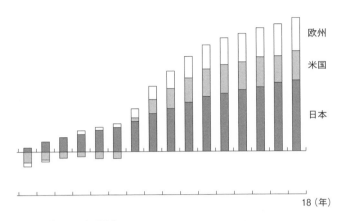

欧州

米国

日本

18（年）

比較できるEU加盟国。
金、政府に偏在　日米欧企業カネ余り」より抜粋

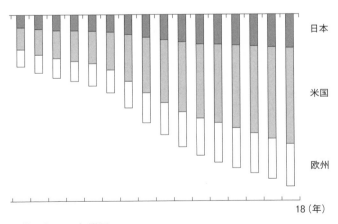

日本

米国

欧州

18（年）

比較できるEU加盟国。
金、政府に偏在　日米欧企業カネ余り」より抜粋

大している。世界全体でいえば34兆ドルもある家計と企業の余剰分は、裏返すとすべて政府の不足分であり、日米欧そろって、財政赤字が拡大し続けているという状況にある。足元のコロナ禍による財政出動が、いっそう、そうした状況を加速させることなる。

次に、わが国の家計金融資産はどの程度かみてみよう。2019年の数字をみると、日本は1,893兆円であるのに対し、米国は10,474兆円と、５倍以上の差がついている。一方、人口や名目GDPでみると、ここまでの差はない。人口が１億2,614万人の日本に対して、米国は３億2,775万人で、名目GDPは日本が５兆ドル、米国が21兆ドルである。それなのに、個人金融資産の開きが大きくなってきている。

 ## 2 金融商品とは何か

なぜ日本では、貯蓄から投資、あるいは資産形成へと進まなかったのだろうか。それを考える前に、まず「金融商品」とは何かを説明しておきたい。「金融商品」の定義は意外とあいまいである。一般的に金融商品とは、銀行、証券会社、保険会社など金融機関が提供・仲介する各種の預金、投資信託、株式、社債、公債、保険、ローンなどの商品のことをいう。そこから派生して生まれたデリバティブなども含んでいる。各種の金融商品は、安全性と流動性、収益性の３つの基準によって評価することができる。安全性・流動性・収益性の３つすべてを満たしている優れた金融商品というのは存在しないので、自分の目的に応じて、どの基準を優先させるかを決めることになる。そのため、目的に応じた金融商品を選ぶためにも、金融リテラシーを身につける必要がある。

もちろん金融商品の定義が何もないかというと、そういうわけでもない。まず、会計用語としての「金融商品」がある。図表１－４に示しているように、日本の企業会計における用語としての金融商品とは、金融資産、金融負債およびデリバティブ取引にかかわる契約を総称している。これは幅広い範囲をとらえていて、金融資金として、現金、預金、受取手形、売掛金、ある

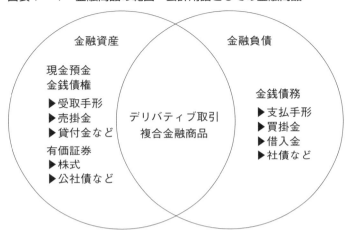

図表1－4　金融商品の範囲―会計用語としての金融商品

金融資産

金融負債

現金預金
金銭債権
▶受取手形
▶売掛金
▶貸付金など
有価証券
▶株式
▶公社債など

デリバティブ取引
複合金融商品

金銭債務
▶支払手形
▶買掛金
▶借入金
▶社債など

出典：EY新日本有限責任監査法人「金融商品の定義と金融商品会計基準
　　　の適用範囲」（2012年10月8日）

いは貸付金の金銭債権、株式、その他の出資証券といったものから、オプ
ションやスワップなども含んだ債権も入る。さらに、金融負債として、支払
手形、買掛金、借入金、社債、オプション、スワップといったものまで含ん
でいる。

　一方、もう少し狭い範囲でとらえたものが、金融商品取引法上の金融商品
である。ここでいう金融商品は、投資性のある金融商品を対象にしているた
め、預金は対象にならない。2007年秋に本格施行された金融商品取引法は、
投資性のある金融商品を取引する際の利用者保護と、透明で公正な市場づく
りを目指してつくられた法律である。なお、保険は保険業法の対象なので、
金融商品取引法では対象外になる。また、これより前の2001年には金融商品
販売法という法律が施行され、購入時の利用者保護も図られている。

　金融証券取引法上の金融商品については、図表1－5のようなかたちで示
されている。まず金融商品販売法で、販売するときの説明をする販売会社を
縛っていた。それに対して、証券取引法、銀行法、保険業法など各業態で法
律が定められていた。この図がつくられた当時は、「金融ビッグバン」とい

図表1－5　金融商品の範囲－金融商品取引法上の金融商品

	従来の規制と対象商品例			新しい規制と対象商品例	
	規制法	金融商品		規制法	金融商品
金融商品販売法	証券取引法	・国債 ・地方債 ・社債 ・株式 ・投資信託 ・有価証券に関するデリバティブ取引等（限定列挙）	新しい法制	金融商品取引法	・国債 ・地方債 ・社債 ・株式 ・投資信託 ・信託受益権 ・集団投資スキーム持分 ・さまざまなデリバティブ取引
	銀行法	・外貨預金			・投資性のある預金商品
	保険業法	・変額年金保険			・投資性のある保険商品
	不動産特定共同事業法	・不動産特定共同事業契約			・不動産ファンド等

金融商品取引法の販売・勧誘ルールに準ずる

出典：金融広報中央委員会「知るぽると」

われた規制の見直しが行われ、商品の販売ルートが広がったり、複線化したりした結果、各業態の法律だけでは金融商品の取引が制御できなくなってしまった。それに対して、金融商品サービス法という概念を取り入れようと金融庁（当時は大蔵省）が海外事例を研究し、金融商品取引法が生まれたという経緯がある。

　本書の第1分冊である「基礎編」でも触れられているが、簡単に、図表1－6に示したインベストメント・チェーンという概念も説明しておきたい。投資の連鎖として、顧客、受益者から投資先企業へと投資がなされ、その価値向上に伴う配当等が家計に還元される一連の流れがインベストメント・チェーンである。

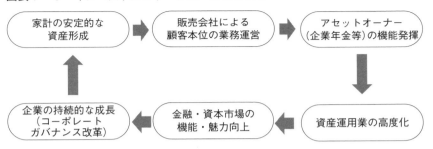

図表1−6 インベストメント・チェーンについて

家計の安定的な
資産形成 → 販売会社による
顧客本位の業務運営 → アセットオーナー
（企業年金等）の機能発揮

企業の持続的な成長
（コーポレート
ガバナンス改革） ← 金融・資本市場の
機能・魅力向上 ← 資産運用業の高度化

❸ デジタライゼーションの進展

　産業構造が変わった原因として、デジタライゼーションの進展をあげたい。金融デジタライゼーションの進展というのは、生活面であらゆる「モノ」や「コト」が情報化し、ビジネス面だけでなく、金融、生産、流通、販売、あるいは行政に至るまで、あまねくデジタルが適用される動きが進んでいるということを指す。

　現状では、ITを生かして金融サービスを切り出す「アンバンドリング」という動きと、逆にeコマースなどの業務と部分的に組み合わせ、再構築する「リバンドリング」という動きが非常に活発に行われている。グローバルプレーヤーに比べ、日本のデジタライゼーションを担うようなプレーヤーの規模が小さいということもあり、近年は思い切った合従連衡が起こっている。

　情報の蓄積や分析が、量・質ともに飛躍的に増加して、情報の利活用も進展している。もうみなさんの身近でも、交通系を含めれば、電子マネーをもっていない人はほとんどいないのではないだろうか。ちなみに、交通系電子マネーSuicaに搭載されているFelicaの仕組みをつくったのがソニーである。これは非常に優れていて、日本で二次元コードを使った決済の普及が進まないのは、Felicaがあることが理由の１つともいわれている。ほかにも普及しない理由として、偽札がほとんどつくられない最先端の紙幣が信用されてい

ることなどから現金信仰が強いことと、ATMが充実していることがある。しかしながら、現金というのは現金輸送車を使うなど維持コストも大きいので、金利がない世界ではビジネスとして成り立ちにくいという現実がある。

　デジタライゼーションによって、電子モール市場の取引情報を活用した出店者向け融資、ビットコインやフェイスブックの「リブラ」といった暗号資産（仮想通貨）、モバイル送金、人工知能（AI）によるビッグデータ解析といったことも進んでいる。とはいえ、現状では劇的な進展はない。限られた顧客情報の蓄積をしていても、富裕層と大企業向け以外のテーラーメードはコストにあわない状況にある。つまり、供給側の論理による、マス定型商品を提供している。プロダクトアウトの、BtoC型ビジネスモデルといえる。この部分に関しては、人間生活自体がデジタル化しているため、いま、特に進化している。顧客のライフログの自動蓄積が進んで、AIによるビッグデータ処理や学習が行われている。将来の方向性としては、深度ある顧客情報の蓄積に伴い、テーラーメードのマス化が可能になるだろう。その結果、顧客情報に根差す共有価値の創造、つまりマーケットインの、CtoB型のビ

図表1−7　金融サービスと新たな価値の創造

供給側の論理による マス定型商品の提供 BtoC型のビジネスモデル		顧客情報に根差す 共有価値の創造 CtoB型のビジネスモデル
・限定的な種類の金融サービスのみを提供 ・入口審査中心、情報の非対称性やモラルハザードのため、狭い範囲の顧客に高い金利・保険料・手数料でサービスを提供 ・生活／経営改善のためのインセンティブやアドバイスは提供しにくい		・金融サービスと非金融サービスを組み合わせて提供（アンバンドル・リバンドル） ・事後モニタリングの活用により情報の非対称性やモラルハザードを克服、広い範囲の顧客に低い金利・保険料・手数料でサービスを提供 ・生活／経営改善のためのインセンティブやアドバイスを提供しやすい

ジネスモデルへと移っていくと考えられる。図表1－7は、そうした方向感を示したものである。AIの力でビッグデータを解析し、その人にあったものを低コストでつくることができるなら、ユーザー側にもメリットが生じる。新たな価値が創造されることによって、限定的な種類の金融サービスのみを提供していた金融機関が、金融サービスと非金融サービスを組み合わせて、生活、あるいは企業の経営改善のためのインセンティブやアドバイスを提供できるようになれば、利便性は高まるだろう。

　そんな社会をつくっていくために、新たなサービスの担い手が登場している。従来は、店舗網やシステム、バランスシートなどの資本集約型の生産要素が力の源泉だった。利益は薄くとも包括的な品揃えによる総合的に採算がとれるという考えに基づき、フルラインで金融を提供してきたわけである。これが、スマホやブロックチェーンによる分散化や代替・低廉化が行われてきて、金融機関にとって長らく力の源泉であったものが、「土管化」、つまりレガシーアセット化した。土管のように枠組みだけを提供して、中身は新しい企業に奪われてしまうというわけである。

　このように、資本集約型の参入障壁があることで、超過利潤が確保できていた業務に、モノライン（単一の事業の）業者が参入している。決済、クレジットカード、個人間取引などさまざまなものがある。こうして既存の金融機関が、だんだん力を失っていくという動きが出てきている。図表1－8では、そうした新たな金融機能の流れについての概念図を示している。

　金融機関のネットワークも大きく変わった。4つのネットワークの例について、紹介したい。第一は、「金融機関ハブ型」である。筆者が銀行に入ったばかりの頃の外国為替という業務は、テレックスからSWIFTへの切替えが収束しつつあった。日本の銀行は、日本企業が米国企業に米ドル建てで送金するとき、まず日本の金融機関の当該企業の銀行口座から引き落として、そこから米国にある邦銀口座に付け替えて、米国の企業の銀行口座に支払う、といった回りくどいことをやっており、時差もあって、時間がかかっていた。

　第二は、「取引所型」である。これは、1つの取引所に集中することによ

図表1-8　金融機能に係る新たなサービスの担い手

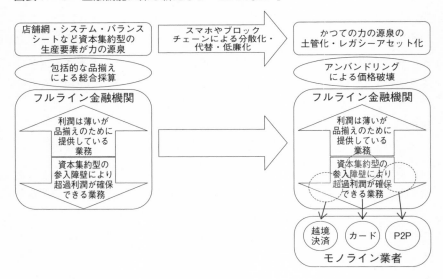

って、決済のネットワークを効率化しようとする考え方である。日本でいえ
ば、いまはほとんど東京証券取引所に取引所取引が集中されていて、地方の
取引所が減り、集約が進んでいる。これは、デジタル化が進み、大量の取引
が効率的にできる取引所が有利になるということが原因である。

　第三は、「インターフェース企業型」で、インターフェース企業が間に入
るやり方である。これはすぐにイメージが湧かないかもしれない。たとえ
ば、確定拠出年金では、顧客と金融機関との間に運営管理機関というレコー
ドキーピング業務を行う企業が存在している。

　第四は、「分散型」、ブロックチェーンである。仲介役や、中心となるハブ
がなく、すべての顧客データがそれぞれ個別のコンピュータでやりとりでき
るというかたちである。ブロックチェーン技術を使った暗号資産（仮想通
貨）が流行したためにやや不安視する向きもあるのだが、この技術自体は非
常に安全性も高い。

　次に、機能別・横断的法制の整備についても説明しておきたい。図表1-
9に、全体像を概観的に示している。デジタライゼーションの進展に応じて

図表1－9　機能別・横断的法制の整備

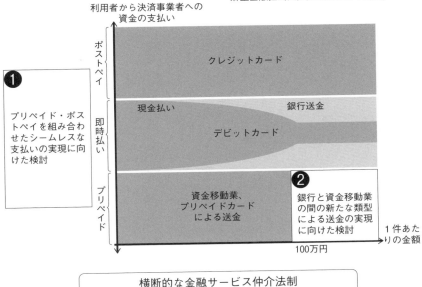

「決済」分野の横断化・柔構造化

【（資料）未来投資会議（平成31年2月13日）
麻生金融担当大臣提出資料より抜粋】

横断的な金融サービス仲介法制

【（資料）未来投資会議（平成31年2月13日）
麻生金融担当大臣提出資料より抜粋】

利用者

横断的な金融サービス仲介法制

電子決済等代行業者
銀行代理業者　　　　　金融商品仲介業者

保険仲立人
保険募集人

銀行	証券会社・運用会社	保険会社
（決済）（資金供与）	（資産運用）	（リスク移転）
（預金受入れ）		

出典：金融庁「利用者を中心とした新時代の金融サービス～金融行政のこれまでの実践と
　　　今後の方針～」

金融法制も変更していくということだ。決済分野においては、決済が銀行などの金融機関を通さずに個人間のスマホアプリのなかでできるようになってくると、個人間のお金が1日アプリ内に蓄積してしまったことで、その企業が破綻したときに誰が保証するのかという問題も生じる。そのため、決済の部分を横断化、重構造化しようという動きが出てきている。また、資金移動には、クレジットカード、現金払い、それからデビットカードや銀行送金がある。一方で、資金移動業者というものが別途定められていて、ここでプリペイドカードによる送金というものもある。そこで、横断的に金融サービスが提供できる法制をつくろうとしている。このように、利用者目線で法制度を見直していこうということを、まさにいまやっているところである。

　次に図表1-9の下側の「横断的な金融サービス仲介法制」について説明したい。現行法制のもとで、銀行・証券・保険といった金融サービスをワンストップで提供しようとすると、銀行法における銀行代理業者、金融商品取引法における金融商品仲介業者、保険業法における保険仲立人または保険募集人という業種ごとの許可・登録が必要になる。そこで、顧客起点で横断的なサービス提供をワンストップで容易にするために「金融サービス仲介法制」を新設する。既存金融機関は自分たちが商品の提供者に回るのか、自ら子会社をつくって金融サービス仲介業に乗り出すのか、あるいは一線を画すのか、さまざまな選択肢がある。

 ## 金融商品のあり方

　ここからは、「金融商品のあり方」について説明したい。ここでの「金融商品」は、金融商品取引法上の定義である「投資性のある金融商品」を主な対象として取り扱うこととしたい。金融商品は、最終受益者に利益をもたらすものであるべきだと考える。そこで、まずは影響の大きい「手数料」について考えてみよう。

　投資信託には「信託報酬」というランニングコストがかかる。新聞には投資信託基準価格という投資信託の日々の価格が載っているが、その金額は信

託報酬分の金額を日々差し引かれた後のものである。信託報酬率は、日本では平均で1.3％程度である。投資信託に関しては、さらに購入する際に徴収される販売手数料というものもある。一般的に銀行や証券会社の窓口で購入するようなケースにこうした手数料がかかる。

こういったことをふまえ、2017年3月に「顧客本位の業務運営に関する原則」を発表して、原則を採択した金融事業者に「取組方針」と「自主的なKPI」の公表を促した。それから、金融機関の取組みにかかわる顧客評価の実態把握を行っている。それぞれの取組みに関する課題が数多く出てきて、浸透や定着は道半ばといえる。毎月分配金が発生するものや、ロボティクスや医療など流行りものに投資するテーマ型投資信託はリターンを生み出していないものが多いということもわかってきた。

今後の方針としては、金融・情報リテラシーの向上を図っていくとともに、金融機関に対するモニタリングを行い、問題事例の把握に努めていって、顧客本位の業務運営を実行的に進めていくことになる。同時に定量面での分析を深めるため、2019年からは公募投資信託に関する委託調査を行っている。

そして、適正なコストの商品であることも大切である。意外かもしれないが、金融機関の人たちは、自社で取り扱っている投資信託を買っていないことがある。リテールを担当している人が、「うちの商品はいいよね」と自ら買うようなものにしていかないと、インベストメント・チェーンのなかのリテールの部分は、なかなかよくならないのではないだろうか。

⑤　金融の担い手のビジネスモデル

ここから、金融の担い手としての金融機関のビジネスモデルについて、話を進めていきたい。金融の担い手には、どういうビジネスモデルが考えられるだろうか。金融の担い手として、現場では販売員とアドバイザーがいる。アドバイザーを言い換えた、「ファイナンシャルコンサルタント」とか「ファイナンシャルプランナー」といった名前もある。実質的には、販売を

したものから対価を得る仕事がほとんどなので、日本ではこのアドバイザーという職業がなかなか根づかず、販売員、つまりセールスマンやセールスレディーがほとんどである。

　ここで、金融用語としてのコミッションとフィーの違いも説明しておこう。コミッションというのは、販売した商品に対して、主に販売時に手数料を徴収する方法である。100万円の投資信託を販売する際に、売ったときに３％の手数料をとるというのが現在の金融機関の窓口での一般的な姿である。購入した個人にとっては、たとえば100万円投資したら、消費税も差し引かれ97万円弱から運用をスタートすることになる。一方で、確定拠出年金であれば、コミッションは０である。ネットチャネルであればコミッション０のものも多い。

　一方、フィーは資産運用に関するアドバイス等の対価として、預り残高に対して一定比率の手数料を徴収する方法である。コミッションからフィーに移行するという考え方が世界的な潮流である。ただ、これも万能ではなく、全部フィーにすると、お金持ちにしかアドバイスしないという「アドバイスギャップ」という問題が生じることがある。英国では実際に起きており、適切な手数料体系を構築することは非常にむずかしいといわれている。

　2019年に金融庁が委託調査で行った「独立系フィナンシャルアドバイザー（IFA）に関する調査研究」で、日本における金融サービス提供の枠組みのイメージをまとめている。ファイナンシャルプランナー（FP）といわれる資格があり、金融機関のなかに、FP資格をもっている人がたくさんいるし、確定拠出年金や金融仲介業などに従事している人もFP資格をもっているケースが多い。また、保険、投資助言、さらには不動産、税理士、会計士といった人々がアドバイザーになるようなこともある。金融商品を販売したり、アドバイスしたりする人のイメージが、保険なら保険、銀行なら預金、というような縦割りの概念からずいぶんと変わり、複雑化している。

　金融サービスの提供について、どういうかたちで役割を担い、サービス提供者の参入形式や販売規制、それからどこに所属するのか、担い手が必要とする資格登録や手数料体系など、「金融の担い手」の要件も複雑である。

法制面では、有価証券や投資信託など資産運用の仲介機能の媒介は、登録と所属制である。一方、投資一任業務等は投資運用業、投資アドバイスから対価を得る場合は、投資助言業として登録する必要がある。

　ほかにもアドバイザーになりうる業者にはFPがある。しかし、FPにしかできない業務というものはなく、むしろ法的には投資助言業に抵触してはいけないという制約がある。一方、税務に関する業務は税理士にしかできない。また、不動産に関する宅地建物取引業や不動産仲介業といった業者もある。金融商品というのはいろいろな分野に重なっていて、こういうものを一体的にして総合的なかたちで、顧客のためにアドバイスできる主体というのが、日本ではなかなか育っていない。これらについて、金融サービス提供者の枠組みに関して整理したものが、図表1－10になる。

　金融商品仲介業者のビジネスモデルについて、図表1－11に従って、簡単に説明しておきたい。証券会社はお客様の口座を証券会社につくり、金融商品仲介業者が顧客にアドバイスをして、相談をしたり、金融取引の依頼をしたりする。あるいは、株式や投資信託のケースだと、金融商品仲介業者に直接購入のアドバイスを受けてかまわない。仲介業者を使うときは、手数料を証券会社側から支払うという構図になっている。この金融仲介業者のほとんどが、先ほどの「フィー」ではなく「コミッション」を受け取っているので、なるべく高い手数料のものをお客様に売れば業者が儲かるという構図になってしまう。

　なかには、収入源を「フィー」に転換し、注目を集めているIFA（独立系ファイナンシャルアドバイザー）という業態がある。IFAとは、金融機関の社員ではなく、一定の独立した立場のもとで活動する担い手を指すが、バリエーションが非常にたくさんある。保険を扱う業者もあれば扱わない業者もあり、手数料のとり方がコミッション中心である。運営会社であるIFA法人と、IFA法人に所属するIFA（個人）で構成されているものとがあり、特定の金融機関ではなくIFAに所属して、特定の金融機関からは独立した提案を行う。ただ、日本におけるIFAは仲介業者に所属する外務員なので、金融機関に所属する外務員と構造的にはあまり変わらない。特定の金融機関との関

図表1-10　金融サービス提供者に係る規制等

	資産運用 ［仲介機能］	リスク移転 ［仲介機能］
	金融商品仲介業者 ［金融商品取引法］	保険募集人 ［保険業法］
（仲介）業者が担う主な役割	有価証券の売買等の媒介	保険契約締結の代理 または媒介
参入形式	登録（金融庁）	登録（同左）
「機能」の特性に応じた主な販売・勧誘等規制	証券会社と同様の適合性原則	保険会社と同様の情報提供義務・意向把握等義務
所属制の有無	所属制あり	所属制あり
担い手 （個人）が必要とする資格	証券外務員	生命保険募集人 一般課程試験 変額保険販売資格
担い手 （個人）の資格登録先	日本証券業協会	生命保険協会 損害保険協会

出典：2019年7月19日付　金融庁委託調査「独立系フィナンシャルアドバイザー

係は切れているが、どこかの金融機関の口座を使って、証券、株式、投資信託などを売っている人たちである。ネット証券には、こういうIFAの人々を組織して、対面販売ができないなかで自社に口座をつくってもらい、取引を仲介してもらう動きがみられる。

　会社都合の転勤がないこともポイントの1つである。金融機関の場合、長期に顧客と接していると不正が起きる可能性があるので、監督指針に転勤の必要性を記載していた。いまは、癒着や不正というのはコンプライアンスやガバナンスの観点できちんと管理をすればいいという発想になり、修正されている。

投資一任	投資助言	フィナンシャル プランニング
投資運用業 投資助言・代理業 ［金融商品取引法］	投資助言・代理業 ［金融商品取引法］	（金融商品取引法） （金融商品販売法） （消費者契約法）
		フィナンシャル プランニング （有償を含む）
登録（同左）	登録（同左）	－
金融商品取引法 日本投資顧問業協会の自主規制ルール	同左	－
－	－	－
－	－	日本FP協会認定資格 （CFP、AFP） FP技能検定
－	－	日本FP協会 （日本FP協会認定） 国家検定 （FP技能検定）

（IFA）に関する調査研究」（委託先：みずほ総合研究所株式会社）より金融庁作成

　IFAの海外事例も紹介しておきたい。図表1-12に、日米英のIFAの概観を示している。米国では、IFAのなかにRIA（Registered Investment Adviser）と呼ばれる人がいて、うまく棲み分けができている。日本の金融仲介業者の登録外務員数というのは、3,800人しかいない。それに対して、米国の独立系IFAは12万7,000人もいる。ここが個人向けの資産運用の担い手で、社員系アドバイザーと並ぶ存在になっている。米国のIFAは、登録外務員である独立投資（Independent Contractor、IC）アドバイザーと、投資顧問業者であるRIAと、その両者を兼業している「ハイブリッドRIA」に分類される。日本でIFAと呼ばれているのは、証券外務員で金融機関に属していない

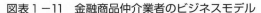

図表1−11　金融商品仲介業者のビジネスモデル

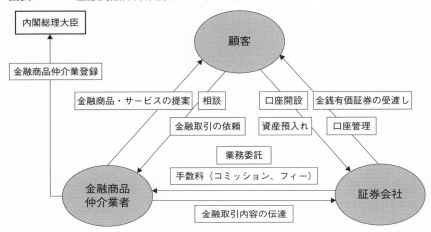

出典：2019年4月24日付　金融庁金融審議会「市場ワーキング・グループ（第22回）資料
　　4　事務局説明資料」より筆者作成

人たちである。英国は、IFA（Independent Financial Adviser）というものが
あり、顧客からの手数料として、アップフロントの販売手数料をとってはい
けないということになっている。日本や米国のICは逆で、顧客からのアド
バイスフィーが受け取れないようになっている。また、英国のIFAは資産運
用会社からの信託報酬の受取りもできない。

　米国のICと日本のIFAの共通点を生かしながら、金融機関自体もこの形態
に近いかたちにしていく方向性が考えられる。顧客からの販売手数料の受取
りと、ランニングコストからの収益の部分のバランスをどうとっていくかと
いうことを考えていかなくてはならない。

　顧客本位の業務運営を目指すうえで、金融の担い手のビジネスモデルとし
て、完成したものがあればよいのだが、ここはまだ道半ばである。今後、日
本においてもIFAの拡大は十分考えられるし、IFAも含めた多様な担い手の
顧客本位に基づくアドバイスによって顧客の金融資産が持続的に増えていく
ことも期待できる。具体的な可能性は、図表1−13に示してある。

　デジタライゼーションの進展により、金融分野においてもスマホを通じた

図表1-12　日米英のIFA概観（日米英の比較）

	日本	米国		英国
独立系FAの名称	IFA （金融商品仲介業者）	独立投資アドバイザー （Independent Contractor）	RIA （Registered Investment Adviser）	IFA （Independent Financial Adviser）
形態	（証券）外務員	登録外務員	投資顧問業	－
顧客からの販売手数料受取り	○	○	×	×
顧客からのアドバイスフィー受取り	× （投資助言業／投資顧問業登録を行えば可能）	×	○	○
資産運用会社等からの信託報酬等受取り	○	○	○	×

出典：2019年7月19日付　金融庁委託調査「独立系フィナンシャルアドバイザー（IFA）に関する調査研究」（委託先：みずほ総合研究所株式会社）より金融庁作成

さまざまなサービスが提供されるようになった。こうした変化に対応するため、60ページで述べたとおり、「金融サービス仲介業」が創設される。このことで、リモートチャネルだけでなく、対面チャネルにおいても銀行・証券・保険分野のサービスをワンストップ提供できるようになる。金融分野を横断するだけでなく、非金融分野も含めた顧客起点のイノベーションが期待される。

　今後の取組みにおいては、金融商品のあり方、金融サービスの担い手の変革、そして金融デジタライゼーション戦略と顧客本位の業務運営、金融経済教育の推進といったことが重要であると考えている。金融という機能が非金融分野とも連動して、社会にどれだけ貢献できるのかを常に考えて取り組んでいきたい。

図表 1 - 13　日本におけるIFA拡大の可能性

IFAの拡大可能性

・IFAに対する顧客ニーズの高まり
・証券会社社員等からのIFAへの転身ニーズ増大
・保険代理店における、保険・証券の総合コンサルティングに対する有用性の認識拡大
・会計士・税理士事務所等における、IFA活用による顧客対応力強化の認識拡大

拡大を後押しする要因

・IFAプラットフォーマー等によるIFAサポート力の向上
・IFAの収益構造改革（販売手数料に多くを依存しない構造へ）
・資産運用会社のIFAに適した対応力の向上
・当局の方向性

拡大の制約要因

・顧客からIFAへの価値認識が高まらない
・IFAにおけるコンプライアンス問題の惹起
・既存の対面系証券会社の営業手法変化、証券会社内独立系チャネルの整備等によるIFAへの転身希望者の減少
・IFAに対する規制強化（短期的な制約要因）

出典：2019年7月19日付　金融庁委託調査「独立系フィナンシャルアドバイザー（IFA）に関する調査研究」（委託先：みずほ総合研究所株式会社）より金融庁作成

6 　**本章の理解を深めるためのQ&A**

Q　日本郵政グループの販売不正が大きな社会問題となったことに関して、民間は営利目的だから、どうしてもそういう面があるとして、行政の立場からすると、検査や監督が大事だと思う。金融庁で検査局を廃止したことで、そういう金融機関に対する対応が少し弱くはなっていないのだろうか。

A　組織としての検査局が廃止されたが、検査がなくなったわけではない。現在、総合政策局に検査官は所属している。

日本郵政グループの問題について、法令違反は論外だが、問題は、法令には書いていないけれども、お客様のためになってないものがあるということだ。ミニマムスタンダードといわれるが、法令を最低限守っていればいいだろうという考えが、金融機関のなかに定着してしまい、収益を追いかけることに重点を置きすぎた面が否めない。顧客本位の業務運営という原点に立ち帰ることが必要なのではないか。

第2章

金融機関のビジネスモデル

京都大学経営管理大学院特別教授　幸田 博人

① 金融機関と「金融リテラシー」

　金融機関（銀行・証券会社など）にとって、「金融リテラシー」は、2つの意味を有している。第一は、日本の個人金融資産の構成に関して欧米との比較におけるギャップ問題の背景としての「金融リテラシー」である。第二に、金融機関の営業活動との関係で「金融リテラシー」の浸透が重要であるとの論点である。いずれも、金融機関のビジネスモデルを考えるにあたっての重要なポイントとなる。

　日本の個人金融資産について、まずは、マクロ的な側面からみてみる。2020年3月末時点における、家計部門（個人）の金融資産残高の合計は1,845兆円にのぼっている。規模的には、大変大きな水準である。その家計部門の金融資産残高の内訳は、現預金が1,000兆円と過半を超え、54％を占めている。この状況は、図表2−1にあるように、長年ほとんど大きな変化はなく、欧米などとの比較においても、圧倒的に現預金のウェイトが高く（50％という水準）、日本固有の特徴を有する際立った状況にある。長年にわたって現預金が中心となっているという資金循環上の課題（運用面での投資リターンを得にくい構造、リスクマネー供給への家計部門からのサポートが不足することなど）が認識されている。政府においても、2000年代前半の小泉内閣における「貯蓄から投資へ」の政策や、アベノミクス下における「貯蓄から資産形成へ」という政策など、20年にわたる取組みが粘り強くなされているにもかかわらず、基本的には、こうした構造に大きな変化は生じていない。

　引き続き、こうした現預金過半の構造問題という問題意識をベースとした政策的な取組みは継続され、さらには推進、強化されている。民間の金融機関においても、人生100年時代の到来などもいわれるなかで、個人の"投資"や"資産形成"に係る取組みへのサポートの重要性が強く意識されている。マクロ的な環境変化の重要性に加えて、本件に金融機関として取り組む背景としては、そうした個人の"投資"や"資産形成"をサポートすることが、

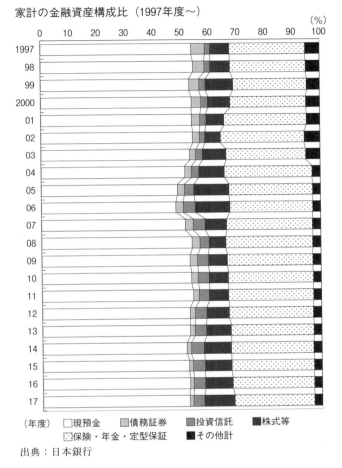

図表2－1　日本の家計部門の金融資産の構成

家計の金融資産構成比（1997年度～）

（年度）　□現預金　▨債務証券　▧投資信託　■株式等
　　　　　⊡保険・年金・定型保証　■その他計

出典：日本銀行

時代にあったビジネスモデルへの変革を求められている金融機関にとって、高いプライオリティをもった位置づけとなっている。その点については、金融機関を取り巻くビジネスモデルに係る状況の変化から理解していくことが必要である。

　まず、銀行においては、基本的には個人・法人から現預金を集め、その資金をベースに、個人や企業向けに貸出を行うこと、あるいは日本国債

（JGB）など有価証券投資を行うことによる収益を得ることで、運用と資金コストとの間で利鞘を稼ぎ、利益をあげるという伝統的なビジネスモデルのもとで、長年、運営をしてきた。しかしながら、貸出の伸び悩みや、長期金利の低迷、さらにはマイナス金利への突入とその長期化など運用環境が徐々に悪化し、その状態が継続している。銀行は、日本版金融ビッグバン以降の金融制度の規制緩和のもとで、さまざまな金融商品販売が可能となっており、利鞘中心主義の考え方から、販売手数料などで収益を補っていくという構造を指向することとなった。また、証券会社については、1997年以降の日本版金融ビッグバンのもと、株式委託手数料の自由化、インターネット証券会社の隆盛などの大きな影響を受けるなか、個別株ブローカレッジを中心としたビジネスモデルから、対面富裕層などを中心とする個人向けの投資信託などを中心に販売するビジネスモデルが急速に定着した。銀行や証券会社は、個人の資産運用ビジネスを、販売手数料を得ていく形態での運営を指向し、顧客ニーズをふまえながらも、収益構成のかなりの部分を担うという大きな変化が、2000年代から最近時まで、進展している。そうした点を含めて、金融機関として、個人の「金融リテラシー」向上に向けた取組みが非常に重要であるとの認識を有しているものである。

　金融機関として、こうした個人向けの金融商品販売を進めていくにあたって、顧客の「金融リテラシー」をどうとらえておくかという論点がある。一般の個人投資家は、複雑な金融商品（たとえば、仕組み債、外債、投資信託など）について、必ずしも十分な知識を有しているわけではない。個人向けに販売する投資信託、日本株、外債などの金融商品について、金融機関が行うその販売に係る営業活動において、顧客の資産状況や金融商品を理解するに足る知識を有しているかなど、顧客が投資を行うにあたっての適合性（適性）をまずはきちんと把握することが求められる。同時に、金融商品に係る内容、具体的には、商品そのものの説明、手数料などの水準、リスクの見方などについて、十分に金融機関サイドが説明を行っているかどうかなど説明責任を果たす必要がある。この点については、マーケットが急速に悪化したときなどに、顧客サイドに大きな損失（元本割れ）が発生することを通じ

て、顧客が十分に金融商品の中身を理解していなかったことが、明らかになるケースもある。監督当局である金融庁が、業者（銀行・証券会社など）に、法令に基づくルールのもとで運営することに加えて、業者ベースの一定の枠組みのルール（ソフトローと呼ばれるもの）も含めて、そうしたことを手当していくことが絶えず必要となる。

　このように、「金融リテラシー」を念頭に置きながら、金融機関としての金融商品販売などについて論じていくには、さまざまなポイントがあると考えられる。本章においては、大きくは、3つの観点、①金融機関としての営業スタイル、②フィデューシャリー・デューティー（FD）の重要性、③社会課題としての金融ジェロントロジーについて論じることとしたい。その観点で整理すると、「金融リテラシー」の重要性はますます高まり、その課題にどう対処していくか、金融機関が取り組むべき事項が具体的に認識できると考えている。

❷　金融機関としての営業スタイルについて

(1)　プロダクトアウト型の限界

　金融機関としての営業スタイルの問題について、まず説明していくこととしたい。金融機関の営業スタイルは、一般的には、"プロダクトアウト型"と呼ばれるケースが多い。証券会社では、典型的な例として、個別の企業の株価が下がったときに「この株価は割安だからお勧めです」とか、新しい投資信託を組成して「米国株のデジタル銘柄を中心に組み入れているデジタル投信はお勧めです」といった営業トークとともに、個人顧客に金融商品を勧めていくスタイルがよくとられている。これは、プロダクトをベースに顧客に売り込むスタイルであり、単に値上りしそうな銘柄の推奨、または新しい金融商品を組成して顧客に持ち込んでいるだけで、顧客のニーズに応じた営業アプローチにはなっていない面がある。また、こうした営業スタイルは、問題が生じやすいという論点がある。具体的には、顧客が、本当に短期的な

収益をあげたいのかどうかという観点があり、また本来的には長期的な視野で運用を考えるべきところに、どの程度対応できているのかどうかなどの問題がある。

　金融機関においては、銀行、証券会社ともに、そうした問題が生じやすい構造にあるともいえる。銀行の場合は、先述したようなビジネスモデルとの関係で、与貸をベースとした利鞘中心の収益構造から、さまざまなフィーで補完するというビジネスモデルへの転換を強く意識している。投資信託、保険商品、外貨関連の商品などに傾注しており、そうした商品販売を銀行の顧客に広げていきたいということから、営業現場に負荷がかかりやすい構造にあるといえる。

　また、証券会社の場合は、もともとのビジネスモデル上、銀行のアセットベースの利鞘構造とは異なり、フローベースの収支構造である。証券会社自身の経費について、なんらかの収入でカバーしていくという収支構造である。そうしたなかで、ある程度、顧客向けに一定程度の金融商品の販売金額を求めていくことがコストカバー上必要であることから、プロダクトアウト型を中心に据えざるをえない面がある。後述するが、こうした点については、トランザクション的な収益のウェイトを下げていき、銀行と同様に、なんらかのアセット（顧客資産）をベースにした収入源を確保していくことが重要となる。そうした面での金融機関のビジネスモデルの変革が指向されているところである。

(2)　米国との比較について

　金融機関のビジネスモデルを考えるにあたって、米国におけるビジネスモデルの変化の歴史が大変参考になるところである。米国においては、"プロダクトアウト型"の商品販売を中心とした営業スタイルから、顧客を中心に据えた"金融コンサルティング型"への移行が、30年にもわたる変化のなかで進んできている。図表2-2に、その変化のポイントについて示している。30年にわたる取組みについて、導入期（1980年代から1990年代初頭）、拡大期（1990年代中盤から2000年代初頭）、成熟期（2000年代中盤から現在）と大

図表 2－2　米国における残高報酬ベースへの移行の歴史

		導入期 （1980年代 〜1990年代初頭）	拡大期 （1990年代中盤 〜2000年代初頭）	成熟期 （2000年代中盤 〜現在）
サマリー		退職関連の制度導入への対応やディスカウント系への差別化も意図し、大手証券は徐々にゴールベースを導入	高い収益性・安定性に加え、回転売買等への顧客の不満に対応すべく、証券会社の積極導入が加速化	顧客保護の必要性の高まりを受け、当局は移行を後押しすべく規制を強化し、証券会社もこれに対応
各ステークホルダーの動向	規制当局	401（k）およびIRA（個人退職勘定）の導入／普及 ・確定拠出年金制度が普及	利益相反の観点から、残高報酬ベース型を進める証券会社の動きを後押しし ・残高報酬ベースを提唱	ベビーブーマー世代の退職を控え、顧客保護強化を推進 ・労働省（DOL）がF/D規制強化
	顧客・市場	年金・退職プランの運用を目的とした新たな顧客層が投資市場に参加	移行とともに顧客の金融リテラシー向上、取引手数料ベースへの不満増大 ・訴訟も増加	ベビーブーマー世代の大量退職やヘルスケアコストの増大を受け、安定的な運用を求める方向にシフト
	金融機関	ディスカウント系の競合との差別化の手段としてゴールベースを導入	収益の安定性や顧客満足度を担保する手段としてゴールベースへの移行を加速化 ・顧客満足度も改善	F/D強化のトレンドも念頭に、多くの金融機関は継続的にゴールベースに移行を展開

出典：各種資料より筆者作成

きく3つの時期に分けている。導入期における政策としての退職関連の制度導入が、その後の拡大の基盤をつくるのに大きな貢献をしたことがよくわかる。また、導入期における金融機関にとっては、ディスカウント系との差別化の手段として、対面型が残高報酬ベースを指向したこともうかがわれる。こうした導入期の動きを、その後、拡大期における当局からの後押しや、顧客からの不満や訴訟などもあり、顧客満足度を上げていくこと（残高報酬ベース、すなわち、ゴールベース）に、徐々にシフトしていくことが求められた。成熟期から現在まで、さらなる顧客保護の必要性などもふまえて、規制当局と顧客のニーズと金融機関の対応のバランスが非常によくなっている。

米国の金融機関においては、商品販売業から金融コンサルティング業への質的変革が定着している。金融機関は、当局規制やマーケット環境の変化のなかで、顧客ニーズ対応力を強めながら、顧客本位の徹底や収益構造変革を推進しているといえる。図表2－3に、米国の金融機関のモルガン・スタンレーの例を示しているが、2001年には、粗利ベースの貢献度で、残高フィー型手数料がコミッション型手数料を逆転しており、"プロダクトアウト型"から"預り資産型"に大きくシフトしたことがみてとれる。足元では、残高フィー型手数料が80％を超えており、その結果、預り資産におけるフィー型

図表2－3　預り資産をベースとした米国の例

<u>モルガン・スタンレーの例</u>

コミッション型手数料と残高フィー型手数料の寄与度

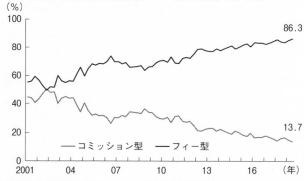

個人部門の預り資産とフィー型資産の推移

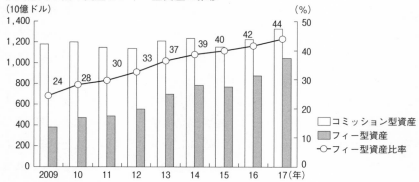

出典：開示資料より筆者作成

資産のウェイトが40％台半ばまで増加している。

(3)　日本における残高報酬ベースへの移行の萌芽

　翻って、日本の状況をみてみたい。まず米国と日本の状況の比較から考えてみると、顧客、規制、金融機関の状況において、日米のギャップはまだまだ大きいことがみてとれる。図表2－4においては、そうした日米間のギャップ認識をしたうえで、日本においても残高報酬ベース移行への萌芽がみられることを示している。

　また、日本における社会環境の変化という点では、今後の人口減少社会のもとでの社会構造の大きな変化について、2つの観点をスコープに入れておく必要がある。第一に、日本において高齢化が急速に進んでいくなかで、特に60歳以上に金融資産のかなりの集中がみられていることから、そうした高齢者の資産運用にどういう課題があるのかという点である。第二に、さらなる人口減少社会に突入するなかで、若い世代が、「資産形成」を積立方式などを通じて行っておく必要性である。こうした日本の社会課題と関連するかたちで、個人の"金融リテラシー"が求められており、そうした観点からも、金融庁においては、若年層から高齢者シニア層までの投資経験や知識の拡充に努めていけるように、政策的なサポートを行っている。同時に、関係者（当局、金融機関（販売機関・運用者など）、個人投資家など）において、フィデューシャリー・デューティーへの意識（顧客本位）が高まってきており、そうしたことも認識しつつ、金融機関がゴールベースの重要性に基づき、営業活動を、顧客のライフプランを起点にすることなどに取り組んでいる。

　それでは、日本の金融機関において、こうした観点をふまえたビジネスモデルの改革は、どういう枠組みで認識するべきかについて、考えてみたい。図表2－5にあるように、年代ごとに分けてみていくと、20代・30代の資産形成期、40代・50代の資産形成・運用期、60代以降の資産運用・承継期ということで、顧客のそれぞれの状況に応じたライフプランのなかで、個人の資産形成や資産運用は行われる。金融機関が対面をベースにコンサルタント的

図表2－4　残高報酬ベースに係る日米の対比と日本の変化の萌芽

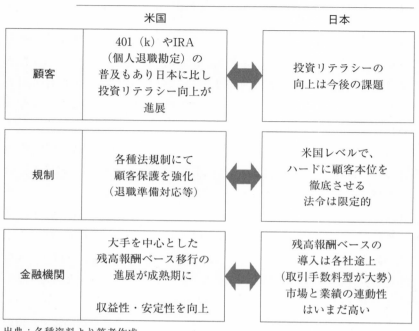

日米のギャップ

	米国		日本
顧客	401（k）やIRA（個人退職勘定）の普及もあり日本に比し投資リテラシー向上が進展	⟷	投資リテラシーの向上は今後の課題
規制	各種法規制にて顧客保護を強化（退職準備対応等）	⟷	米国レベルで、ハードに顧客本位を徹底させる法令は限定的
金融機関	大手を中心とした残高報酬ベース移行の進展が成熟期に　収益性・安定性を向上	⟷	残高報酬ベースの導入は各社途上（取引手数料型が大勢）市場と業績の連動性はいまだ高い

出典：各種資料より筆者作成

なアプローチを行うのは主にシニア世代であり、インターネットやITをベースとした非対面的な対応は、20代・30代などの若い世代の資産形成の段階といえよう。

　コンサルタント的なアプローチの主な対象となるシニア世代の場合、顧客ニーズは、"利便性"、"利益相反防止（顧客の利益と金融機関の利益が一致することが重要)"、"包括的・専門的な提案"などがポイントになる。そうすると、顧客のライフサイクルのもと、ゴールを意識しつつ、どういう資産運用のあり方が望まれるのか、といったことが重要である。また、金融機関の報酬形態は、残高の報酬に応じたフィーであることが、顧客にとって長期的な資産運用の観点からも期待されていること、さらには、専門的なアドバイスも期待されるなどの観点をふまえると、金融機関として、顧客のそうした

顧客投資リテラシー向上の社会的な動き

・高齢化の進展や低金利による運用難等が後押し
・金融庁の課題意識も高く、各種発信、NISA/iDeCo等の施策導入
　などで、投資経験や知識の拡充に注力

「貯蓄から資産形成へ」、フィデューシャリー・デューティーの高まり

・現預金から資産運用へのシフトを、金融庁が後押し
・顧客本位の業務運営を強く求める金融庁の姿勢
　―「顧客本位の業務運営に関する原則」を発表

ゴールベース型を標榜する業者

・大手証券は「ゴールベースアプローチ」を標榜
　―ツールによるライフプランニングを起点
・ストック収益重視の経営方針へ舵切り

図表2－5　金融機関のビジネスモデルの変化

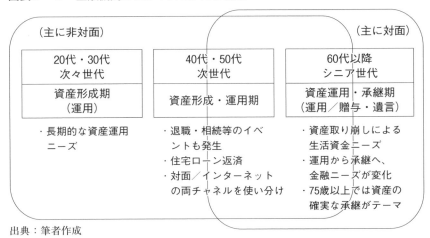

出典：筆者作成

図表2－6　残高報酬ベースにおける顧客ニーズ充足のポイント

顧客ニーズのポイント

資産運用を任せられる利便性

・投資リテラシーの不足、投資への時間投入の制約などを抱える富裕層にとっては、専門家に資産運用を任せられる利便性が魅力

利益相反の防止	包括的・専門的提案
・顧客の利益と、FAの利益の一致を重視	・退職資金確保などに対する、中長期・分散のポートフォリオ提案のニーズの拡大 ・対面営業には高度な専門性が必要

顧客ニーズ充足に向けた、付加価値提供の方法

AuM（預り資産）連動の課金体系	預り資産規模に応じたアドバイザリーフィー	・FAの報酬は、顧客の預り資産額に比例したフィーとなり、利益相反を抑止 ・フィーを正当化する、深い信頼関係や高度なアドバイス提供が前提
ファイナンシャルプランニングの提供	アセットアロケーション	・資産全体を見据え、人生のゴールや投資性向に沿った分散投資をアドバイス ―定期フォローでリバランスも提案
チーム営業化	ジェネラ　各商品にリスト　詳しいFA	・広範な商品に関する高い専門性が要求されるなか、FA同士がチームを組み、各々の強み・弱みを補完

出典：各種資料より筆者作成

ニーズをコンサルタント的に充足していくことが大事となる。図表2－6に
そうした観点をふまえた項目を示してあり、参照されたい。また、こうした
ゴールベースの妥当性や有用性について、図表2－7に整理してある。ゴー
ルベースアプローチとは、個人の方々が、将来のライフプランのもとで、人
生のこれから先のさまざまな目的（夫婦で旅行をしたい、地方に移住したい、
子どもにこのくらいの資産を残したいなど）を意識しており、その話を金融機
関が理解し、共有することが大切である。そのうえで、そうしたライフイベ
ントにどういうタイミングで金融資産を活用していくのか、種々のゴールを
認識してどういう資産運用を行うことが顧客ニーズとなるかについて、個人
顧客の方々と金融機関が共有しながら、金融機関としての資産運用コンサル
ティングを行うということである。プロダクトアウト型からゴールベースア
プローチを行うことに切り替えていくことで、顧客は長期的な視点で資産運
用が行えること、手数料の透明性が向上することなどのメリットがあり、一
方で、金融機関にとっては、経営の安定性が高まることが期待される。日本
においては、米国の状況とはいまだにギャップが大きく、まだ萌芽の状態で
はあるが、今後の社会構造の変化や当局の後押しなども含めて、具体的に動
き出し始めている。"プロダクトアウト型"からの脱却、さらには、ゴール
ベースアプローチの定着や残高報酬ベースへの移行が期待されるところであ
る。

③　フィデューシャリー・デューティー の重要性

　フィデューシャリー・デューティー（顧客本位の考え方）については、す
でに、本書の「基礎編」でも「応用編」でも度々触れられていることから、
金融機関としてのフィデューシャリー・デューティーの重要性について、簡
単に説明しておきたい。フィデューシャリー・デューティーは、投資信託や
保険などの金融商品の開発、販売、運用、管理について、真に顧客のために
行動する金融機関の役割や責任全般を指すことであり、たとえば金融機関が
金融商品を販売するに際して、顧客のニーズにあった商品の説明・提供をす

図表２－７　ゴールベースアプローチの妥当性・有用性

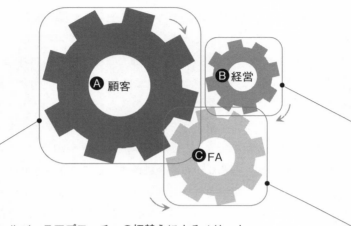

ゴールベースアプローチにおけるステークホルダー

ゴールベースアプローチへの切替えによるメリット

顧客にとってのメリットは、利益相反のリスクがなく、透明性の高い手数料体系のもとで、資産コンサルティングサービスが受けられること。
・顧客とFAの目的が合致し、利益相反のリスクが低減。
・手数料がシンプルになり、透明性が向上。
・単純な商品紹介からコンサルティングにサービスの幅が拡大。

経営にとってのメリットは、経営の安定性が高まり、訴訟のリスクを減らすとともに収益性が高まること。
・収益が安定。
・回転売買などによるコンプラ違反リスクが低減。

FAにとってのメリットは、経営と同様に、給与の安定性が高まること、収益性の向上に伴って給与・待遇が改善すること。

出典：各種資料より筆者作成

図表2－8　フィデューシャリー・デューティー：議論の背景

現状課題	経済低成長、高齢社会の進展等に伴う自助努力の必要性	「持続可能な社会」「社会的責任」への関心の高まり
	ライフスタイル、雇用形態の変化等に起因したお客様ニーズの多様化	金融・投資リテラシーの不足（金融・投資知識を学ぶ機会が不十分）

環境変化	技術革新（FinTechの進化）（ビッグデータの活用）	非課税枠投資の段階的拡充（NISA、iDeCo）	相続（資産移転）による運用原資の増加	マクロ環境変化（アベノミクス）（マイナス金利等）

フィデューシャリー・デューティーの徹底

金融リテラシー向上	資産形成手段・機会の増大	金融機関への信頼性向上

お客様の保護、健全な経済発展の実現

出典：各種資料より筆者作成

　ることなどを指している。図表2－8に、その考え方の背景を示している。現状においては、顧客ニーズの多様化、高齢社会の進展、「金融・投資リテラシー」が不足しているという状況にあるなか、金融を取り巻く環境においても、FinTechの進化や継続的なマイナス金利の状況などが進行している。個人の資産運用や資産形成をめぐるさまざまな状況の変化が生じており、フィデューシャリー・デューティーを徹底することで、金融機関への信頼向上につながり、また、「金融リテラシー」の向上にも資するのではないかとの考え方である。

　金融庁においては、2017年3月に、「顧客本位の業務運営に関する原則」（以下「原則」という）を公表して、その後、金融機関の取組状況をできる限り可視化すること、また、金融庁と金融機関の対話を通じて取組みの推進を図るなど、フィデューシャリー・デューティーに基づく考え方が浸透していくように注力している。この原則を策定した際に意識されていた課題例としては、図表2－9にあるように、投資信託の保有期間3年以内が4割近くに達するなど長期投資としての資産運用からほど遠い状況にあること、高分配の毎月分配型投信の残高がきわめて多いことなど、短期的な視点での商品販

図表２－９ 「顧客本位の業務運営に関する原則」策定時の課題例

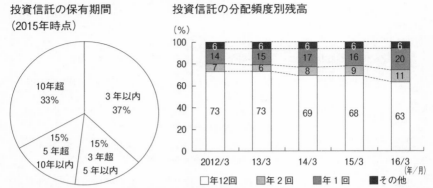

投資信託の保有期間
（2015年時点）

投資信託の分配頻度別残高

(注) 対象投資信託は、公募株式投資信託（ETF、確定拠出年金専用、ファンドラップ専用は除く）。
出典：金融庁（元データはQUICK）

売の構造がみてとれる状況にあったといえる。

　この原則は、法律そのものではなく、各金融機関自身が、規範的に示していくソフトローないしはプリンシプルベースといわれるものである。金融機関の自主的な取組みを促進する観点から、高い倫理観と自助努力が求められるものであり、先述した金融機関のプロダクトアウト型の運営から脱却することを後押ししていく重要な仕組みといえよう。

　「原則」導入後、約１年半経過した時点の2018年９月末において、各金融機関が自主的なKPIの指標として採用した上位のものについて、図表２－10を参考にみてみたい。上位５位までに並んでいるのは、①FP等資格保有者や保有比率、②顧客向けセミナーの開催回数や参加者数、③積立商品保有者数、④預り資産残高、④運用商品の商品ラインアップとなっている。これらの項目からは、人材育成面に意を用いることの重要性や、資産形成に向けた取組みの大事さ、フローのトランザクション的アプローチではなくストック（預り資産）を意識することなどの観点がフィデューシャリー・デューティーに重要であることが見出せる。そうしたKPIの設定は、「原則」が求めている規範に従って、その方向性を具体的に実践することにつながってお

図表 2 −10 「原則」導入後の状況：自主的なKPI

自主的なKPI上位10指標（主要行等および地域銀行）

順位	自主的なKPI	行数
1	FP等資格保有者や保有比率	83
2	顧客向けセミナーの開催回数や参加者数	77
2	積立商品保有者数	77
4	預り資産残高	71
4	運用商品の商品ラインアップ	71
6	預り資産保有者数	62
＊6	販売上位商品	58
＊8	投信販売額（分配頻度別）	51
9	積立商品振替金額	33
9	NISA・つみたてNISAの利用者数や残高	33

（注） 主要行等 9 行および地域銀行105行が公表した自主的KPIを集計。＊は金融庁があげた好事例。2018年 9 月末時点。

出典：金融庁

り、こうしたKPIを金融機関が用意して運営していることに大きな意味があると考えられる。2020年 3 月時点で、「原則」の公表後 3 年が経過しているが、「原則」を採択し取組方針を公表した金融事業者は1,925社、うち990社が「自主的なKPI」を公表しており、急速に本「原則」が浸透していることがうかがわれる。また、2020年 3 月末時点の運用損益率 0 ％以上の顧客比率は66％と、前年比12％改善している。さらには、金融機関ごとの状況も公表していることから、こうしたデータは、個人が金融機関との接点をどうもっていくか検討するに際して、個人にとっても参考になるデータと考えられる（図表 2 −11）。

　また、「原則」と各金融機関の業績評価の状況についても、「原則」導入後、金融庁の調べ（「顧客本位の業務運営の定着状況と課題」2018年 9 月）においても、残高などのストックを重視する動きや、積立投資などの基盤事項に重点を置くなどの方向性は出ており、フィデューシャリー・デューティーの

図表2－11 「原則」と業績評価の状況

業績評価における重点比率

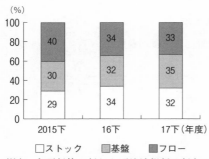

積立投信を業績評価項目に設定している金融機関の比率

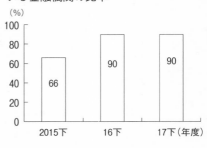

（注） 主要行等9行および地域銀行20行（一部有効回答を得られなかった先を除く）。
出典：金融庁

（注） 主要行等9行および地域銀行20行。
出典：金融庁

「原則」と、金融機関サイドのこうした取組みを進めていく重要性についての認識が、相応に整合的になってきていることは評価できる。今後のさらなる定着を図るなかで、「金融リテラシー」の浸透も図られ、地道に資産形成の裾野が広がっていくことが求められる。

 4 **社会課題としての金融ジェロントロジー**

　2020年代に入って、世界中においてコロナ禍に見まわれ、まだまだその長期化が見込まれている。ウィズコロナ、ポストコロナのもとで、社会・経済構造の新たな枠組みを考えていく必要がある。特に、デジタライゼーションの重要性や、働き方についての抜本的な変革などさまざまな構造課題に取り組む必要があり、また、大きく落ち込んだ経済状況の平常ベースへの回復に、ある程度時間をかけずに持ち込む必要がある。一方で、長期的には、日本の今後の大きな社会・経済構造変化、たとえば、人口減少時代の本格到来や高齢者層の急速な増加に加え、地域間格差や世代間格差の問題などのさらなる深刻化、あるいはデジタル社会のいっそうの進展がもたらす日本の産業

競争力の課題への対応の遅れなどが、日本に大きなダメージを与える可能性がある。

　こうした大きな構造的変化を乗り越えるには、日本の旧来型社会・経済システムへの大きなテコ入れが必要である。足元、先鋭化してきている人口減少・高齢化などは、海外諸国に先行している大きなテーマである。今後、社会課題の先駆者（課題解決先進国）として、日本においては、こうしたテーマへの横断的かつ総合的な取組みが強く求められている。

　図表2−12は、年齢別の人口構成予想図であり、高齢者である65歳以上人口が総人口に占める割合は、1980年9.1％、2015年26.6％に上昇、その後も急速な上昇を示す予想となっており、2060年には日本の人口は9,284万人、このうち65歳以上は38.1％を占める見通し（出生中位・死亡中位推計）である。また、主要国の健康寿命・平均寿命については、図表2−13に示されているとおり、日本は世界のなかでトップクラスにあるが、同時に、平均寿命と健康寿命のギャップは約10年も開きがある。こうした観点をふまえると、金融機関として今後、中・長期的に取り組むべき事項は、①若い人に老後に向けた資産形成・運用ニーズにあった金融サービスをどう提供していくか、②長寿高齢者（高齢者が長寿化していく傾向にあること）に対する金融サービスの提供の仕方、③健康寿命と平均寿命のギャップ時の金融サービスのあり方が問われることになる。長寿高齢者が多いなかでの「金融リテラシー」について、日本国民がどういうかたちの「金融リテラシー」をベースとして有しておくべきか、さらには、ある種のセイフティ・ネットのような観点の議論も必要となると考えられる。図表2−14に示すように、世界的に高齢化社会が急速に進展することが見込まれていることもふまえると、こうした長寿高齢社会に日本がいよいよ突入していくことの経験値を、いずれ世界と共有することも重要になってくるものと思われる。

　ジェロントロジー（老年学）といわれる研究領域は、人間の老齢化現象を、医学、生物学、社会学、心理学など学際的アプローチで、個人の長寿化と社会の高齢化に適応した社会システム構築、社会価値観の創造などを研究する分野である。特に金融面に着目した場合、「金融ジェロントロジー」と

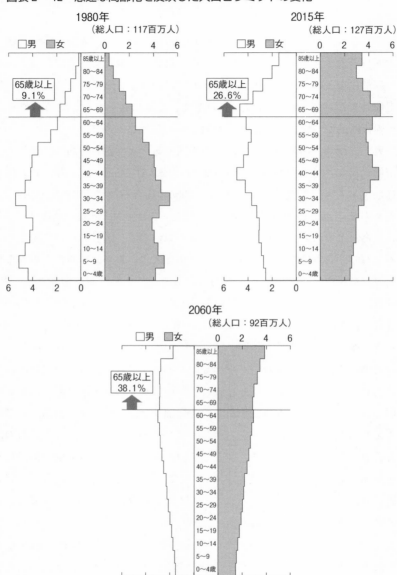

図表２−12　急速な高齢化を反映した人口ピラミッドの変化

1980年
（総人口：117百万人）

□男　■女　　0　2　4　6

65歳以上
9.1%

85歳以上
80〜84
75〜79
70〜74
65〜69
60〜64
55〜59
50〜54
45〜49
40〜44
35〜39
30〜34
25〜29
20〜24
15〜19
10〜14
5〜9
0〜4歳

6　4　2　0

2015年
（総人口：127百万人）

□男　■女　　0　2　4　6

65歳以上
26.6%

85歳以上
80〜84
75〜79
70〜74
65〜69
60〜64
55〜59
50〜54
45〜49
40〜44
35〜39
30〜34
25〜29
20〜24
15〜19
10〜14
5〜9
0〜4歳

6　4　2　0

2060年
（総人口：92百万人）

□男　■女　　0　2　4　6

65歳以上
38.1%

85歳以上
80〜84
75〜79
70〜74
65〜69
60〜64
55〜59
50〜54
45〜49
40〜44
35〜39
30〜34
25〜29
20〜24
15〜19
10〜14
5〜9
0〜4歳

6　4　2　0

出典：総務省、国立社会保障・人口問題研究所

図表2−13　主要国の健康寿命・平均寿命

主要国の健康寿命・平均寿命

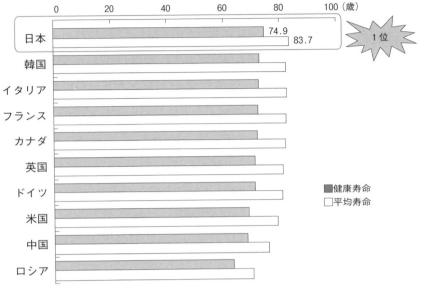

出典：WHO世界保健統計2015

図表2−14　世界的な高齢社会進展

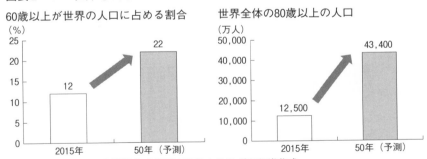

60歳以上が世界の人口に占める割合

世界全体の80歳以上の人口

出典：証券監督者国際機構代表理事会資料よりみずほ証券作成

いう新しい研究領域として、高齢者の経済活動、資産選択等、長寿・加齢により発生する経済・金融の課題を、経済学を中心に関連する分野と連携しながら、こうした課題の解決策を見出すというアプローチを行うことになる。フィデューシャリー・デューティーという観点からも、金融機関が積極的にかかわっていくことが強く求められる。金融ジェロントロジーというテーマは非常に重要であることから、本「応用編」においても1章を割り当ててお

図表2－15　大相続時代

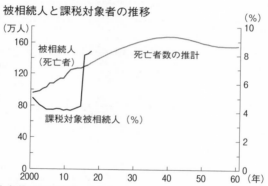

被相続人と課税対象者の推移

（注）　死亡者数は中位推計。
出典：国税庁、厚生労働省「人口動態統計」、国立社会保障・人口問題研究所よりみずほ証券作成

相続財産の構成比推移（金額ベース）

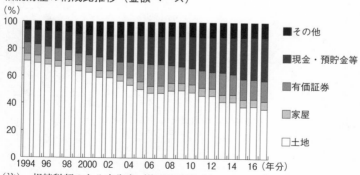

（注）　相続税額のある申告書（修正申告除く）データに基づく。
出典：国税庁資料よりみずほ証券作成

り、第5章を参照いただきたい。金融機関にとっては、加齢とともに進行する認知機能の低下などもふまえ、投資家保護のもと、多様化する高齢者個人の実情に応じた金融ニーズにどう応えていくかが課題となるだろう。まさに、プロダクトアウト型のアプローチでは限界であり、高齢者顧客ニーズに応えていく専門性が必要となろう。また、高齢投資者の脆弱性については、急速なデジタライゼーションの進展のなか、新しいテクノロジーに弱い傾向があり、相談する相手が乏しいなど孤立化傾向にもあり、投資に係る適切な情報を入手することが困難などの問題が生じやすい。

　また、こうした高齢社会の本格的到来は、大相続時代が迫ってきていることも意味している。図表2－15にあるように、課税対象相続人が税制の改正もあり急増していることに加え、相続財産の構成比のなかでは土地のウェイトが急速に下がってきており、現状4割程度の水準になっている。こうした観点も含めて、金融機関に求められる役割と果たすべき機能の広がりが認められる。金融機関にとっての金融ジェロントロジーが重要であることに加え、長寿高齢者にとっての「金融リテラシー」をどういう形態で構築していけるかどうかが、大きな課題と考える。

⑤　おわりに

　本章では、金融機関のビジネスモデルが、現在の金融機関を取り巻く大きな環境変化のなかで、どう変わらざるをえないかについて論じた。「金融リテラシー」との関係では、特に、フィデューシャリー・デューティーの重要性、また、今後の日本の人口減少社会や急速な高齢化という大きな社会課題としての観点から金融ジェロントロジーを視野に入れながら、各世代において、「金融リテラシー」の向上をいかに図っていくかが大切であることを理解することが必要と考える。

　図表2－16は、各国の資産形成制度について、金融庁が取りまとめた資料であるが、日本においても、こうした資産形成のための枠組みがかなり整いつつある。こうした制度整備により、資産形成のための基盤を多数の国民が

図表2−16　各国の資産形成制度一覧

【各国の資産形成制度の比較】

	英国	日本	
制度	非課税制度		
名称	ISA	一般NISA	つみたてNISA
開始時期	1999年	2014年	2018年
投資可能期間	無期限	2014年〜2023年	2018年〜2037年
非課税保有期間	無期限	5年間	20年間
拠出可能年齢	貯蓄型16歳以上 株式型18歳以上	20歳以上	20歳以上
年間非課税 限度額	20,000ポンド （約282万円）	120万円	40万円

【家計金融資産に占める割合】

非課税投資

日本NISA　0.4%　98.5%

英国ISA　9.3%　90.7%

（注）　日本のDCの比率は、資金循環統計に基づく「家計」の金融資産総額に占める「年〔金〕「民間非営利団体」の金融資産総額に占める「Pension schemes」「Pension entitle-〔ment〕末時点のNISA口座残高の割合。英国の非課税投資制度の割合は、「家計」＋「民間非〔営利団体〕本と米国は2017年12月、英国は2017年9月。為替レートは1ポンド＝141円換算
出典：金融庁

活用していくためには、「金融リテラシー」の重要性が増してきており、だからこそ、幅広い世代において、「金融リテラシー」の向上が求められるともいえる。

〔参考文献〕
・神作裕之・小野傑・今泉宣親『資産運用の高度化に向けて』（金融財政事情研究

	米国			
私的年金				
企業型DC	個人型DC	401（k）	IRA
2001年	2001年	1978年	1974年
退職するまで	60歳まで	退職するまで	無期限
無期限	無期限	無期限	無期限
65歳未満	20歳以上 60歳未満	21歳以上	70.5歳まで
最大66万円	最大27.6万円	5.5万ドル 〜6.1万ドル	5,500〜 6,500ドル

私的年金

日本　　　　英国　　　　米国

金受給権」の割合。英国・米国のDCの比率は、それぞれ資金循環統計に基づく「家計」＋
ments」の割合。日本の非課税投資制度の割合は、「家計」の金融資産総額に占める2017年
営利団体」の金融資産総額に占める2018年4月時点のISA残高の割合。家計金融資産は日
（2018年12月11日時点）。

会、2017年3月）
・神作裕之・小野傑・湯山智教『金融とITの政策学』（金融財政事情研究会、2018
　年7月）
・金融庁「「顧客本位の業務運営」の取組成果の公表状況」（2020年5月）

第3章

資産形成と資産活用
——超高齢社会の金融サービス

合同会社フィンウェル研究所代表　野尻 哲史

① 資産形成と資産活用の2面を考える時代に

本章は、「資産形成」と「資産活用」の話から入りたい。「資産形成」と「資産活用」を山登りで例えると、前者が上り坂で、後者が下り坂である。資産形成というのは、資産をつくりあげていく上り坂の議論で、正直にいうと、こちらは簡単だ。一方、「資産活用」とは、つくった資産をどうやって減らしていくか、自分の老後の生活にどう充当していくかという発想であり、日本はこちらの議論はまだ始まったばかりであまり手をつけられていない。逆にいうと、それをビジネスチャンスととらえ、いまのうちに勉強するとよいのではないかと思う。

働き始めて収入のメドが立ち、25歳くらいから資産形成を始めれば、50年後に後期高齢者となる75歳を迎える。若い方々にとっては、これからどうやっていくのかということで、上り坂と下り坂の両方を考えた50年としてとらえることは大切なことである。

(1) 人口構成の変化が示唆するもの

日本の50年後はどうなっているだろうか。2015年の国勢調査をもとにした50年間の人口を推計した国立社会保障・人口問題研究所によると、2020年の65歳以上の人口比率、いわゆる高齢化率は28.9％で、45年後の2065年には40％弱にまで上がる見込みとなっている（図表3－1参照）。これまでと違って、今後の高齢化率の上昇は高齢者の数が増えるということではなく、現役の世代が減ることで起きる。2015年に3,386万人であった高齢者の人数は、2065年も3,381万人と横ばいで推移する。一方、2015年に7,728万人いた15歳から64歳までの世代は、2065年には4,529万人にまで落ち込むことになる。高齢者が増える時代は終わり、これからは現役世代が減る時代となる。45年後、総人口は9,000万人を下回り、現在と比較して3,000万人分の消費がなくなった日本経済はどうなっていくのだろうか、という大きな問題もある。

65歳以上人口比率のことを「高齢化率」といい、国連の定義では7％を超

図表3-1 日本の将来人口推計

（単位：千人、％）

年次	人口				割合		
	総　数	0～14歳	15～64	65歳以上	0～14歳	15～64	65歳以上
（2015）	127,095	15,945	77,282	33,868	12.5	60.8	26.6
（2020）	125,325	15,075	74,058	36,192	12.0	59.1	28.9
（2025）	122,544	14,073	71,701	36,771	11.5	58.5	30.0
（2030）	119,125	13,212	68,754	37,160	11.1	57.7	31.2
（2035）	115,216	12,457	64,942	37,817	10.8	56.4	32.8
（2040）	110,919	11,936	59,777	39,206	10.8	53.9	35.3
（2045）	106,421	11,384	55,845	39,192	10.7	52.5	36.8
（2050）	101,923	10,767	52,750	38,406	10.6	51.8	37.7
（2055）	97,441	10,123	50,276	37,042	10.4	51.6	38.0
（2060）	92,840	9,508	47,928	35,403	10.2	51.6	38.1
（2065）	88,077	8,975	45,291	33,810	10.2	51.4	38.4

出典：国立社会保障・人口問題研究所データより合同会社フィンウェル研究所作成

えると高齢化社会、14％を超えると高齢社会になる。しかし日本はすでに28％を超え、高齢社会というよりもむしろ「超高齢社会」へと移っている。日本が高齢化社会になったのは1970年代頃からで、ずいぶん前からいわれてきたことなのに、なかなか手を打てていなかったというのが現状だ。

　かつて総人口が9,000万人より少なかった時期を図表3-2でみると、1955年頃までさかのぼることがわかる。当時の65歳以上の人口比率はわずか5.3％、また、0から14歳は33.4％、15歳から64歳は61.3％だった。ところが、2015年のデータでみると、15歳から64歳の人口比率は1955年と変わらないが、子どもの世代と高齢者の世代の比率がひっくり返った感じになっている。2065年頃に1955年と同じ人口になったとしても、構成比がまったく違うため、昔とは異なる社会が来るということを念頭に置く必要がある。つまり、少なくとも若い世代の方々にとっては、次の世代に支えてもらう施策に頼ることはできないということである。こういう見通しのなかで、いま、私

図表3－2　3区分による人口推移と将来予測

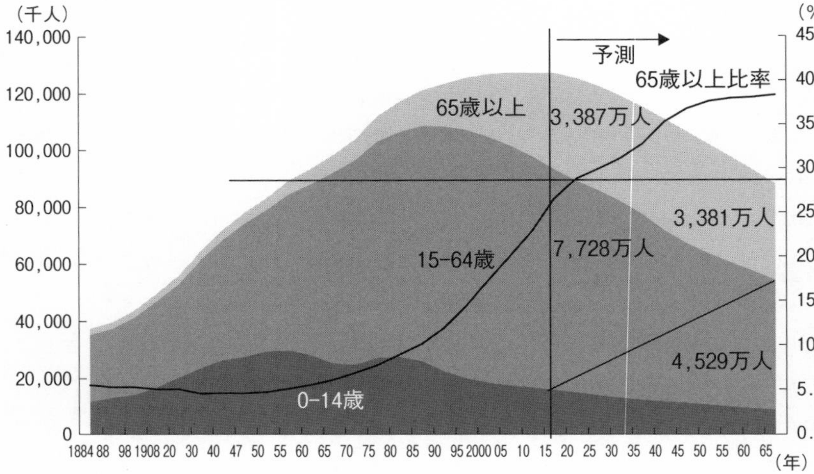

出典：国立社会保障・人口問題研究所データより合同会社フィンウェル研究所作成

たちがすべきことを考えていく。

(2)　個人金融資産を増やすアプローチの変化
――「貯蓄から資産形成」

　日本の個人金融資産は、現金や銀行預金が全体の5割を超えている。「貯蓄から投資へ」と散々いってきたのに、人々の行動は変わらなかった。そのいちばん大きな理由は、個人金融資産の6割を60歳以上がもっているからである。そして、その構成比は現金・預金が多いことである。

　日本の個人金融資産で有価証券の比率を上げようということは、高齢者に「銀行で現金を下ろして株を買って」というのと同じことになる。加齢に伴って投資に係る金融リテラシーが低下する可能性もあり、さらに認知症でお金を動かすことがむずかしくなる人もいる。そのため、有価証券への投資を勧めることそのものが正しいかというと、それも疑問である。20年間、日本の投資行動や金融資産が変わらなかったということを、筆者自身としても、米英の施策やデータと比較分析して金融庁に持ち込むこともした。そうした

なかで何をやったらよいかという流れの１つがNISAだったのではないかと思う。現役世代の人たちがどのように資産をつくっていけるようになるかが大きな問題だと気づき、ようやくその方向に向かったということである。

　個人金融資産の20年の変化に関する日米比較のデータについて、図表３－３でみていく。まず、日本では、個人金融資産が1,800兆円あり規模が大きいということを、特に金融機関の人々はよくいっている。しかしながら、増加率をみると20年で1.27倍になったにすぎない。一方、米国では、この20年で2.5倍に増えているので、個人金融資産の増加に日本だけが取り残されたという大きな課題がある。今後重要なのは、貯蓄から投資に回ったという構成比ではなく、残高そのものを増やすことなのである。

　そもそも、「貯蓄から投資へ」という従来の掛け声にも少し問題があった

図表３－３　日米個人金融資産の20年間の変化

		1999年12月末	2019年３月末	変化率
日本	個人金融資産残高	1,438兆円	1,835兆円	1.27倍
	現金・預金	54.0%	53.3%	－0.7%
	債務証券	5.3%	1.3%	－4.0%
	投資信託	2.3%	3.9%	1.6%
	株式等	8.1%	10.0%	1.9%
	保険・年金・定型保証	26.4%	28.6%	2.2%
	その他	3.9%	3.0%	－0.9%
米国	個人金融資産残高	35.3兆ドル	88.9兆ドル	2.52倍
	現金・預金	9.6%	12.9%	3.3%
	債務証券	9.5%	6.5%	－3.0%
	投資信託	10.9%	12.0%	1.1%
	株式等	37.3%	34.3%	－3.0%
	保険・年金・定型保証	30.5%	31.7%	1.2%
	その他	2.2%	2.7%	0.5%

出典：日銀資金循環表より合同会社フィンウェル研究所作成

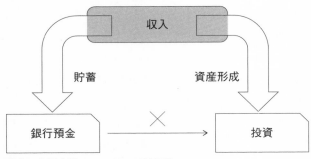

図表 3 − 4　貯蓄から資産形成へ

出典：合同会社フィンウェル研究所

かもしれない。つまり、図表3−4に示したが、銀行預金だったものからお金を引き出して、株や投資信託に変えるという "ストック" の視点に立つのではなく、毎月入ってくる収入のなかから、銀行預金に回す「貯蓄」という行動様式を株や投資信託に積み立てる「資産形成」に変えていくという "フロー" の視点に変えるべきだということである。さらにそのフローの考え方も変えていくべきだ。「収入から消費を引いて、残りを貯蓄していくために節約しましょう」というファイナンシャルプランナーがいるが、これも行動様式としては課題が多い。それよりも収入から資産形成して、残りで消費する、生活するという発想に変えるべきだろう。積立投資はその発想で、資産をつくっていくときの重要なマインドセットである。

　このように、高齢者向けから現役世代の人たちへのものとなった金融資産残高を増やすための政策的なメッセージが、「貯蓄から投資」から「貯蓄から資産形成」に変わった、ということだ。こうした観点をふまえて、理解が進んでいくことが望まれると思う。

(3)　「資産形成と取り崩し」という考え方

　2,000万円問題でも話題になった金融庁金融審議会の「市場ワーキング・グループ」での議論を俯瞰図でみると、図表3−5のようになる。この図のなかで私たちが考えなくてはいけないポイントがいくつかあげられる。筆者

自身、委員として参加していたので、この図表を使って、解説をしていきたい。

　まず、「資産形成と取り崩し」である。「資産活用」の重要な手法の1つである「取り崩し」という考え方が公式の文書のなかで使われ始めたのは2017年秋からで、2018年に閣議決定された「高齢社会対策大綱」にも盛り込まれた。ようやく公の報告書でこの一言が入ってきたというのは注目に値する。

　もう1つが、「フィナンシャルジェロントロジー」（金融老齢学、高齢者の金融資産を適切に管理・運用するための研究）である。高齢者の金融資産をどう扱ったらいいかということが議論になっている。そして、俯瞰図のなかにある「高齢者の側に立ってアドバイス等ができる担い手」という表現は、IFAの議論につながっている。IFAというのは英国におけるIndependent Financial Adviserのことで、この考え方を日本に持ち込むことについての議論を始めている。大事なポイントは、高齢者の「側に立って」というところである。英語では「バイイング・エージェント」というが、買う側であるお客様側に立ったアドバイザーでなければいけないというわけで、これも大きな議論になっている。

　それから個人の資産形成の面では、「見える化による適切な選択の推進」が重要で、業界にとっては「金融商品サービス」の見える化、国民の側には「老後の収支」の見える化が見逃せないポイントだ。本書の主な読者として想定している大学生のような若い世代に老後の収支の話をしたところで、正直いって無理難題だろう。それでも何とか伝えていくことを考えようというのが、このワーキング・グループの議論の1つになっていた。

　また、他省庁という項目もある。この市場ワーキング・グループは、必ずオブザーバーで消費者庁、厚生労働省、国土交通省など多くの他の省庁の方が出席した。それほど多くの省庁が集まったのは、高齢社会における金融サービスは、単に金融の話ではとどまらないためである。たとえば、高齢者がお金が必要になって自宅を担保にお金を借りるという「リバースモーゲージ」というサービスがある。お金を借りて生活できるように担保は住んでいる家にするという手法だが、こうした高齢者の生活を支えるような金融商品

図表 3 − 5　金融審議会・市場ワーキング・グループにて検討する『高齢

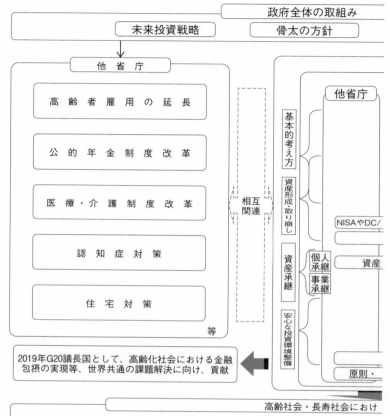

出典：金融審議会　第21回市場ワーキング・グループ、2019年 4 月21日事務局提

社会における金融サービスのあり方』の俯瞰図

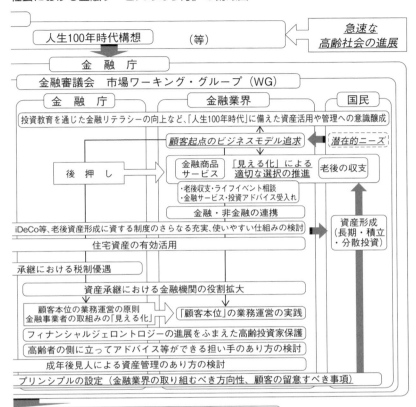

人生100年時代構想　　　（等）　　　　急速な
高齢社会の進展

金　融　庁

金融審議会　市場ワーキング・グループ（WG）

金　融　庁　　　　　　　金融業界　　　　　　国民

投資教育を通じた金融リテラシーの向上など、「人生100年時代」に備えた資産活用や管理への意識醸成

顧客起点のビジネスモデル追求　　潜在的ニーズ

後　押　し

金融商品
サービス　　「見える化」による
適切な選択の推進　　老後の収支

・老後収支・ライフイベント相談
・金融サービス・投資アドバイス受入れ

金融・非金融の連携

iDeCo等、老後資産形成に資する制度のさらなる充実、使いやすい仕組みの検討

資産形成
（長期・積立
・分散投資）

住宅資産の有効活用

承継における税制優遇

資産承継における金融機関の役割拡大

顧客本位の業務運営の原則
金融事業者の取組みの「見える化」　　「顧客本位」の業務運営の実践

フィナンシャルジェロントロジーの進展をふまえた高齢投資家保護

高齢者の側に立ってアドバイス等ができる担い手のあり方の検討

成年後見人による資産管理のあり方の検討

プリンシプルの設定（金融業界の取り組むべき方向性、顧客の留意すべき事項）

る金融の目指すべき姿など

の状況に応じた適切な金融取引の選択を行うことができるような状態を実現することで

じた「資産寿命の延伸」
の効率化を通じ、経済全体の資金循環の質の改善へ　などを目指していくこととなるか。

出資料

を使いやすくできないかと議論している。そうなると、住宅対策の話もかかわってくるため、国土交通省も関係してくる。こうした幅広い人たちの間で議論がなされている。

② 生涯におけるお金との向き合い方

(1) 退職後の生活とお金

次に、生涯におけるお金との向き合い方に話を進めたい。図表3－6に「逆算の資産準備」という考え方を紹介した。95歳まで資産が持続することを目標として一番左に置き、そこからさかのぼってお金との向き合い方をステージごとに突き詰めるという考え方だ。さらに図表3－7では退職後の生活資金を考えるときに海外でよく使われる「目標代替率」（英語ではTarget Replacement Rate）の考え方を示した。

これらは退職後の生活を資産運用との関連でみる際に重要だ。目標代替率が設定できることは、退職後の生活が現役時代の生活水準に規定されると示

図表3－6　生涯におけるお金との向き合い方（逆算の資産準備）

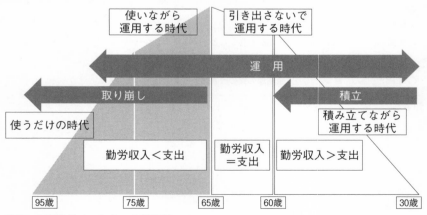

出典：合同会社フィンウェル研究所

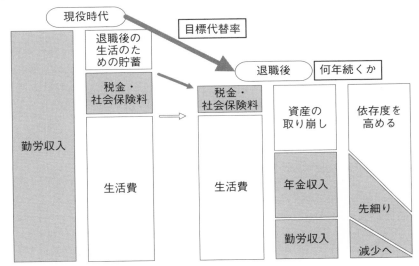

図表3−7　退職後の生活をお金の面でみると

現役時代

目標代替率

退職後の生活のための貯蓄

退職後

何年続くか

税金・社会保険料

税金・社会保険料

勤労収入

生活費

生活費

資産の取り崩し

依存度を高める

年金収入

先細り

勤労収入

減少へ

出典：合同会社フィンウェル研究所

唆する。それは現役時代の生活水準が高いほど退職後の生活資金総額も多くなり、現役時代の資産形成を厚めにすべきことを示し、長寿になるほど資産の取り崩しへの依存が増えるため、さらに資産形成が重要になる。

　95歳をゴールにした点は、一般のライフプランよりもかなり長い人生設計だ。最晩年から「使うだけの時代」「使いながら運用する時代」「積み立てながら運用する時代」等とステージを分け、それぞれに引き出し方、運用方法、あるべき資産額を吟味する。特に「使いながら運用する時代」の資産の引き出し方法に関してはまだ十分な議論が進んでいない。この点は後述する。

　ところで、筆者自身は、2019年5月にフィンウェル研究所を立ち上げたのだが、ここで一生懸命発信しているのが「地方都市移住」というテーマである。先述の金融庁金融審議会の市場ワーキング・グループの第14回資料では、2014年から2017年の間に、高齢者がどの自治体からどの自治体へと流出したかということを分析したデータを、金融庁の事務局が作成している。図表3−8をみると、退職年齢になると東京などの大都市圏から離れて、地方

図表 3 － 8　退職世代等の純転出入者数（2014－2017年）

純転入者数上位20市区町村		純転出者数上位20市区町村	
市区町村名	人数（人）	市区町村名	人数（人）
札幌市	11,185	世田谷区	3,458
福岡市	3,402	大田区	3,341
千葉市	2,201	横浜市	3,173
八王子市	1,664	杉並区	2,850
青梅市	1,615	品川区	2,619
相模原市	1,498	練馬区	2,399
さいたま市	1,479	新宿区	2,192
柏市	1,326	北区	2,190
仙台市	1,259	目黒区	2,189
旭川市	1,031	中野区	2,043
松山市	1,013	渋谷区	1,991
つくば市	979	江東区	1,981
金沢市	973	豊島区	1,755
高崎市	952	江戸川区	1,605
鹿児島市	950	北九州市	1,552
伊東市	902	文京区	1,413
大分市	831	川崎市	1,314
日の出町	806	墨田区	1,262
印西市	793	港区	1,241
岡山市	776	台東区	1,234

出典：金融審議会　第14回市場ワーキング・グループ、2018年10月11日事務局提出資料

図表3－9　人口30－70万人程度の県庁所在地の人口、面積、人口密度、物価、家賃指数

	人口 （人）	面積 （平方km）	人口密度 （人／平方km）	消費者物価指数 地域差指数 （除く家賃、総合）	家賃 指数
熊本市	734,105	390.3	1,881	99.3	45.2
岡山市	709,241	790.0	898	99.0	50.7
静岡市	702,395	1,411.8	498	99.0	54.8
◎鹿児島市	604,631	547.6	1,104	97.5	51.0
◎宇都宮市	522,688	416.9	1,254	99.6	44.3
◎松山市	513,227	429.4	1,195	98.9	40.5
大分市	479,097	502.4	954	99.0	42.4
金沢市	453,654	468.6	968	100.6	48.0
◎高松市	428,296	375.4	1,141	99.3	47.7
長崎市	421,799	405.9	1,039	100.9	65.0
富山市	417,234	1,241.8	336	100.0	46.6
◎岐阜市	409,900	203.6	2,013	98.8	41.9
宮崎市	403,238	643.7	626	97.3	44.4
長野市	378,025	834.8	453	98.0	43.4
和歌山市	368,835	208.8	1,766	100.4	41.0
◎奈良市	357,171	276.9	1,290	96.9	48.1
大津市	342,950	464.5	738	100.8	46.9
◎前橋市	337,502	311.6	1,083	96.8	43.0
高知市	330,167	309.0	1,069	100.0	44.9
那覇市	322,624	40.0	8,068	100.3	47.6
秋田市	309,654	906.1	342	98.5	46.1

(注)　人口：30万－70万人、2019年1月1日の総務省住民基本台帳に基づく人口、人口動態および世帯数。人口密度：国土地理院全国都道府県市区町村別面積調を使って算出。消費者物価：消費者物価指数地域差指数の家賃を除く総合で東京都区部を100として計算。家賃支出：小売物価統計調査／小売物価統計調査（動向編）、主要品目の都市別小売価格－都道府県庁所在市および人口15万以上の市を使って東京都区部を100として算出。

出典：各種データより合同会社フィンウェル研究所作成

都市に転出するという動きが明らかに出ている。その理由として、大都市圏は物価が高く、そのぶん生活コストが高いので住みづらくなるからである。たとえば、図表3−9にあるように、愛媛県松山市は、家賃指数をみると東京23区の4割の金額ですむ。東京のマンションを売り、松山で同等のマンションを買えば6割が戻ってくるという計算になる（もちろん全部戻ってくるわけではないが）。これがホームエクイティになり、老後の資産として使えるとなれば、移住というのは老後資金をつくりあげるための1つの有効な手段といえる。

　「生活」のクオリティを下げないで「生活費」のレベルを下げるという方法を考える必要がある。米国ではリタイアメント・コミュニティ（Retirement Community）と呼ばれる高齢者のためのコミュニティが2,000カ所くらいあるといわれていて、資産をもっている人が退職後の生活圏として利用している。日本の場合、お金持ちでなくても、いかにローコストでクオリティの高い生活を続けるかを、家賃や消費者物価指数などから比較していくことは大事だと思う。

⑵　「資産の取り崩し」の制度設計と社会的な意義

　ここまで話してきたが、資産の取り崩しについては、日本ではまったく研究が進んでいない。なお、取り崩しは英語では「デキュムレーション（Decumulation）」といい、資産形成「アキュムレーション（Accumulation）」の対の言葉としてここ10年程度で使われ始めた新しい言葉だ。取り崩しに関する研究はいま、海外で非常に盛んになっている。

　米国では、資産の取り崩しを盛り込んだRMD（リクワイヤード・ミニマム・ディストリビューション、Required Minimum Distribution）という制度がある。米国はIRA（Individual Retirement Account、個人退職勘定、米国で一般的な退職後資金積立制度）や401（k）などのDC（Defined Contribution、確定拠出年金）で非常に多くの資産が形成されている。共通点は、拠出したお金は所得控除を受けられる（要は所得税を払わなくてもいい）資金であること。そのため、使えば使うほど所得税が少なくすむので非常にメリットがある。と

はいえ、国民の納税義務を果たしていないことにもなるわけで、高齢になってこの資産から資金を引き出すときには所得を課すという制度建付けが一般的だ。

　米国ではこうした非課税でつくりあげた資産を引き出すことを担保させる制度として、強制引出し制度（これがRMDである）を用意しており、70.5歳を過ぎると、お金を強制的に引き出させるようになっている。引き出す比率は、国税庁が毎年何歳で何％と決めて発表している。70歳だと3.6％程度の引出率だ。100万ドルもっている人でも、10万ドルの人でも、この掛け率を保有する残高に乗じてその年の最低引出し金額を規定する仕組みである。

　強制引出しという制度設計をわかりやすく円で例えて考えてみよう。引出し率3.6％で計算した場合、1年間の最低引出し金額が100万円と計算された人がいるとする。その人が10万円しか使わずに90万円を残しておいたとしたら、この90万円についてペナルティ・タックスがかかる。この税率は50％で、90万円の半分である45万円が税金としてもっていかれてしまうため、できるだけ残さず使うというインセンティブになるわけだ。

　大切なのは、高齢者にもお金を使わせる方法という点である。非課税で積み上げてきたお金なのだから、どこかで税金を払うべきだという発想で、稼いだお金は、若い頃なのか退職してからなのかというタイミングは別として、どこかで所得税は払うべきだという考え方だ。日本はほとんど現役の頃に稼いで税金を払い、退職したら税金を払わずにお金を使っていける制度設計になっている。

　ところで、p.55で示した1,800兆円というのは個人金融資産だった。それに個人がもっている土地とその他の非金融資産を足した「個人資産」は、図表3－10のグラフで示してあるとおり、すでに3,000兆円ある。高齢者が金融資産の3分の2、土地もそれくらい同様にもっているとして計算すると、高齢者の保有資産は2,000兆円になる。超高齢社会ではこれをいかに日本経済に有効活用するかを考える必要がある。

　なぜ活用すべきなのかを説明したい。男性の場合、最も死亡者数の多い年齢は80代後半で、女性は91歳という統計が出ている。夫が亡くなると大半は

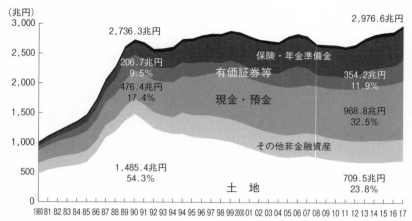

図表 3 −10　個人資産の推移

（注）　1980-1993年は2000年基準のSNA、1994年以降は2011年基準のSNA。
出典：国民経済計算より合同会社フィンウェル研究所作成

　妻が相続し（一次相続）、妻が亡くなったときに子どもが相続する（二次相続）。二次相続の場合、仮に母親が91歳で亡くなると、子どもは60代や70代が多いだろう。その場合、相続を受けた人は老後のための資金として、その遺産を使いたくないと考える。そうなると、この2,000兆円は、相続で回っていく限り、延々と誰も使わないまま塩漬けになる資産になりかねない。毎年推計で50兆円が相続資産として動いているが、高齢者のなかで全部動いていると、この50兆円は「消費」としてはまったく表に出てこないことになる。

　もしこのうちの10％、５兆円が消費として活用されたら、それだけで、日本のGDP約500兆円のうち１％に当たるお金が表に出てくる。つまり、高齢者の消費は、GDP１％を押し上げる可能性があるというわけだ。もちろん波及効果も含めればそれを超えるとも思われる。

　こういう施策をやっていかないと、いちばん初めに話したとおり、人口構造だけをみると非常に先行きが不安な国になっていく。何としても高齢者にもっている資産を活用してもらう施策が必要である。そしてそのためにも、今後は将来の高齢者となる若い人たちがどんどん資産をつくり、資産形成を

行っていく一方で、高齢者は上手に資産を活用して安心なくらしを確保しつつ、消費を通じた経済成長にも貢献する必要がある。

(3) 今後の資産形成を支えるスキーム

筆者自身、現在、英国の事例を研究しており、図表3−11に、最近の英国金融制度改革についてまとめている。日本は意外に多くの英国の制度を参考にしている。日本版「金融ビッグバン」も英国のアイデアを活用したものの1つであり、また、NISAも英国のISA（Individual Savings Account、英国の個人貯蓄口座のこと）の日本版である。さらに最近では、英国の制度である

図表3−11　最近の英国金融制度改革の評価

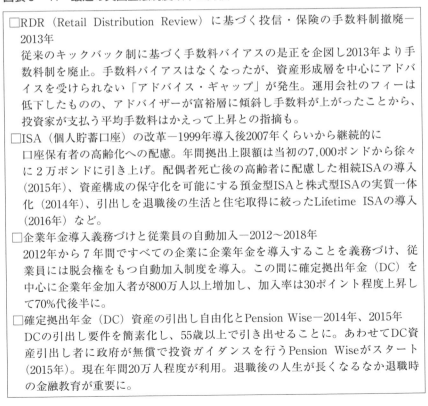

□RDR（Retail Distribution Review）に基づく投信・保険の手数料制撤廃—2013年
　　従来のキックバック制に基づく手数料バイアスの是正を企図し2013年より手数料制を廃止。手数料バイアスはなくなったが、資産形成層を中心にアドバイスを受けられない「アドバイス・ギャップ」が発生。運用会社のフィーは低下したものの、アドバイザーが富裕層に傾斜し手数料が上がったことから、投資家が支払う平均手数料はかえって上昇との指摘も。
□ISA（個人貯蓄口座）の改革—1999年導入後2007年くらいから継続的に
　　口座保有者の高齢化への配慮。年間拠出上限額は当初の7,000ポンドから徐々に2万ポンドに引き上げ。配偶者死亡後の高齢者に配慮した相続ISAの導入（2015年）、資産構成の保守化を可能にする預金型ISAと株式型ISAの実質一体化（2014年）、引出しを退職後の生活と住宅取得に絞ったLifetime ISAの導入（2016年）など。
□企業年金導入義務づけと従業員の自動加入—2012〜2018年
　　2012年から7年間ですべての企業に企業年金を導入することを義務づけ、従業員には脱会権をもつ自動加入制度を導入。この間に確定拠出年金（DC）を中心に企業年金加入者が800万人以上増加し、加入率は30ポイント程度上昇して70%代後半に。
□確定拠出年金（DC）資産の引出し自由化とPension Wise—2014年、2015年
　　DCの引出し要件を簡素化し、55歳以上で引き出せることに。あわせてDC資産引出し者に政府が無償で投資ガイダンスを行うPension Wiseがスタート（2015年）。現在年間20万人程度が利用。退職後の人生が長くなるなか退職時の金融教育が重要に。

図表3−12　手数料制の撤廃

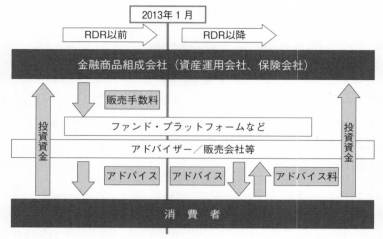

出典：合同会社フィンウェル研究所

「IFA（Independent Financial Advisor）」（米国ではRIA：Registered Investment Advisor）も注目されている。

　投資家が資産運用するにあたり、投資家と運用会社・保険会社との関係を、図解したものを、図表3−12として示してある。この図のなかでは、英国では2013年1月に金融アドバイスに関する手数料をめぐる制度が大きく変わった。すなわち、手数料の撤廃である。投資家が投資をすると投資金額が一度、運用会社に全額入り、そこから業者に手数料としてキックバックするというのが、英国の伝統的な投資信託や保険の販売における慣行だった。

　当時の英国金融庁は、このキックバックが不透明であり、キックバックの大きい商品ばかりを顧客に売ることにつながると問題視していた。そこで、2013年1月1日以降、アドバイザーや金融機関は顧客からフィーを直接受け取ることに転換し、業者からのキックバックはいっさい禁止するというかたちに改めた。変化が大きすぎてトラブルもたくさん起きているが、英国金融庁は断固として方針を変えずに進めている。

　このやり方で肝要なのは「アドバイザー」の存在である。アドバイザーは

顧客からフィーを直接受け取ることになった。すると、それまでは手数料をくれる業者や運用会社の影響を受けやすかったのが、ようやく顧客の側に立ったアドバイザーに変わることができた。ただ、アドバイザーが生計を立てるために富裕層相手に偏りがちで、小口の投資家の相手をしない傾向が強くなってしまった。現在英国で起きている最も大きな問題は、本当にアドバイスが必要な人にアドバイスが届かないという「アドバイス・ギャップ」であり、いま、改善のためのいろいろな議論がなされているところだ。

　もう1つ重要なことが、「プラットフォーム」の役割だ。現在、日本でもアドバイザーやIFAと称する人は増えているが、まだ顧客の側に立っている人は非常に少ないと思う。本来は、こうした人たちが日本の津々浦々、町のコンビニのレベルで存在しないといけない。英国でもアドバイザーは1社当り平均で4、5人と小さな所帯でやっているところが多いので、それをバックオフィス業務などで支えるプラットフォーマーがいなくてはうまく回らない。

　プラットフォーマーというのは、たとえば運用の帳票をつくってくれるサービスやコンプライアンスのサービス、顧客からアドバイスフィーを徴収する課金サービス、マーケティングをサポートしてくれるサービスなど、いろいろなサービスが使えるようにするシステムの提供者である。これが使えるようになったら、アドバイザーは顧客のアドバイスに専念できる。筆者はアドバイザーとこのプラットフォーマーがアドバイスビジネスの両輪だと考えている。ただ、そのためにはかなりの資金も必要になるので、金融機関や既存のプレーヤーが広げていくということも考えられるだろう。

　さて、先ほどNISAのモデルになったISAについて触れたが、英国のISAで注目すべき点はその残高である。図表3−13をみると、英国の個人金融資産は約6兆5,600億ポンドだが、ISA残高は6,080億ポンド、つまり約1割に相当する。一方で日本の場合、1,800兆円の個人金融資産のうちNISAはわずか1%程度にすぎない。せっかくつくりあげた制度なので、英国レベルにまで引き上げることを目指すべきである。そのためには、政府や金融庁が若い人たちの資産形成を力強く押し上げていく施策を進めることが不可欠とい

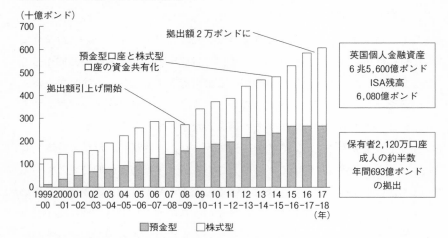

図表３−13　英国ISAの残高推移

（十億ポンド）

拠出額２万ポンドに

預金型口座と株式型
口座の資金共有化

拠出額引上げ開始

英国個人金融資産
6兆5,600億ポンド
ISA残高
6,080億ポンド

保有者2,120万口座
成人の約半数
年間693億ポンド
の拠出

1999 2000 01 02 03 04 05 06 07 08 09 10 11 12 13 14 15 16 17
-00 -01 -02 -03 -04 -05 -06 -07 -08 -09 -10 -11 -12 -13 -14 -15 -16 -17 -18
（年）

■預金型　□株式型

出典：英国統計局データより合同会社フィンウェル研究所作成

えるだろう。

　個人金融資産を押し上げるためのもう１つの方法としてDC（確定拠出年金）がある。英国は2014年あたりから大幅に加入者数が増えた。職域年金加入率は、2012年に47％だったものが、2018年には76％にまで伸びている。この理由は、2013年から従業員人数を問わずすべての企業で企業年金を導入するという法律ができたからである。これにより、すべての企業が企業年金（そのほとんどがDCとなった）を導入し、その従業員は企業年金制度に自動加入する制度が完成した。

　自動加入というのは行動経済学でもよく議論の対象にあがる。「権利をもっているので入っていいですよ」というのが“オプトイン”だが、これだと個人の意思に任せるため加入する人が多くならない。しかし、自動加入にして「いやな人だけ出ればいい」という“オプトアウト”方式にしたことで、大変な勢いで加入者が増えた。

　税金の還付の仕組みも、英国には特徴がある。先述のとおり、確定拠出年金は所得控除があるので税金が戻ってくる。日本の場合だと、たとえば年間で10万円をiDeCo（個人型確定拠出年金）に拠出したとすると、所得税率20％

で10万円に対して２万円が還付されるが、この２万円は指定した銀行口座に振り込まれる。確定拠出年金に「投資」したことで還付されるお金が消費に回ることになる。英国では、確定拠出年金に投資したことで還付されるお金は確定拠出年金の口座に振り込まれる仕組みになっている。日本では制度設計ができていない部分があるが、個人の投資に対する態度としては、"戻ってきた税金は飲み食いに使わないで投資に回して、英国と同じような効用を自分で生み出していく"ようになれば、よいのではないだろうか。

　また、英国では、会社を退職するときに国が無料で投資ガイダンスを行うという制度が2015年に創設された。「Pension Wise」という非常にユニークな制度だ。確定拠出年金に加入していて、退職でお金を引き出すタイミングで、政府が無料で投資ガイダンスを行うサービスだ。資産形成の山を上り、これから資産活用という山を下るタイミングを迎えるのが退職時点である。そのタイミングに、政府が無料で投資ガイダンスを行うというのは、非常に理に適っていると思う。

　英国の施策は一つひとつの効用に加えて、これを重ねることで、さらにいろいろなものを動かしているというのがわかる。これが英国のここ20年の金融制度改革であり、日本もこれを参考にすべきだ。コンセプトを理解して、制度設計に落とし込んだり、あるいは、一人ひとりがうまく利用して同様の効用がもてるような資産形成を促すというのが、今後の金融サービスを考えるポイントになると筆者は考えている。

③ 本章の理解を深めるためのQ&A

Q１ 社会のデジタル化が進むなか、金融リテラシーや資産運用を狭くとらえるのではなく、退職後の生活のクオリティを維持するために地方への移住を含めた住宅問題も考えていくことが今後ますます大事になると感じる。どう考えていくべきか。

A１ 老後の資金源としては、もっている資産の取り崩し、年金受給、仕事による収入の３つしかない。年金は将来的に先細りが想定され、仕事に

よる収入も加齢に伴い減少するなか、老後の資金源は資産の取り崩しがメインにならざるをえない。その場合、将来的な資金不足への不安から、生活コストの引下げも必要となる。クオリティを下げずにコストのみを下げる方法として、家賃、消費者物価指数などを比較して生活のダウンサイジングを検討していくことの大事さはあると考える。

米国では55歳以上が住めるリタイアメント・コミュニティが、全体で2,000ほど存在するといわれている。米国では富裕層向けだが、これを日本仕様に、ローコストでクオリティの高い生活を続けられるコミュニティができないかというアイデアがある。このコンセプトは、ソフトとして、輸出産業として成り立つのではないかと考えている。韓国、台湾、シンガポール等アジアの国や地域では、日本よりも高齢化のスピードが速い。2065年になると、韓国の高齢化率は約46％となり、一気に日本に追いつく。台湾、シンガポールも同様で、ここに何億人ものマーケットができるだろう。若いみなさんに開拓していただきたい分野だと考えている。

Q2 現在、学生として学びながら、金融教育や金融コンサルティングの仕事をしている。そのなかで、依然として情報弱者をねらったビジネス、高い手数料を払わせる商品が多数あると感じる。これらをなくしていくには、教育なのか、または制度設計なのか、どのような方法が考えられるか。

A2 金融リテラシーという言葉は、金融の生活力ととらえている。その点では、金融リテラシーは若い人ほど低く、年齢が上がるにつれて、高くなっていくものといわれている。問題なのは、金融リテラシーがピークアウトする年齢に差しかかり、自分は同年代よりも金融リテラシーは高いと思っている層である。フィデリティ退職・投資教育研究所が行ったアンケート調査では、この自信過剰な人たちが、金融詐欺被害にいちばんたくさん遭っており、実は、金融リテラシーが低い人は、金融詐欺被害に遭う確率は決して高くない。

いちばん大事なことは、リテラシーの高さ・低さではなくて、自分の
リテラシーが高いと思っている人について、自信過剰になっていないか
どうかがポイントだということだ。

　情報弱者のカバーについては、教育（リテラシーを上げるための努力）
と制度としてのカバーの2つしかないと考えている。

　制度としては、若年層向けにはNISAやiDeCoのような、資産形成の
ための非課税制度、ルール化が必要だろう。また、高齢者向けには、現
在進行中のIFAのビジネスモデルがあげられる。IFAのビジネスモデル
がうまく立ち上がるか、また、それをサポートしていく、プラット
フォーム・ビジネスがうまく機能するかという点が、現在の情報弱者向
けビジネスを変えるポイントとなるだろう。

第**4**章

資産運用の高度化

京都大学経営管理大学院特任教授　川北 英隆

本章では金融資産を保有したことを想定しつつ、その資産を増やし、上手に活用する方法を扱う。いわゆる資産運用の理論と、インターネットなどの情報技術がもたらす変化に関連する分野である。

具体的には、主に次の2つについて述べる。

1つは、金融資産といっても多様な資産があるから、その多様性を活用する方法である。

もう1つは、いわゆるフィンテック（FinTech）について、それが個人の金融資産に何をもたらそうとしているのかである。

もちろん、多様な金融資産の活用とFinTechの動向とは無関係でない。むしろ、互いに影響を与えあっている。

本章では、最初に分散投資と、それに基づく投資理論を述べ、その後に資産運用に関連するFinTechの動向を述べる。なお、本章2は、リターンとリスクの概念さえ把握できれば、斜め読みして問題ない。

1 資産運用と分散投資

金融資産を上手に増やすにはどうすればいいのか。この答えを簡潔に表現するのなら、「リターンとリスクの性質を把握し、活用すること」に尽きる。

この点、金融資産以外の資産（たとえば不動産）でも基本は同じなのだが、細部（たとえば価格を知る手段、売買できる市場の仕組み、売買単位など）が異なる。ここでは金融資産に限定して説明する。

(1) 金融資産のリスクと投資家の好み

金融資産を保有していて、それが好ましくないと感じるのはどのような場面か。普通の感覚では、「高い収益が得られると思って買ったのに、想定外に値下りした」とき、「この金融資産は好ましくなかった、リスクが大きかった」と感じるだろう。「これからは、こんなリスクの大きな金融資産に投資したくない」と思うこともあるに違いない。

別の表現を用いると、普通の投資家は金融資産のリスクを嫌う。同じ率で

投資収益が得られるのであれば、上で示したようなリスクがあまりない（つまり安定してリターンが得られる）投資対象を好む。

同じことだが、普通の投資家の行動パターンはリスク回避的（risk averse）だと想定できる。逆にいえば、博打の感覚で、一か八かの投資（大儲けできるかもしれない一方で、元手がゼロになる、もしくは大損する可能性が高い投資）を好む投資家は一般的でない。

もう少しいえば、リスクの大きな投資には、そのリスクに見合った、より高いリターン（収益率）を求めるに違いない。将来想定できる（期待できる）高いリスクには高いリターン、低いリスクには低いリターンということになる。

(2)　分散投資のイメージ

上手な資産運用の基本は分散投資（資金を複数の資産に分けて投資すること）にあるとされる。比喩的に、「すべての卵を1つのカゴに盛るな」ともいわれる。

分散投資の効果を簡単な事例で見ておきたい。図表4－1は、4社の株式があったとして、その株式に投資した場合、10期後にどうなったのかである。図は4社それぞれに100円投資した場合の、それぞれの時価の推移を示す。表は、上が4社それぞれの10期後の投資収益率、下は資金を等金額に分けて4社に分散して投資した場合の10期後の投資収益率である。

図表4－1からわかることが2つある。1つは、分散投資では、C社へ全額投資した場合のようには大儲けできないことである。もう1つは、A社へ全額投資した場合のような損失も被らないことである。

結果として、分散投資によって比較的安定した成果が得られることになる。つまり、分散投資はリスク回避的な投資家にとって好ましい結果をもたらしうる。

この分散投資について、本章3で詳しく述べることとする。

図表4－1　分散投資のイメージ

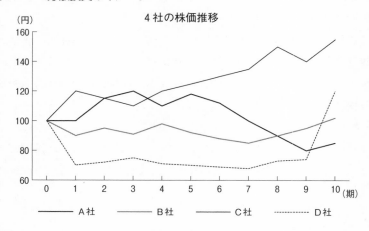

	A社	B社	C社	D社
投資収益率（％）	−15.0	2.0	55.0	20.0

	当初、等金額を投資した場合
投資収益率（％）	15.5

(3)　リスクのない投資対象

　分散投資とリスクについての概要が把握できたとして、別の疑問が生じる
かもしれない。それは、リスクのない投資対象があるのかどうかである。

　リスクフリー資産、もしくは無リスク資産と呼ばれる投資対象である。そ
ういうものがあれば投資家としてもありがたい。

　実際のところ、リスクフリー資産として、短期の国債（日本では、国庫短
期証券と呼ばれる短期国債や満期が間近に迫った国債）がリスクフリー資産と
して扱われる。また、このリスクフリー資産に投資して得られるリターン
を、リスクフリーレート（もしくは無リスク金利）と呼ぶ。

　短期の国債がリスクフリー資産として扱われるのは、政府が発行する債券
（国債）のデフォルトがほぼ皆無だと考えられるからである[1]。また、市場で

の金利水準の変動が、現在価値を求めるための割引率を変動させ、結果とし
て国債の価値の変動をもたらすのだが、満期が間近であれば現在価値の割引
期間が非常に短いため、キャッシュフローの現在価値がほとんど変化せず、
国債の価格もほとんど変動しないからである。

　少し横道にそれるが、国債ならデフォルトがないとは断言できない。ま
た、市場金利の水準の変動は、わずかとはいえ、短期の国債の価格を変動さ
せる。こう考えるのなら、厳密な意味でのリスクフリー資産は存在しない。

　リスク回避的な投資家の場合、投資対象にリスクがなく、そのリターンの
水準がリスクフリーレートであれば満足する。一方、投資対象にリスクがあ
るのなら、そのリスクの水準に見合った、より高いリターンを投資家は要求
する。言い換えれば、リスクに対するリスクプレミアム（一種のスイート
ナー＝甘味剤）が必要となる。

　まとめておくと、リスクのある投資対象に対して投資家が要求するリター
ンは、「リスクフリーレート＋リスクプレミアム」となる。当然、リスクが
大きいほど、リスクプレミアムも大きくなる。

❷　リターンとリスクを予測する

　もう少し分散投資についてみておきたい。まず、リターンとリスクの概念
を紹介する。

(1)　リターンとリスク──実現値と期待値

　金融資産へ投資する場合、その金融資産のリターン（収益率）とリスクを
知ることが基本となる。

　多少理屈っぽくなるが、リターンやリスクと一口にいっても、過去に実現
したリターンやリスクと、将来に実現するだろうリターンやリスクを区別す
ることが重要である。実現したリターンとリスクを実現値と呼び、将来に実

1　日本、米国、ドイツなど先進国の国債にほぼ限定される。

現するだろうリターンとリスクを期待値と呼ぶ。

　もっとも、実現値と期待値を書き分けると、説明が長くなるし、説明を聞くほうも大変である。このことを考慮し、以下でのリターン、リスクは、特に断らない限り、期待値を意味することとしたい。

(2)　リターンとは

　金融資産のリターンは2つに分けられる。1つはインカムゲイン、もう1つはキャピタルゲインである[2]。

　インカムゲインとは、利息もしくは利息相当の収益のことである。債券であれば利金、株式であれば配当である。

　キャピタルゲインとは、金融資産を売却して得られる売却益（もしくは売却損）に相当する。債券であれば、その満期を待たずに売却する場合、キャピタルゲインが発生する。株式には満期がないから、それを現金化しようとすると、必ずキャピタルゲインが発生する。なお、銀行の預金（普通預金）では、預けた金額を自由に引き出せるのが基本だから、キャピタルゲインは発生しない[3]。

　通常、リターンの大きさは期間を区切って表示される。日次、月次（月間）、年次（年間）などのリターンを率で表示する。

　リターンを計算する場合、その期間に発生したインカムゲインとキャピタルゲインを足し合わせ、それを期初の投資金額で割ればいい。なお、期初の投資金額について、実際に投資を実行しておらず、金融資産をすでに保有しているのなら、その期初の評価金額（以下「時価」という）を用いればよい。

　キャピタルゲインについては、実際に売却しない場合でも、「期末の時価－期初の時価」を計算し、それをキャピタルゲインとする方法が通常である。つまり、含み損益をキャピタルゲインとすることになる。

2　個人であれば、株式に投資して期待できる株主優待があるかもしれない。とはいえ、株主優待に魅せられ、投資するのは投資判断を誤りかねない。

3　預金の引出しもしくは解約時に違約金の発生する預金がありうる。違約金は一種のキャピタルゲイン（ただし損失）である。

まとめれば、次の式1になる。

リターン（率）＝（インカムゲイン＋キャピタルゲイン）／期初の時価
（期初の投資額）

ここで、「キャピタルゲイン＝期末の時価−期初の時価」で代替可能

（式1）

　技術的になるが、過去のリターンの計算期間を月や年にした場合、インカムゲインや売却損益の実現がいつなのか、つまり期初か、半ばか、期末かなどを気にする必要が生じる[4]。この問題を回避するため、正確には日次でリターンの率を計算し、それを掛け合わせて月間のリターンの率や年間のリターンの率を計算するのが望ましい。

　ただし、個人の場合、日次ベースでリターンを計算できないことが多いから（大量のデータが必要になるため）、リターンの率は概算にならざるをえない。

(3)　リスク──リターンのブレ

　上で示したリターンの計算は常識の範囲内にある。これに対し、リスクについては「リスクとは何か」を定義しなければならない。

　次がリスクの典型的な定義である[5]。

　リスクとは、実現するリターンのブレだとする。年間10％のリターンがあると期待していたのに、実現してみると9％だったり、11％だったりするのがリターンのブレである。

　ここで、そのブレ度合いは一定の法則に従っている、言い換えれば、将来のリターンが一定の法則に従って分布していると想定する。この一定の法則とは「正規分布」のこととする。

　図表4−2がその正規分布のかたちを表している。左右対称の釣鐘型である。

　多少専門的になるが、正規分布では、平均値と分散（もしくは分散の平方

4　つまり複利計算の問題が発生する。
5　他の定義も当然ありうるし、その定義に基づいて投資理論を導こうとの試みもある。

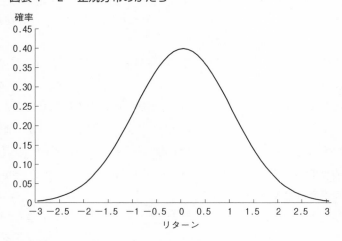

図表4－2　正規分布のかたち

根である標準偏差）が定まれば、分布のかたちが決まる。図表4－2は、平均値が0、分散が1の正規分布を示している[6]。なお、平均値（期待値）、分散もしくは標準偏差については、すぐ後で説明したい。

　言い換えると、将来のリターンに関して、平均値（将来の想定であるので、期待できる平均的なリターンの大きさ＝期待値）と分散（期待値がブレる度合い）が決まれば、図表4－2と同様に、リターンの分布を描ける。この意味で正規分布は扱いやすい性質を有しており、投資理論において多用される。

　もっとも、現実のリターンの分布が正規分布に近くなければ、何の意味もない。この点について多くの検証がなされてきた。実際のところ、通常時には正規分布に近いと想定しても大きな差異は生じない。

　問題は、資産価格が急速に下落する（暴落する）場合にある。そのとき、正規分布との比較においてマイナス時のリターンの出現度合いが大きい、言い換えれば左側の裾野が広くなる（つまり、ファットテイル＝fat-tail）との認識が一般化しつつある。2008年のリーマンショックの時、このファットテイル現象が多くの論文において指摘された。

6　この平均が0、分散が1の正規分布は標準正規分布と呼ばれる。

(4) リスク——期待値、分散、標準偏差

　ここではリターンに関して、その期待値と分散もしくは標準偏差の計算方法について述べる。

期　待　値

　将来実現するリターンは、正規分布の形状を呈しながら、いろいろな値をとりうる。そのリターンについて、もっともありそうな値（言い換えれば期待値）を予測することが必要になる。どうすればいいのか。

　理論的には、実現しそうないろいろなリターンの値と、それが実現するだろう度合い（確率）を掛け合わせた後、それらをすべて足し合わせれば、それが期待値となる。期待値とは、確認しておくと、将来実現するだろうリターンの平均的な値である。

　もっとも、いろいろなリターンの値と、それが実現するだろう確率を推定するのはむずかしい。それで簡易的に用いられるのが、過去に実現したリターンを参考にして、将来を予測する方法である。

　まず、過去に実現したリターンについて、単純に日次、月次、年次などの期間における平均値を計算する[7]。次に、そのリターンが実現した当時の経済環境や企業業績などを考え合わせ、過去のリターンの平均値を修正しつつ、将来の期待値を予測することになる[8]。

分散、標準偏差

　期待値を想定すれば、次に、その期待値がどの程度変化しうるのか、つまりブレ度合いを予測することになる。「ブレ度合い」の指標として、分散、もしくはその平方根である標準偏差が使われる。リターンについて正規分布

---

[7]　将来を予測するのではなく、過去を振り返っていることに注意を払いたい。過去に生じた事象（ここでは過去のリターン）の発生確率は、それぞれ等しい。このため、単純に平均するだけでいい。

[8]　修正の方法に確立したものはない。

を想定するのであれば、(3)で述べたように、期待値と分散（もしくは標準偏差）を想定するだけで、分布全体を描ける。

　将来のリターンの分散（標準偏差）の想定においても、期待値と同様、過去に実現したリターンの分散（標準偏差）を参考にする方法が簡便である。

　過去の分散は次の計算によって求める。

① 　いくつかの（ここではn個の）リターンのデータがあるとする。

② 　n個それぞれのリターンが、その平均値から乖離している幅を計算する。

③ 　乖離している幅を2乗する。

④ 　n個のデータについて、③で求めた値を合計する。

⑤ 　最後に、④で合計した値をnで割る[9]。つまり、平均値を求める。

　以上の分散の計算を式2で示しておく。なお、計算プロセスからわかるように、分散もしくは標準偏差は正の数値となる。

$$\sigma^2 = \frac{1}{n}\sum_{i=1}^{n}(r_i - \bar{r})^2 \tag{式2}$$

　　標準偏差 : σ^2の平方根

　　ここで、標準偏差はσ（シグマ）、分散はσ^2、n個のデータをr_i（ここでiは、1からnまでの値をとる）、n個のデータの平均値を$\bar{r}$とする

③ 　ポートフォリオ——分散投資の効果

　複数の資産の保有を、「ポートフォリオとして資産を保有する」と表現する[10]。ここでは、ポートフォリオとして複数の資産を保有すること、つまり分散投資の効果について述べたい。

9 　過去に実現したデータから分散を求めるには、統計理論的には「n−1」で割るのが正しいが、ここでは単純にnで割って説明する。データの数が多くなれば、nで割るのとn−1で割るのとの差異が小さくなる。

10 　保有している資産が1つでもポートフォリオと呼ぶ。特殊なポートフォリオである。

(1)　分散投資──相関性の効果

　先の図表4－1で示したような分散投資の効果はどこから生じるのか。

　そこで、複数の資産から構成されたポートフォリオについて、そのリターンとリスクを考えてみたい。図表4－1を思い出すと、リターンが極端に高くなったり、低くなったりしないわけだから、リスクが小さいのではないかと直感できる。

　ポートフォリオのリターンとリスクは次の式3のように計算できる[11]。この式は、ポートフォリオが2つの資産で構成される場合である。

$$r_p = w_1 r_1 + w_2 r_2$$
$$\sigma_p^2 = w_1^2 \sigma_1^2 + w_2^2 \sigma_2^2 + 2w_1 w_2 \rho_{12} \sigma_1 \sigma_2 \qquad \text{(式3)}$$

　式3では、リターンの表示をr、ポートフォリオの表示をp、投資対象資産を2資産（資産1、資産2）、投資対象資産の組入比率の表示をw（ただし、2つの資産の組入比率の合計は100％）、2つの資産それぞれのリターンの相関係数（リターンの変動についての2つの資産の関係度合い）をρ_{12}としている。

　相関係数（ρ、ロー）は1から－1までの値をとる。1であれば、2つの資産のリターン（率）が完全に同じ動きを示すことになる。0ならば何の関係もなく、－1であれば完全に逆に動くことになる。現実の相関係数は、1よりも小さく、－1よりも大きい。

　式3は次のことを表している。

　ポートフォリオのリターン：2つの資産それぞれのリターンを、資産の組入比率に基づいて加重平均したものになる。

　ポートフォリオのリスク：2つの資産それぞれのリスクを、資産の組入比率に基づいて加重平均したものより小さい。

　このリスクに関しては、次の手順で考えればいい。

　仮に相関係数が1であれば、ポートフォリオのリスクはどうなるか。ρ_{12}に1を代入すればすぐに判明するように、2つの資産のリスクを、それらの

11　証明は省く。関心があるのなら投資理論のテキストを参考にされたい。以下、本章で登場する数式も同様である。

資産の組入比率に基づいて加重平均したものになる。

　しかし、現実の相関係数は１よりも小さいから、リスクは相関係数が１の場合よりも小さく、相関係数が小さければ小さいほどポートフォリオのリスクも小さくなる。これも非現実的だが、リターンが完全に逆に動けば、２つの資産の組入比率を工夫することで、リスクをゼロにすることもできる。

　まとめれば、ポートフォリオのリターンは２つの資産の組入比率の加重平均であり、リスクは２つの資産の組入比率の加重平均より小さい。つまり、ポートフォリオにすれば、リターンとの比較でリスクを小さくできる。リスク回避的な投資家にとって歓迎すべき状態である。(2)で、このことをもう一度確認する。

　なお、上のリスクの計算式に登場する $\rho_{12}\,\sigma_1\,\sigma_2$ を共分散と呼び、σ_{12} と表記する。共分散は２つの資産のリターンを対象とし、その変動の関係性を表している。過去の実績値に基づく共分散は次の式４で計算できる。

$$\sigma_{12}=\frac{1}{n}\sum_{i=1}^{n}(r_{1i}-\bar{r}_1)(r_{2i}-\bar{r}_2) \tag{式4}$$

　なお、分散とは、同じ資産間の共分散でもある。これを確かめるには、式４において２つの異なった資産を前提に計算している部分を変更し、たまたま同じ資産だとの前提で計算すればいい（式における資産の番号を１もしくは２に統一すればいい）。

　もう１点、過去のデータから相関係数を求めるにはどうすればいいのか。まず、２つの資産の標準偏差と共分散を求め、それに基づいて計算すればいい。念のために書いておくと、次の式５によって相関係数が求まる。

$$\rho_{12}=\sigma_{12}/(\sigma_1\,\sigma_2) \tag{式5}$$

　少し詳細になるが、ポートフォリオの対象となる資産の数が２つではなく、多数（ n 個）になったときの、ポートフォリオのリターンとリスクは式６のとおりである。

$$r_p=\sum_{i=1}^{n}w_i\,r_i$$

$$\sigma_p^2 = \sum_{i=1}^{n} \sum_{j=1}^{n} w_i \, w_j \, \sigma_{ij} \qquad\qquad (式6)$$

ここでσ_{ij}は、$i=j$であれば資産の分散、$i \neq j$であれば2つの資産の共分散を意味する

ちなみに、上の式のnに2を入れ、展開すれば、先の式3が得られる。このことを各自で確認するのがいいだろう。

(2) 分散投資効果──効率的フロンティア

(1)で示した式に基づき、ポートフォリオのリターンとリスクの形状を描いておく。

図表4−3は2つの資産でポートフォリオをつくった場合である。合計の組入比率を100％に保ちつつ、それぞれの資産の組入比率を0から100％までに変化させて描いた。2つの資産のリターン、リスク、リターンの相関係数は図表のなかに書き入れてある。

図表での太い弓形の線が、ポートフォリオのリターンとリスクの形状になる。線の端（点）がそれぞれの組入対象資産のリターンとリスクである。その2つの点を結んだ細い線が、相関係数が仮に1だったとした場合の、ポートフォリオのリターンとリスクの形状を示す。

この図表では、2つの資産の相関係数が1でないため（2つの資産のリターンが異なった動きをするため）、リスクが軽減される。このことを確認するには、弓型の線と直線とを比べればいいのだが、この説明は次の図表4−4での説明に譲る。

この2つの資産にもう1つ、別の資産を加え、3資産にしたのが図表4−4である。資産の組合せは、個々の点で表現されている[12]。

2資産の場合よりも組合せが多い分、複雑になっているが、注目したいのは、2資産でみられたような弓型の線に相当するものが3資産でもみられることである。点の分布するいちばん左側、つまり外郭部分を目でなぞれば弓

12　各資産の配分比率をもっと細かく変化させれば、図表の点はもっと多くなる。

図表 4 - 3　2 資産のポートフォリオ

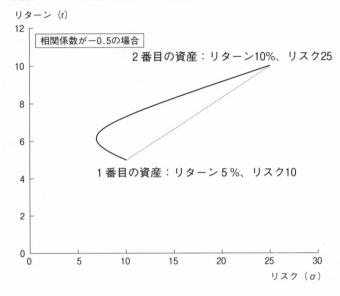

図表 4 - 4　3 資産のポートフォリオ

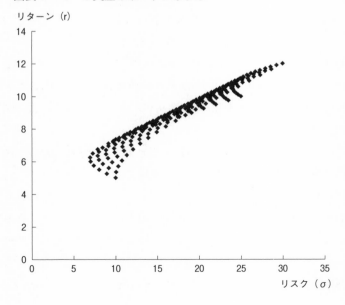

型であることがわかるだろう。

　組合せをもっと細かく変化させれば、外郭部分は線になる。この弓型の外郭線の頂点よりも右上の部分が、リターンとリスクの観点から、リスク回避的な投資家にとって望ましい３資産の組合せである。なお、外郭線のうち、頂点よりも右下の部分の組合せが投資家にとって望ましくないのは自明である。

　このことについて、説明を加えておく。

　特定のリターン（たとえば10％）を得たいと思ったとき、縦軸（リターンの軸）の10％のところから横線を引けばいい。それと外郭線との交点部分の組合せが、求めるポートフォリオとなる。リターン10％の組合せのなかでリスクがいちばん小さいからである。

　逆に、標準偏差を特定の値（たとえば20）に抑えたいと思えば、横軸（リスクの軸）の20のところから縦線を引けばいい。それと外郭線（ただし頂点よりも右上）との交点部分の組合せが、求めるポートフォリオとなる。標準偏差20の組合せのなかでリターンがいちばん大きいからである。

　この望ましい資産の組合せを別の視点からみると、外郭線のさらに外（左側）には資産の組合せがないこともわかる。

　以上が意味することは、外郭線はリターンとリスクの観点から最も望ましい（効率的）ポートフォリオである。同時に、この外郭線を越えて、より望ましいポートフォリオは存在しない。このことから、この外郭線は効率的フロンティア（efficient frontier）と呼ばれる。

　資産の数をさらに増やしても、３資産の場合と基本的に変わらない。多数の資産に分散投資した場合の効率的フロンティアを図表４－５に示しておく。この図表の下側の線がそれである。

　図表４－４との差は、効率的フロンティアの先（右上）がピンと張っていることである。図表４－４では特定の資産をマイナスで保有すること[13]を想定していなかったのだが、図表４－５はマイナスも許した場合を想定してい

13　マイナスの資産配分を空売りと呼んでいる。マイナスの配分比率にしたい資産を外部から借り、それを市場で売ればいい。

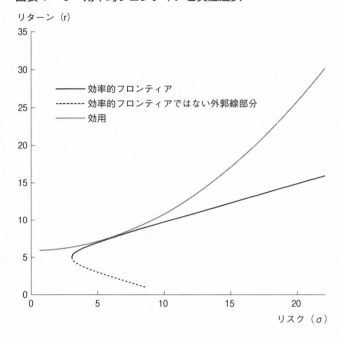

図表 4 － 5　効率的フロンティアと資産選択

リターン（r）

凡例:
効率的フロンティア
効率的フロンティアではない外郭線部分
効用

リスク（σ）

るため、このような線になった。

(3)　投資家の好みと効率的フロンティア

　効率的フロンティアのことは理解したとして、次の問題はその線が多くの
ポートフォリオから形成されていることである。投資家として、その線のな
かから特定のポートフォリオを選ぶにはどうすればいいのだろうか。このた
めには、投資家としてリターンとリスクに関する自分自身の好み（選好）を
知らなければならない。

　図表 4 － 5 において、効率的フロンティアの上側にある曲線が投資家の選
好の一例を示している。この線上のリターンとリスクの組合せは、投資家に
一定の値の満足度をもたらす[14]。右上がりであることは、リスク回避的な投
資家であることを意味している。確認しておくと、一定の満足度を意味する

この曲線上において、リスクが高くなると（リスク水準が右に移動すると）、より高いリターンが必要となる（リターンの要求水準が上に移動する）。

この曲線は投資家ごとに描け、形状が異なる。リスク回避的な投資家であっても、好みが少しずつ異なるからである。また、この曲線は特定の個人に関して、満足度の水準に応じ平行的に何本も引け、より高い満足度をもたらす曲線は左上にある。

満足度の水準を下げていくと、この曲線は右下に移動し、ある特定の満足度の水準で効率的フロンティアと接する（接点が得られる）。この接点のポートフォリオは、投資家にとって実現可能ななかで最も満足度が高く、かつ効率的フロンティア上にある。言い換えれば、この接点のポートフォリオを選ぶことが合理的となる。

とはいえ、自分自身の選好を見出すのは容易ではない。どうすればいいのか。リスク回避的でありながらもある程度多くのリスクをとれるのは、収入が多い、資産額が大きい、若い（将来受け取る収入の期待額が大きい）などの場合である。この逆の場合、よりリスク回避的なほうが望ましい。たとえば、金融資産がほとんどないのに、リスクの極端に大きな株式[15]を買うのは、金融資産をゼロにしかねない。

この個人の選好を十分に考慮し、ポートフォリのアドバイスを行う機関も登場している。選好の形状に関する理論があるから、個々人にいくつかの質問することで、具体的な選好に関する曲線を描くことができる。これに関しては本章5でもう少し述べる。

(4)　分散投資の限界

分散投資の効果を理解できたとして、次の疑問が生じる。きわめて多数の資産に分散投資すれば、リスクはゼロになるだろうか。

答えは「ノー」である。このことを簡単に理解するには、日本や米国の株価指数の変動を思い出せばいい。米国の代表的な株価指数、Ｓ＆Ｐ500は500

14　この線を、選好に関する無差別曲線と呼んでいる。
15　投機の対象になるこの種の企業の株式を仕手（して）株と呼んでいる。

銘柄、日本のTOPIXは2,000社以上で構成される。それでも大きく変動する。1日で10%以上下落することもある。2008年のリーマンショック時や2020年の新型コロナ感染拡大の初期には非常に大きな価格変動が生じた。

　詳細な説明は省くが、分散投資によって、個別性の高いリスク（たとえば、ある企業の工場が燃えた、決算を粉飾したなど）による株価の変動を限りなくゼロにすることは可能である。他方、多数の企業の活動に共通して影響を与える事象に対して、分散投資の効果は乏しい。

　上で例示したリーマンショックは、サブプライムローンと称される低所得者などを対象とした貸出について、その貸出機関が即座の転売を想定していたこともあり、杜撰な設計と審査しかしていなかったことが主因だったとされる。それにもかかわらず、先進国の金融機関を含め、多くの投資家がそのローンに投資をし、損失を被った。また、2020年に始まった新型コロナウイルスの急速な拡散は、世界全体の経済活動を停滞させた。両者とも、分散効果が働かないのは明らかである。

　ここまでマグニチュードが大きくなくても、多くの企業に共通して影響を与える事象は多数あり、分散効果は限定的である。このため、大きなニュースが報じられる度に株価指数が変動する。

　なお、個々の企業の出来事に由来するリスクを個別リスク、経済社会事象に由来するリスクを市場リスク（もしくはシステマティックリスク）と呼ぶ。

　ただし、両者を厳密には区分できない。たとえば、大企業の粉飾決算は、その企業の株価下落にとどまらず、下請企業や取引先を含め、多くの企業に波及してしまう。

 4　CAPM

　ここまで述べてきた分散投資に関する理論は、マーコビッツ（Markowitz, Harry M.）によって提唱された。この分散投資を発展させた理論がCAPM（Capital Asset Pricing Model）であり、シャープ（Sharpe, William F.）らによって提唱された。これらの功績により、マーコビッツとシャープは1990年に

ノーベル経済学賞を受賞している。

　このCAPMだが、さまざまな批判があるものの、主要な投資理論としての地位を長年保ってきている。本項ではCAPMの詳細は述べずに、CAPMによって導き出された結論だけを紹介しておきたい[16]。結論を知っておけば、いろいろな場面で応用できるだろう。

(1) 市場ポートフォリオ

　CAPMでは、市場ポートフォリオがリスクを有した資産に関する最適なポートフォリオだとする。

　市場ポートフォリオとは、リスク資産（つまり価格変動したり、デフォルトしたりする資産）に関して、市場の時価総額構成比率に着目したポートフォリオである。つまり、投資家全体を1人の投資家だと仮定すれば、市場全体が1つのポートフォリオであり、そのポートフォリオを1人の投資家が保有しているとみなせる。

　現在時点での市場と、そこでの価格は、いろいろな投資家が企業を分析し、売買した結果である。つまり市場価格とは、すべての情報を集約した結果であり、最適だとCAPMは主張する。この市場価格に満足せず、さらに追加で調査分析したところで、何の成果も出せないということでもある。

　そのうえでCAPMは、投資家としてこの市場ポートフォリオをそっくり真似るのが合理的だと主張する。つまり投資家として、時価総額構成比率において市場と相似形の（たとえば1億分の1の）ポートフォリオをつくるのが、最適な投資行動となる。

　この結論は、現在の投資家の行動に多大な影響を与えている。たとえば、株価指数（インデックス）が実際の株式市場の価格変動を代表しているのなら、その株価指数の構成比率をそっくり真似してポートフォリオをつくるのが最適な投資だとの主張になる。この場合、投資家として、個々の上場企業を調査分析する必要がなく、投資コストが僅少ですむ。

16　CAPMについて関心があれば、証券投資に関するテキストを参照されたい。

このような投資理論に基づく投資方法をインデックス運用と呼ぶ。インデックスを真似するだけであり、投資家として積極的に企業を調査分析しないことから、別名、パッシブ運用とも呼ばれる。

これと異なり、上場企業を調査分析してポートフォリオを組み立てる方法がある。これは伝統的な投資方法である。これをアクティブ運用と呼んでいるのだが、CAPMに従うのなら、アクティブなポートフォリオは最適ではない。加えて、その調査分析にはコストもかかる。このため、理論的には踏んだり蹴ったりになりかねない。

実際の投資に関して、インデックス運用とアクティブ運用とを比較してみると、アクティブ運用のパフォーマンスがインデックス運用を上回ることが多くないとの結果も多数報告されている。

これらの理論と実績から、最近ではインデックス運用が隆盛を極めている。この結論が本当に適切なのかどうか。本章では問題提起だけしておき、適切でない具体的な事例に関しては第7章でもう一度述べてみたい。

ところで、プロの投資家が株価指数を真似てポートフォリオをつくるのはそんなにむずかしくないが、小規模な資産しかもたない個人にとって株価指数を真似た投資はむずかしかった。そんなに多くの企業の株式をもてないからである。では、どうすればいいのか。

最近、株価指数を真似たETF（上場投資信託[17]）が多くなり、個人投資家にとってもインデックス運用が容易になっている。このこともインデックス運用の隆盛に寄与している。

(2) 株式市場と個別株の関係

CAPMのもう1つ重要な結論は、株価についての株式市場と個別株式の関係である。正確には、株式市場全体のリターンと個別株式のリターンの間に、式7の関係があるとする。

$\beta_i = \sigma_{im}/\sigma_m^2$とすれば、

---

17 株式市場に上場されている投資信託を意味している。

$$r_i - r_f = \beta_i (r_m - r_f)$$

もしくは、$r_i = r_f + \beta_i (r_m - r_f)$

ここで、m は市場、i は個別企業の株式、f はリスクフリー資産を表す。

r はこれらの資産のリターンを表示する　　　　　　　　　　（式7）

　この式の意味は、2行目の式が端的に示しているように、個別資産 i のリスクフリー資産に対する超過リターン（$r_i - r_f$）、つまりリスクプレミアムは、株式市場全体の超過リターン（$r_m - r_f$）に比例し、この比例に関する大きさが β_i だという点にある。

　投資の世界において、「ベータ」という言葉をよく耳にする。この場合のベータとは、多くの場合、上の式に登場する β_i である。

　このベータとは、1行目の式をみればわかるように、「個別資産 i とマーケットのリターンの共分散」を「マーケットのリターンの分散」で割った数値である。

　ところで、市場のベータは1である。式7において、i を m に置き換えてみれば、市場のベータが1だとすぐに判明する。

　このことと、共分散と分散の意味からすると、ベータが1よりも大きな企業はリターンの変動が市場より大きく、1よりも小さな企業はリターンの変動が市場より小さいことになる。

　さて、市場全体の株価も個別企業の株価も、企業業績を反映して変動するのだとすれば[18]、ベータが1より大きいか小さいかは、市場全体との比較において、ほかに特別な理由がない限り、企業業績の変動が大きいか小さいかを表していると考えていい。

　たとえば、食料品のような生活必需品を扱う業界の企業業績の変動は比較的小さいから、ベータは1より小さいと予想できる。逆に設備投資関連の機械製造企業や素材生産企業は、景気変動の波を大きく受けるため（たとえば、景気がよければ設備投資のための需要が急速に増え、悪ければ需要が激減するから）、ベータは1より大きいと考えていい。

18　「基礎編」第5章参照。

まとめれば、ベータが１より大きい企業は市場平均と比べてリスクが大きく、ベータが１より小さい企業は市場平均と比べてリスクが小さいことになる。

(3)　CAPMに対するいくつかの疑問

　CAPMは株式投資に多大な影響を与えてきた。最大の影響は(1)で述べたインデックス運用だろう。

　そうなのだが、いくつかの疑問がある。

　第一に、個別企業と市場全体のリターンの関係がベータという１つの係数だけで決まるのだろうか。この疑問は当然のものであり、より複雑な関係を想定した、CAPMにかわる投資理論やモデルが提示されてきた。しかし、CAPMが覆ったわけでもない。シンプルな理論であるものの、現実の市場に対してそれなりの説明力もあるからである。

　第二に、CAPMが想定している期間の長さである。たとえばベータに関して、それが長期間のものなのか、短期間のものなのか。知人が実際にシャープに会って質問したところ、せいぜい１カ月程度との返答だったとか[19]。またCAPM自身１期モデルあるため、長期でないのはたしかである。このため、長期投資に活用できるのかどうか、注意を払わないといけない。

　第三に、CAPMがいう「市場」とは、具体的に何を指すのか。日本の株式市場では、多くの投資家は暗黙のうちに東京証券取引所の市場第一部だとする。その証拠に、多くのインデックス運用が東証株価指数（TOPIX）を真似ている。では、その他の日本の上場企業はどうなのか（「市場」ではないのか）。ベンチャー企業の株式は、さらに海外市場はどうなのか。疑問が尽きない。この点は第７章でもう一度考えたい。

19　かなり前の話なので記憶があいまいになっているが、短期であるのはたしかである。

5 フィンテックと金融資産

　フィンテック（FinTech）とは、金融（finance）と技術（technology）から成り立つ造語である。ここでの技術とは、インターネットや暗号などに代表されるような、狭い意味での情報技術である。

　日本銀行のサイトに入ると、FinTechの説明において、インターネットやスマホはもちろんのこと、AI（artificial intelligence、人工知能）、ビッグデータ、ブロックチェーン（blockchain）といった単語も並んでいる。これらの情報技術が金融資産にどのような影響を与えるのかは、まだ確たるものがない。それだけに、金融をめぐってさまざまな試みがなされ、それに基づくベンチャービジネスが立ち上がっている。

　以下、FinTechが個人の金融資産にどのように影響しようとしているのか、いくつかの事例をみておく。

(1) 決済と情報技術

　決済とは、お金を渡すことで物やサービスを得る行為において、お金と物やサービスとの交換の、まさにその瞬間のことを意味している。決済において、お互いの安全性の観点から（つまり取引相手の約束違反を予防するためには）、DVP（delivery versus payment）、つまりお金と物やサービスとを同時に交換することが基本となる[20]。

決済と通貨

　決済において、お金を渡す側からすると、もともとは現金もしくは現金同等物（小切手など）を利用していた。その後、銀行振込みやクレジットカードなどのカード類が登場し、現在ではFinTechの先駆けとされるQRコード類や暗号資産（通称、仮想通貨）が用いられるようになった。

---

[20]　個人の場合も、「騙されないこと」を含め、この基本を主張することが重要となる。なお、債券や株式の売買では、このDVPが大原則となっている。

もっとも、カード類、QRコード類、ビットコインを代表とする暗号資産などによる決済も、いまのところ裏に銀行口座があり、現金通貨（日本では日本銀行券）に紐づいている。

　現在、大きな議論になっている１つは、この現金通貨の未来である。暗号資産と同様、ブロックチェーンという情報技術を用い、現金通貨に置き換える（もしくは現金通貨の相当部分を代替する）方法が考えられている。

　暗号資産が現金通貨と同じになるためには、「この（特定の）暗号資産に通貨としての価値を認める」との法的措置が必須である。単なる印刷物である紙（もしくはプラスチック）と、いま流通している印刷物としての現金との差異も、この法的措置にある[21]。

決済と情報

　もう１つ疑問がある。現時点では現金通貨に紐づいている決済という役割に、カード類やQRコード類が群がるのはなぜなのか。

　出発点は、クレジットカードに代表されるように、手数料収入にあった。カード会社にとって、カード利用者に与信を与え、加盟店に利用代金相当の全額を支払うことで、手数料が得られる。

　それが最近、顧客情報の獲得と、その顧客の囲い込みに目的が移ってきている。ビッグデータの収集と分析により、顧客の信用力はもとより、嗜好さえ判明するようになってきた。この分析結果は、物やサービスの販売に結びつくし、住宅ローンなどの資金の貸付や、金融資産の勧誘にも応用できる。

　この段階にまでなると、まさにFinTechである。米国や中国のプラットフォーマーがねらっているのがこれであり、日本でもプラットフォーマーを目指す競争が生じている。さらに、プラットフォーマーは、実店舗を有した小売店や、銀行などの金融機関の領域にも参入してきている。

　これに対して行政は、「利用者の利益を守り、さらには利益を高める」観点から、プラットフォーマーの活動に対応しようとしている。

21　日本の現金（日本銀行券）の場合、日本銀行法46条により「法貨として無制限に通用する」と定められている。

たとえば、個人の嗜好や行動に関するビッグデータの収集と利用に関しては、プライバシーを守る観点、データの利用促進によって個人生活を豊かにする観点、この2つの方向がありうる。この2つには矛盾する側面があり、いかに調和させるのかが重要となる。

また、物やサービスの提供には必ず決済が伴い、その決済の鍵を握るのが銀行である。とすれば、プラットフォーマーを代表とするFinTech企業の情報と、銀行の情報との融合や結合が重要となる。行政が銀行にAPI（application programming interface）接続を促しているのは、FinTech企業と銀行を通信回線において接続し、顧客の利便性を高めることに大きな目的がある。

(2)　投資アドバイスと情報

本章3(3)で述べたように、ポートフォリオに関する効率的フロンティアのかたちが判明したとして、その線上のどの組合せを選ぶべきか。これは、投資家自身の好み（選好）を知らないと判明しない。リスク回避的だとしても、そのなかで多少のリスクをとろうとするのか、きわめて保守的なのかなどによって、相当程度ポートフォリオが異なってしまう。

以上を念頭に最近のFinTechの動きを眺めると、投資理論に基づいて投資家にアドバイスする運用機関が登場してきていることがわかる。一般にロボアドバイザーと呼ばれている投資アドバイス機関である。その出発点は、投資対象を各種の（主要国の債券や株式の）ETFとし、投資理論に基づいて分散投資を推奨することにある。

ETFを投資対象とする理由は、パッシブ型の（すなわち市場を模倣する）株式や債券のETFがアセットクラス[22]を代替しうる点にある。また、ETFなら運用コストが安い。

これに加え、投資家の好みを反映させなければならない。このために、投資家にいくつかの質問に答えてもらうことで、リターンやリスクに対する投

22　アセットクラスとは、リターンとリスクの特性が似通った投資対象を、1つの投資対象（アセット）にまとめなおしたものである。まとめ方には種々あるが、国内債券、国内株式、外国債券、外国株式などが代表的である。第7章でもう少し詳しく述べる。

資家自身の好みを知ろうとする運用機関がある。また、投資の目的も含め、投資家自身に選んでもらう運用機関もある。

もっとも、これらの方式によって、どこまで投資家の真意に近づけるのかは不明である。本来的には、より詳細な質問に答えてもらう必要があろう。とはいえ、詳細な質問をしたのはいいが、実現したリターンとリスクが好ましくなければ、投資家を惹きつけられない。

むしろ、この投資家の好みやスタンスを反映するには、前述したように、日常生活の行動パターンを把握し、分析するのが望ましいかもしれない。さらには、グループ企業が金融商品を手掛けているのなら、そこでの情報を用いることで、投資の好みを深掘りすることも可能となる。もちろん、これらの情報の利用に関して、投資家の了承を得る必要がある、

いずれにせよ、投資家の好みを確度高く把握できてはじめて、ロボアドバイザーが本当の意味でのFinTech企業になりうると考えていい。

(3) 金融資産に関する総合的なアドバイス

個人のライフステージと、そこで生じうるさまざまなリスクをイメージした場合、個人として保有すべき、もしくは保有するだろう金融資産は多様となる。

たとえば、預金やローンなどの銀行との取引、債券や株式もしくは投資信託への投資、損害保険や生命保険の契約などをすぐに思いつく。実際、個人は多様な金融資産を保有しているし、若い頃は関心が薄いだろうが、公的年金という金融資産もある。

これらの金融商品への取引であるが、個々人にとって、どこまでスムーズかつ適切に契約できるのだろうか。公的年金のことを誰に相談すればいいのだろうか。それぞれの金融商品を最初に取引する場合、通常は多少の失敗と反省が伴うはずである。

このような取引に対して、適切にアドバイスしてくれる機関があると重宝である。それも、同じ企業（機関）の窓口で、客観的に評価してもらったうえで、「ここがいいよ」とのアドバイスが示されることである。

現実に戻ると、銀行、証券、保険などを実際に契約するには、それぞれの機関の窓口やウェブサイトを訪問するのが通常である[23]。加えて、サービスや金融商品を比較するためには、同様の金融商品を提供する複数の機関を訪問することになろう。以上には相当の時間が必要になる。現実には、適当なところで妥協しているのではないだろうか。

　これが近い未来に、すべてインターネットで完結できるようになるか、1つの窓口で、客観的に比較してもらえるようになれば便利である。実のところ金融庁は、銀行、証券、保険などの金融商品を横断的に紹介し、契約に至るまでを取り扱う業務の検討を進めている。

　なお、この業務は、その機関が銀行、証券、保険などの金融商品を自分自身で提供しない形態となる。あくまでも、個々人のニーズに適した金融商品の紹介と契約の手助け（つまり仲介業務）というサービスを提供することにある。

　これが実現すれば、個人にとっての利便性が高まるだけではない。個人のニーズに関する仲介業者の収益源が多様化し、競争力が高まり、その結果、客観性も高まるだろう。

　いままで、金融機関によって仲介できる金融商品の領域が特定されていたため、個人としては、その特定領域における特定企業の戦略に左右される危険性があった。将来、上で述べた仲介業者にとってこの制約が軽くなり、インターネット上での総合的な比較情報の提示が可能になるかもしれない。

　以上、個人の金融資産の保有に関し、FinTechが大きく進む可能性を指摘しておいた。

23　日本の制度では、原則として、銀行業務、証券業務、損害保険業務、生命保険業務は同じ会社で兼営できない。

第5章

金融ジェロントロジー
──人生100年時代における 資産管理のあり方

野村資本市場研究所研究部長　野村　亜紀子

❶ 高齢社会の到来と金融ジェロントロジー

(1) 金融ジェロントロジーの背景──少子高齢化

　野村資本市場研究所は、野村ホールディングスの傘下にあり、海外を含め、金融資本市場の中・長期的、あるいは構造的な課題などをテーマに調査研究している。「金融ジェロントロジー」というテーマには、4〜5年前から着手している。なぜいま、私たちのような金融・資本市場分野のリサーチャーが、中長期的な研究テーマとして金融ジェロントロジーを取り扱うのか。金融ジェロントロジーは、米国で始まった学術分野であるが、いまの日本でこそ、金融ジェロントロジーという考え方、アプローチを実践していくことが求められると考えている。

　まずは、人口ピラミッド、もはやピラミッドとは呼べないかたちだが、図

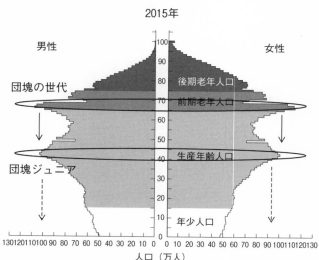

図表 5 − 1 　人口構成の変化（見通し）

出典：国立社会保障・人口問題研究所資料を改編

表5－1をみていただきたい。2015年と2030年の比較で、上の丸囲みが第二次世界大戦直後に生まれた、いわゆる「団塊の世代」である。そして、その下の丸囲みは、おおむねその子ども世代となる1970年代前半に生まれた世代で、「団塊ジュニア」と呼ばれている。みてのとおり、団塊の世代は人口の塊で、支えてくれる世代という意味では団塊ジュニアがいる。ところが、この団塊ジュニアの下に、「団塊サード」はいない。したがって、団塊ジュニアは自分たちよりも上の世代を支えているが、下の世代には人数的にいままで同様に支えてもらうことは期待できない状況にある。

とはいえ、団塊ジュニアはまだ40代後半くらいの現役バリバリ世代なので、自分の老後のために備える時間がある。逆にいえば、団塊ジュニアが引退する頃になり、「支えてくれる世代がいない」と慌てるような事態になれば、相当厳しい状況が訪れる。

だからこそ、いまこのタイミングで必要な施策などがあるなら、打っていかないと間に合わなくなるのが、日本の経済・社会が直面する実情である。

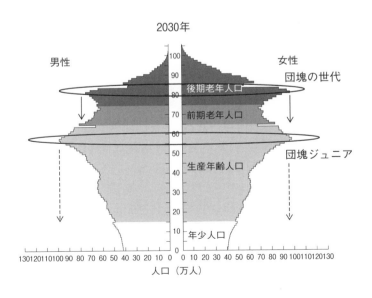

もし金融サービスを手掛ける業界において、必要なイノベーションを起こすということなら、時間がかかるので、議論して早く取り掛からねばならない。これが日本でこそ金融ジェロントロジーの研究を進めるべき背景の1つである。

　さて、「少子高齢化」は、少子化と長寿化という2つのファクターに分けられる。図表5－2の左上に、平均寿命のグラフを示しているが、男女ともにどんどん延びており、今後も延びていくという予想もされている。100歳以上の人口は、あっという間に7万人に届いた。100歳以上の方のほとんどが女性であり、女性が長生きである。また、特定年齢までの生存者の割合の

図表5－2　人生100年時代

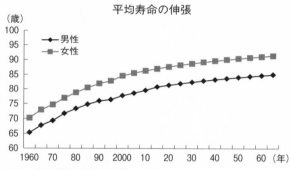

出典：社会保障・人口問題研究所より野村資本市場研究所作成

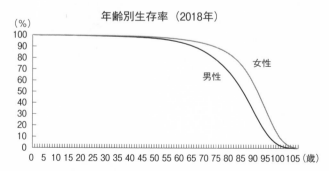

出典：平成30年簡易生命表より野村資本市場研究所作成

推移をみると、図表 5 − 2 の右下に示してあるように、90歳まで生きる人は、女性では 2 分の 1 に達し、男性でも 4 分の 1 になる。100歳まで生きるというのも、若い読者の方にはあまりぴんとこないかもしれないが、夢のようなことではなく、それなりに現実味があることなのだ。

　長寿そのものは非常に喜ばしいことであるが、一方で、少し悩ましいこともある。認知症という現実的な問題である。2012年の推計では、65歳以上の高齢者3,079万人に対して、この時点で「認知症の高齢者」に該当する人が462万人いた。また、まだ認知症ではないがその予備軍とされる「MCI（軽度認知障害）」の人も、さらに400万人いた。こうした人たちが現時点ではさ

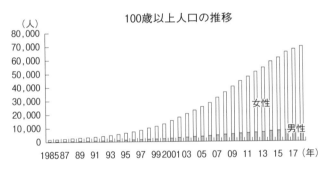

出典：社会保障・人口問題研究所より野村資本市場研究所作成

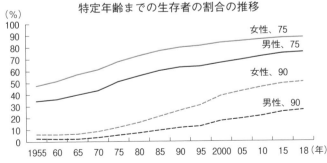

出典：平成30年簡易生命表概況より野村資本市場研究所作成

らに増えていることだろう。現時点では、「認知症以前の状態に戻す」ための根本的な治療薬は開発されておらず、認知症は誰にでも起こりうる事態といえる。

　足元のデータとして、図表５－３の上の厚生労働省の資料によると、将来、認知症の人の人数が増えていくことはすでに予測されている。また、2025年には65歳以上の５人に１人となる約700万人が認知症になるという推計もある。

　直感的にわかることだが、認知症になる確率は、年齢が高くなるほど上が

図表５－３　増加する認知症有病者

認知症の人の将来予測 （単位：万人）

年	2012	2015	2020	2025	2030	2040	2050	2060
各年齢の認知症有病率が一定の割合の将来推計人数、率	462 15.0%	517 15.7%	602 17.2%	675 19.0%	744 20.8%	802 21.4%	797 21.8%	850 25.3%
各年齢の認知症有病率が上昇する場合の将来推計人数、率(注)		525 16.0%	631 18.0%	730 20.6%	830 23.2%	953 25.4%	1016 27.8%	1154 34.3%

（注）　糖尿病の有病率が認知症有病率に影響するという研究結果に基づき、糖尿病の有病率増加に伴い認知症有病率が上昇すると仮定したケース。

出典：厚生労働省「認知症施策推進総合戦略～認知症高齢者等にやさしい地域づくりに向けて～（新オレンジプラン）」（概要）（2015年１月）

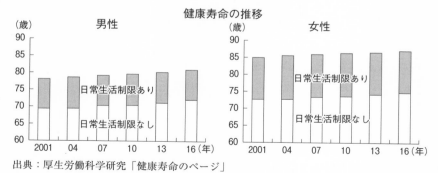

健康寿命の推移

出典：厚生労働科学研究「健康寿命のページ」

り、80代、90代になると、男女ともに認知症の人の割合が急激に増える。日本の場合、総人口が減っているなかで、相対的に65歳以上の人の割合が増えていく。そうすると、自然に認知症の人の人数が増え、65歳以上の高齢者のなかで認知症の人の割合も上がる。また、「健康寿命の推移」というグラフ（図表5‐3の下参照）をみると、グレーの部分は、日常生活になんらかの制限がある年数である。このグレーの部分は認知症以外にもいろいろな理由があるが、実情として、これを取り払うことはなかなかできない。「健康なままでの寿命」を「健康寿命」と呼ぶとすると、これをいかに延ばすかが大きな課題になる。

(2) これからの社会保障

さて、高齢化が進めば、問題になるのが社会保障の持続可能性である。社会人になって自分の社会保険料をみたら、かなりの額を納付していて、驚愕する。公的年金は、保険料を納めてきた人たちが、一定以上の年齢になると、寿命が何年まで延びても最後まで終身給付が続く心強い制度だ。しかし、少子高齢化で支えてくれる現役世代の人数が減っていく一方なので、これは少し手を加えないと限界が来る。みなさんが高齢者になったときにもこの制度がきちんと保たれている状態にするために手直しをするとなれば、ものすごく長い時間をかけなければならない。

社会保障制度の手直しには時間がかかる。そのなかで、過去、2004年にかなり抜本的な公的年金の改革を行った。その時の改革の1つが、公的年金給付抑制策で、「マクロ経済スライド」といわれるものである。簡単にいうと、将来のために公的年金の給付を抑えるというものである。高齢者一人ひとりの立場に立ってみると、受け取る給付がだんだん抑制されていくというつらい話になるのだが、制度を存続させるために、減ることも織り込んで備えてくださいというわけである。

公的年金は、制度の持続可能性の検証のため、5年に一度、きちんと財政が回っているかどうかをチェックしている。財政の健康診断のようなもので、2019年がその財政検証の年に当たった。その時の資料で、驚いたデータ

図表5－4　マクロ経済スライド適用の影響

年金給付の推移（2019年度価格に換算した金額）

ケースⅢの経済前提で、生年度別にみてみると……

2029年度以降の長期の経済前提

	物価上昇率	賃金上昇率（実質）	運用利回り		経済成長率（実質）
			実質	対賃金	
経済前提	1.2%	1.1%	2.8%	1.7%	0.4%

マクロ経済スライドの終了
（2047年度）

（単位：万円）

生年度（2019年度の年齢）	2019	2024	2029	2034	2039	2044	2049	2054	2059
1954年度生（65歳）	22.0（65歳）	21.4（70歳）	20.8（75歳）	20.1（80歳）	19.5（85歳）	19.1（90歳）			
1959年度生（60歳）		22.1（65歳）	21.4（70歳）	20.7（75歳）	20.0（80歳）	19.4（85歳）	19.6（90歳）		
1964年度生（55歳）			22.8（65歳）	22.1（70歳）	21.3（75歳）	20.7（80歳）	20.4（85歳）	20.8（90歳）	
1969年度生（50歳）				23.2（65歳）	22.4（70歳）	21.7（75歳）	21.4（80歳）	21.4（85歳）	21.9（90歳）

出典：「2019（令和元）年財政検証関連資料」（第9回社会保障審議会年金部会　資料4、2019年8月27日）

があった。図表5－4は、一定の前提下での給付の抑制を示した表だが、「「1954年度生（65歳）」と書かれた行をみていただきたい。この家計の場合、2019年の段階では月に22万円がもらえる。ところが5年後の2024年には、2019年価格で21.4万円になるので、減った6,000円分は節約するか、別のところからもってこないと同じ生活水準が保てない。さらに5年経った2029年では20.8万円になる。このような制度なので、22万円の生活を続けたいのであれば、自分で帳尻をあわせる必要がある。

　こうした公的年金の現状を理解し、個人で、あるいは家計で、ある程度制度などを活用して備えるという行動を起こすことが金融リテラシーであり、金融ジェロントロジーにより近い観点でいうと、長い老後に備えてきちんと

資産をつくったうえで、引退後の資産管理もやっていかなくてはいけないことになる。

(3)　金融ジェロントロジーとは

「金融ジェロントロジー（Financial Gerontology）」とは、1980年代に米国で始まった学術分野の１つであり、老年学や老齢学と訳されるジェロントロジーという学術分野を、金融、ファイナンスに応用しようとしたものである。

もともとジェロントロジーは学際的なもので、複数の学術分野にまたがって研究するというアプローチがとられている。金融ジェロントロジーは、このジェロントロジーの研究に立脚するかたちで、老年期の金融の課題について研究している。複数の学術分野の知恵を借りるかたちで高齢期の金融の課題を研究していくという点で、非常に実践的な学術分野だといえる。別の言い方をすると、金融サービスを提供する金融機関などが、どういうかたちで個人や家計をサポートしていけばいいのかという「現場の実務」に近い目線で研究しており、非常に応用性の高い学術分野だと認識している。

金融ジェロントロジーの研究が目指すものは、終身にわたる「資産寿命（Wealth span）」をいかに延ばしていくかということと、同時に老齢化する個人や家計の課題にどういうかたちで立ち向かっていけばいいのかを、系統立てて研究していくというところにある。個人や家計の高齢化への対応は、金融機関の現場でも認識を強めているし、課題もたくさん出ているが、現場の力で頑張るだけでは追い付かないくらい日本の高齢化のスピードは速いので、ある程度、学術的に系統立った分析や研究結果の共有が非常に重要な局面になってきている。

寿命には「生命寿命」「健康寿命」「資産寿命」という３つの視点があり、図式化したものが、図表５－５である。ポイントは、右下の資産寿命をいかに延ばすかだが、資産寿命は健康寿命と非常に相関が高いとみられる。いわれてみるとそうかと思うかもしれないが、健康にきちんと気を使うという知識をもち、かつ理解して健康寿命を延ばすような行動をとれる人は、資産寿

図表5-5　金融ジェロントロジーのアプローチ
生命寿命、健康寿命、資産寿命

```
          ┌─────────────────┐
          │    生命寿命      │
          └─────────────────┘
```

➢20世紀における驚異的な平均寿命の伸長

```
┌─────────────────┐        ┌─────────────────┐
│    健康寿命      │ ←───→ │    資産寿命      │
└─────────────────┘        └─────────────────┘
```

➢可能な限り長期にわたる、　　　➢可能な限り長期にわたる、
　十分な心身の健康維持　　　　　　十分な金融機能の維持

出典：AIFGより野村資本市場研究所作成

命を延ばすような資産管理をする能力も高いというわけだ。また、裏表の関係だが、資産寿命を延ばすような資産管理をできる人たちは、資産のリソースもそれなりにある。そのため、健康に対してそのリソースを投下しやすい。つまり、資産寿命を延ばそうとしたら、健康寿命を延ばす行動をとるとよいということがいえる。健康であるほど医療や介護の支出は少なくてすむだろう。

　さて、退職後、あるいは定期的な収入がなくなったときには、資産寿命を延ばすために終身にわたる資産管理が必要になってくる。つまり、意図せざるかたちで資産が枯渇してしまわないよう、きちんと管理することが肝要である。資産寿命を延ばすためにまずは資産形成をきちんとやるということが大事であるし、資産を取り崩していく時期にも管理が必要である。先ほど認知症になってしまうことがありうると述べたが、管理がむずかしくなる時期に認知機能が低下することもあるため、それも考慮してきちんと備えていくのが、金融リテラシーだということになる。

　日本に金融ジェロントロジーが必要だと考え、私たちは2016年に慶應義塾

大学と協力してインターナルな勉強会を開いた。私たちは金融のことしかわからないので、医学部の先生などにもいろいろと知見をいただいた。その成果は、『金融ジェロントロジー』（清家篤編著・東洋経済新報社）という書籍にまとめた。中身は驚くほど金融の話からかけ離れている。たとえば、認知症というのはどういう疾病か、何をもって認知機能の低下とするのか、どう変化するのか、変化にはどう対応する必要があるのかということは、金融にかかわるとはいえ、金融らしからぬ内容になる。本章の資料として参考になる書籍である。

　また、同じく慶應義塾大学の経済学部の駒村康平先生は、加齢行動経済学に基づいた金融ジェロントロジーの研究を、金融審議会の市場ワーキング・グループなどで発表されている。行動経済学や行動ファイナンスは、「人間はあまり合理的ではない生き物だ」ということを前提に、経済学や金融論に取り組むという学術分野である。加齢に伴う認知機能の変化・低下が起きたときに、それがどのように人々の金融行動に影響を及ぼすのかを研究して、実務に応用していくことが、金融ジェロントロジーといえるのではないかと駒村先生は整理されている。

　金融ジェロントロジーとは、このようにいろいろな角度から、研究者がそれぞれの学術分野に立脚するかたちで、他の学術分野にまたがっていくというアプローチをされるのが自然体であると思う。

❷　老齢期の金融リテラシー

(1)　高齢者の多様性

　では、老齢期の金融リテラシーはどのように考えていけばいいのだろうか。まず、老齢期あるいは高齢者の金融リテラシーを語る前に、大前提として、高齢者が非常に多様であるということをふまえる必要がある。

　一般的に、金融リテラシーについては、小学校ならこれくらい、中学校ならこれくらいと、教育の内容をある程度均質化することが可能である。とこ

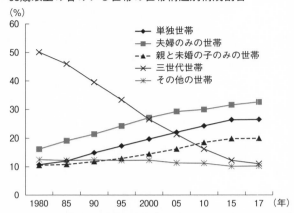

図表 5 - 6　高齢者の多様性

65歳以上の者のいる世帯の世帯構造別構成割合

出典：内閣府「平成30年版高齢社会白書」、厚生労働省「平
　　　成29年国民生活基礎調査の概況」より野村資本市場研
　　　究所作成

高齢者の再定義？

年齢	区分		人数（人）	割合（％）
65～74歳	准高齢者	准高齢期	17,192,049	13.9
75～89歳	高齢者	高齢期	14,272,525	11.6
90歳～	超高齢者	超高齢期	1,765,134	1.4
高齢者・超高齢者合計			16,037,659	13.0

（注）　2016年。
出典：日本老年学会・日本老年医学会「高齢者の定義と区分に関する、日本老年
　　　学会・日本老年医学会　高齢者に関する定義検討ワーキンググループから
　　　の提言（概要）」2017年 1 月 5 日

ろが、高齢期はそうはいかない。たとえば、65歳以上の人がいる世帯の内訳
を比較してみよう。図表 5 - 6 を参照されたい。約40年前には半数以上が 3
世代同居だった。しかしいまとなっては、単独あるいは夫婦のみの世帯が
"普通"になっている。ありがちなのは、初めは夫婦だったのが、女性のほ
うが平均寿命が長いので、最後は単独世帯になるというケースである。世帯
構造 1 つとっても、老齢期の多様化の現実がうかがえる。

少しずつ心身機能が衰えてくると、サポートしてくれる家族がいるのか、あるいはどこにいるのか、同居しているのか、というようなことが、金融行動のみならず高齢者の生活全般に与える影響は非常に大きい。世帯構造の変化は非常に重要であり、この多様性を無視して高齢者の生活や金融面のことを語れないということでもある。

　高齢者が非常に多様であるということから、高齢者を65歳以上としてひとくくりにして議論するのはむずかしくなってきており、たとえば「65〜74歳」「75〜89歳」「90歳〜」と年齢的に細分化することも必要な時代になってきている。

　さらに、地域ごとの多様性もある。図表5－7は、47都道府県ごとに、65歳以上人口の割合を横軸に、有価証券保有率を縦軸にプロットしたものであるが、みてのとおりバラバラである。金融資産に占める有価証券の割合を縦軸にとった場合をみても、やはりかなりバラバラになっている。あえていうなら、右肩に下がっているかなという程度だろう（図表5－8参照）。そもそも全体的に割合が低いかもしれないが、それもはっきりとは言い切れな

図表5－7　地域の多様性（資産運用）①

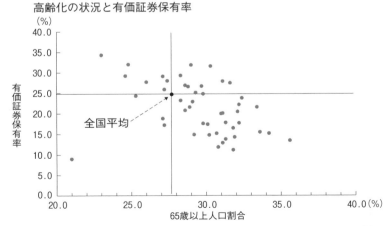

出典：国立社会保障・人口問題研究所「人口統計資料集（2019）」、総務省「全国消費実態調査（2014年）」より野村資本市場研究所作成

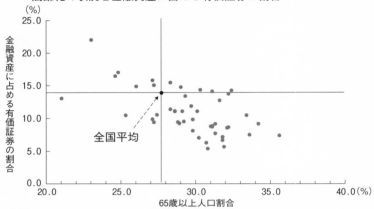

図表 5 - 8　地域の多様性（資産運用）②

高齢化の状況と金融資産に占める有価証券の割合

出典：国立社会保障・人口問題研究所「人口統計資料集（2019）」、総務省「全国消費実態調査（2014年）」より野村資本市場研究所作成

図表 5 - 9　地域の多様性（金融リテラシーと資産形成）①

金融リテラシーと資産・負債状況の満足度　金融リテラシーと長期資金計画の策定

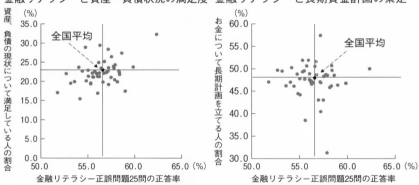

出典：金融広報中央委員会「金融リテラシー調査2019年」の結果より野村資本市場研究所作成

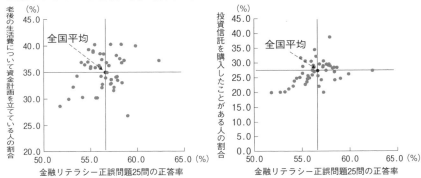

図表5－10　地域の多様性（金融リテラシーと資産形成）②

金融リテラシーと老後の資金計画の策定　金融リテラシーと投資信託投資

出典：金融広報中央委員会「金融リテラシー調査2019年」の結果より野村資本市場研究所作成

い。

　では、金融リテラシーの高低では差がつくだろうか。金融広報中央委員会の「金融リテラシー調査2019年」という報告書のなかから抜粋したが、横軸は金融リテラシー正誤問題25問の正答率をとって、それぞれ「資産、負債の現状について満足している人の割合」「お金について長期計画を立てる人の割合」「老後の生活費について資金計画を立てている人の割合」「投資信託を購入したことがある人の割合」を縦軸にとった。しかし、これらの分布も、バラバラになってしまっていることが読み取れる（図表5－9、図表5－10参照）。

　つまり、年齢、地域、高齢化の進み具合、金融リテラシー、いうなればこれらがあまりにも多様であること、そのうえそれと金融行動の関係もよくわからないというのが現状である。なぜこんなことを繰り返し指摘するかというと、平均像を語りたくなったときに、常に「高齢期は多様である」という警鐘を鳴らし続けておかないと間違えることがあるからである。そこは念頭に置いていただきたい。

(2)　高齢期に求められる金融リテラシーと課題

　金融経済教育推進会議による「金融リテラシー・マップ」は、小学生や中学生などの年代別のスタンダードな金融リテラシーのマッピングが示されている。しかし、そのマップのなかでは、高齢者は全部ひとくくりにされている。先ほど話したように、高齢者は非常に多様なのだが、現状ではひとくくりで整理されているのが実情である。もっとも、マップのなかでも、「周囲の人（家族など）に資金面などで支援するケースも、周囲の人に介護などで支援されるケースも想定される」という記述がみられ、多様であることはすでにここにも表現されている。

　１ついえることは、金融リテラシーを考える際には、高齢期というものを少しきめ細かく分けて考えていく必要があるということである。どう分けるかということでは、65歳以降を年齢で分割することがいちばん簡単である。ただ、認知症やMCIも考慮すると、よりきめ細かく分ける必要がある。

　高齢期に必要な金融リテラシーには大きく３つの特徴がある。まず、長寿化により、たとえば前期と後期で大きく異なる可能性をどう取り込むかということである。２つ目は、高齢者といっても、上記のとおり家族等に資金支援する人もいれば、介護などで自分たちが支援される側になる人もいる。こうした多様性をどう取り込むかが大きな課題である。３つ目は、心身機能の相対的な低下をふまえたとき、何が求められるのか、ということである。これらに答えがあるわけではない。しかし、まとめるとシンプルなもので、「ライフマネー」と呼ばれる、自分たちが貯めてきた大切な資産を運用していくのに必要な金融リテラシーということになりそうである。

　ここで、興味深いアンケート調査結果を紹介する。2017年に野村グループの資産運用会社である野村アセットマネジメントと当研究所とが共同で、60代、70代、80代に限定して「金融ジェロントロジーにおける資産運用に関する調査」を行った。老齢期の資産管理をどのように考えているのか、心身機能低下が起きたときにどういう行動を自分はとると思うか、といったことを聞いてみた。

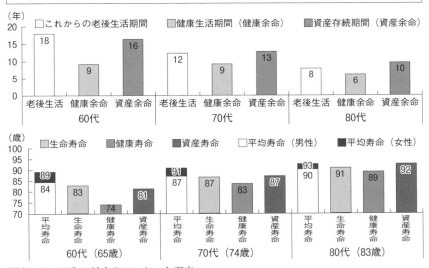

図表5－11　自らの生命寿命・健康寿命・資産寿命に関する認識

Q）　長寿化が進むなか、あなたの老後生活はこれからどれくらい続くと考え
ていますか。また、健康で自立した生活はどれくらい続けられると考えて
いますか。また、保有している貯蓄や金融資産は、取り崩すとして、何年
程度維持できると考えていますか（全体 n＝3,054）。

（注）　60～89歳に対するアンケート調査。
出典：野村アセットマネジメント・野村資本市場研究所「金融ジェロントロジーにおける
資産運用に関する調査」結果概要（2017年11月）（以下「調査結果概要」という）

　アンケートの初めに、まず「あなたの老後生活はこれからどれくらい続く
と考えていますか」と尋ねた。それから、「健康で自立した生活はどれくら
い続けられると考えていますか」という健康寿命に関する質問、「保有して
いる貯蓄や金融資産は、取り崩すとして、何年程度維持できると考えていま
すか」という資産寿命について、自己診断をしてもらった。

　その結果を、図表5－11に示している。興味深いのは60代の老後生活の期
間である。回答者の平均年齢は65歳であり、その方々の回答の平均値は18年
だった。つまり、65＋18で83歳くらいが自分の寿命だと思っているというこ
とである。人生100年時代だとこれだけいわれているなかで、自分は世の中
の統計的な平均以下の寿命であると自己診断されていた。自分の寿命に対す

図表 5 − 12　認知機能の低下と資産運用

Q) 　将来、仮にご自身が認知機能の低下により、ご自身による資産運用ができ
　　なくなった場合、老後資金について、どのようにしたいと思いますか（全
　　体 n＝3,054）。

認知機能の低下対応（単一回答）

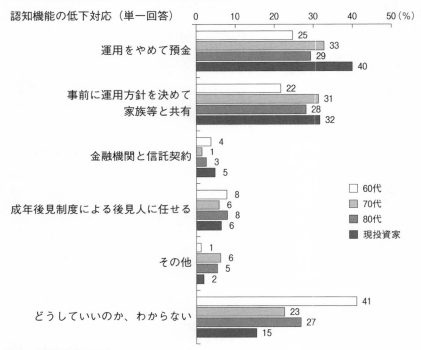

出典：「調査結果概要」

る認識を間違えてしまうと、痛い目をみる。高齢者の方々にとっての金融リ
テラシーの第一歩は、「みなさんが自分で思っているよりももっと長生きす
ると想定しておいたほうがいいですよ」と伝えることからだ、ということで
ある。

　また、図表 5 − 12 は、「自身が認知機能に低下により、資産運用ができな
くなった場合、老後資金はどのようにしたいと思いますか」という設問の回
答である。私が予想していたのは、投資や資産運用をしている人は「運用を

166

Q)　老後の資金について、利用先の金融機関や運用している内容について、配偶者間や家族のなかで把握されていますか。また配偶者やご家族において、資産運用に対する理解、賛成、あるいは、反対されていますか（全体 n ＝3,054）。

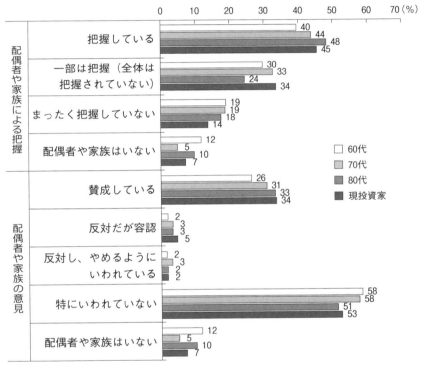

出典：「調査結果概要」

やめて預金」と回答するのでは、というものだった。実際は、事前の予想以上に、運用方針を決めて家族等と共有するという回答も多かった。ただ、いちばん下の「どうしていいのか、わからない」という回答が多かったことには驚いた。特に60代の回答の４割がこれだったということは、非常に問題であると考えた。

　誰にでも認知機能の低下は起こりうる。どうしていいかわからないなら

ば、誰かに聞いてみるとか、金融関連の専門的なところに相談に行くとか、そういった行動をとる必要がある。老齢期の金融リテラシーでは、寿命への認識を深め、認知機能が低下した場合に備え適切なアクションをとることが大事だと、この調査からもわかる。

　また、図表5−13に示してあるが、家族と情報共有している場合も、老後資金や利用している金融機関、運用内容については伝えていても、それに関して家族からは何もいわれていないというケースが大半だった。理解してもらっているとか、計画を共有しているのではなく、とりあえずいっておいただけなのかもしれず、このあたりの共有にも課題が残ると思われた。

　老齢期の金融リテラシーの研究に関しては、世界的にみても日本がやらなくてどうするのだというほどの環境にある。しかし、実態としては、現在の高齢者の金融リテラシーはこのような危うい状況なのである。

③　金融ジェロントロジーの実践

(1)　制度を活用した資産形成・資産管理

　このような状況において、日本で求められている金融ジェロントロジーの実践とはどのようなことであろうか。

　ライフ・イベントに沿ったかたちで活用可能な投資に関連した制度をまとめると、図表5−14のようなイメージ図になる。資産形成のためには、職場経由で提供される財形貯蓄や従業員持株会、企業型DCなどの制度や、iDeco（個人型確定拠出年金）やNISA、つみたてNISAなど金融機関を通じて利用可能な資産形成制度がある。このなかには、税制優遇を伴う制度もある。国としても貴重な歳入をあきらめてまでも資産形成を後押しするべく制度を用意し、活用を促している。

　こうした制度を活用しつつ資産をつくっていくのが大事だということだが、これには前述の社会保障制度の現状がかかわってくる。それをふまえたうえで、きちんと引退後までトランジションして、資産管理の時期へと移行

図表5−14　ライフ・イベントと資産形成・資産管理

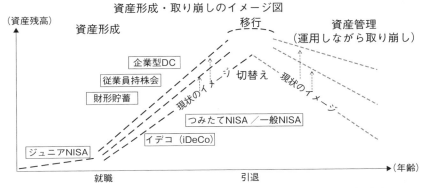

資産形成・取り崩しのイメージ図

（注）　DC＝確定拠出年金。資産形成・資産管理に利用可能な制度・仕組みを例示。
出典：各種資料より野村資本市場研究所作成

していき、引退後は運用しながら取り崩すということが重要になる。誰しも
資産形成のところに目が行くが、人生100年という長寿の時代には、資産寿
命をどうやって延ばしていくのかということもあわせて考えていくことがベ
ストである。若い頃に人生の後半にまで思いをいたせというのはなかなか困
難だとは思うが、全体像をつかみ、自分がどのあたりにいるのかを現実的に
考えることが大切である。そうしておけば、60代になって「どうしていいの
か、わからない」というようなことは回避できるのではないだろうか。
　資産形成だけでは物語は終わらない。一定の年齢に達して引退すれば、次
に待ち構えているのは資産管理の物語である。ここで関係してくるのが、日
本が超低金利であるという現実である。引退後の資産管理期では、一般に、
残りの時間が少なければ少ないほど、リスクの低い安全資産に投資するのが
適当とされるものである。とはいえ、全部安全資産で固めてしまったら、資
産寿命を考えたときに不安が生まれる。こういうときにどうすればいいかと
いう答えらしい答えはない。ただ、引退後100歳まで生きるのであれば、一
定の長期分散を考え、資産寿命と相談して運用していくことも考えてみたほ
うがよい。

(2)　金融サービス業界の取組みと諸課題

　ここ数年で、高齢者の投資資産運用をめぐる法制度やガイドラインも調って
きている。2013年に、日本証券業協会（以下「日証協」という）は高齢顧
客に対する投資勧誘ガイドラインを定めた。証券会社や銀行が個人顧客に対
して、投資商品をお勧めするときのガイドラインである。日証協は自主規制
機関なので、決められた規則の順守については厳しい。要約すると、高齢顧
客に対して投資勧誘を行う場合には、それ以外の顧客に対するときと比べ、
手続を慎重にするということが示されている。ここでいう高齢顧客とは75歳
以上という年齢を目安にしている。

　このガイドラインでの課題は、まずは年齢という基準である。75歳でも健
康な人はいる。また、金融サービスの提供は投資勧誘だけではないし、いろ
いろなやりとりも必要である。このガイドラインは、これから日本で着実に
求められていくことへのバックグラウンドとしてのルールの１つであると思
っていただきたい。

　認知症に関係する制度として、成年後見制度というものがある。これは金
融取引に限らず、幅広く身の回りのことなども含めて自分でできなくなって
しまったときに、成年後見人をつけるという制度である。金融資産について
は、財産管理を自分でできなくなった場合に成年後見人をつけることが必要
になる。別の言い方をすると、金融機関においては、顧客が認知症だという
ことであれば、ご家族に成年後見人をつけるよう手続していただけますかと
いう会話をすることになる。

　全国で20万人以上の人が成年後見制度を利用しているが、先ほど認知症の
高齢者数は2012年の時点で462万人に達していると話した。「この制度がある
から大丈夫」といえるほどには利用されておらず、認知症の人のための制度
的な措置が十分できているという状況ではなさそうである。

　また、成年後見制度と付随して、後見制度支援信託または後見制度支援預
金という制度も始まっている。残念な話なのだが、成年後見人が被後見人の
財産を自分のもののように使ってしまうというケースが起きてしまってい

る。それではいけないということで、一定以上の金融資産をもっている場合は、この後見制度支援信託で財産管理を支援するというわけである。ただ、要は預金のようなものであり、超低金利の環境下で、資産寿命を延ばしたり維持したりするという観点では、なかなかこれだけに頼っていくのはむずかしいものがある。

　高齢期の資産管理については、こうしたもろもろの課題が噴出している。しかしこれは、認識が高まってきていることの裏返しでもある。金融サービス業界もそれをふまえて、さまざまな取組みを始めている。

　資産寿命に向けた取組みでは、運用継続による延伸を図る目標分配型投信、保険と組み合わせた延伸を図るための保険商品など、ありとあらゆる金融サービス業者が、いま、商品・サービスの開発に取り組んでおり、図表5－15に事例を示してある。

　また、高齢期の資産管理における重要なキーワードが「家族」である。意外にむずかしいのだが、資産管理に家族の参加は避けて通れない。また、専門家のサポートも必要だろう。専門家を交えて、誰が資産管理の話を始めるのが最適かといった会話の糸口から、どういうふうに会話を構築していけばうまくいくのか、といったことを検討していくことも、金融ジェロントロジーの研究対象になる。こうしたアプローチは、心理学の力も借りて研究していくことになるだろう。老年心理学という分野もある。

　高齢期の金融サービスをめぐっては、金融商品・サービス開発の競争が起きている。一方で、共有しておきたいナレッジもある。そのため、ナレッジのプラットホームをつくろうと、2019年4月に「日本金融ジェロントロジー協会」が発足した。

　2019年6月に開かれたG20の下部会合で、「高齢化と金融包摂」というアジェンダが議論された。放っておくと、高齢者であることが原因で金融サービスへのアクセスが失われていくことも起こりうる。それをいかにとどめるか。グローバルにみても、日本がどうやってその問題に取り組んで課題を克服していくかは注目されているということも心にとどめておいていただきたい。

図表5−15　金融サービス業界の取組み：資産寿命の延伸に向けて

	目　的	具体例
運用継続による延伸	「運用しながら取り崩す」を適切に実践する	目標分配（ターゲット・インカム）型投信 ファンドラップの定期受取サービス
	高齢者の特徴をふまえた投資相談を行う	高齢顧客専門の担当者
保障と組み合わせた延伸	超高齢期の資産枯渇を回避する	長寿保険
	認知症関連の支出に保険で備える	認知症保険
保全も含めた延伸	日々の資金と分けて、まとまった資金を管理する	解約制限のある信託
	運用資産を遺す相手をあらかじめ指定しておく	投資一任サービスと相続の組合せ

出典：野村資本市場研究所

4　本章の理解を深めるQ&A

Q1　今後の日本にとって、金融ジェロントロジーをふまえて対応していくことが大事だということは、よくわかる。そこに山のような課題があるというのもそのとおりだと思う。一方で、現実として、たとえば60歳とか65歳の人が、これからあと30年ぐらい生きるというときに、どうすればいいのかということについての合理的な行動をとるための情報や材料など、そういうものに欠けていることが問題だと思う。仮に一定程度資産があり年金を受給していても、体系的な運用を考えたとき、情報不足から、どちらかというと場当たり的な対応になりかねない。

　さらに、たとえば将来、介護施設に入らざるをえないとき、住宅をど

概　　要	提供者
・退職後の利用を念頭に置き、分配金を設計する投資信託 ・ファンドラップ[※]資産を定期的に換金し支払うサービス ※顧客の投資目的・投資方針に基づき投資信託を用いて運用する投資一任契約	運用会社 証券会社、信託銀行
・継続的にきめ細かいコンタクトを行い、状況・ニーズの変化に対応	証券会社
・85歳など高齢に達した段階で、終身給付を提供。払戻金は低めに設定にされる（いわゆるトンチン年金）	保険会社
・認知症と診断されると、給付が支払われる等の医療保険	保険会社
・払出しにはあらかじめ指定した親族等の同意が必要とされるサービス	信託銀行
・投資一任口座資産を、指定された相続人等に引き継ぐサービス	信託銀行、証券会社

うするのか、売却するのがよいのかどうかなども含めて考えると、解決の道がむずかしい。一方、金融商品の販売業者は、リスク選好型商品の勧誘が活発なので、非常にバランスが悪い。こういう状況下で、高齢化が一気に進んでいるという印象がある。そのあたりのところ、どのようにとらえているか。

A 1　非常に鋭いむずかしいご質問であり、答えがあれば本当にいいなと思う一方で、欲をいえば、日本の高齢化がここまで進行する前、もう少し早い段階でこのような議論が盛り上がっていればよかったと思わなくもない。そういう意味では、まだ間に合うということを心に強くもって取り組んでいくしかないと思う。一人ひとりの高齢者の方たちにおいては、いま、議論が始まったところの段階ではあるが、手探りでもいいので、第一歩を踏み出していただきたい。何もしないのはいちばんまずい

ので、まずは何かするということが大事だと思う。

Q2 たしかに、いまの60歳半ば以上の方からすると、「いまさら言われて
も、手探りのなか、誰と相談すればいいのか」というのはあると思う。
一方で、たとえば30代とか40代であれば、現時点のシニアの方よりもさ
らに、年金を含めて資産の厚みという意味では厳しいので、金融ジェロ
ントロジーという考え方が若い世代にも浸透し、あらかじめ備えておけ
るように、という意味合いもあるということか。

A2 そのとおり。団塊ジュニアにとって、今後の資産形成の相対的なむず
かしさが、ある程度想定されるのであれば、それを前提に考えていく必
要があるだろう。30代や40代の方たちは、先ほど紹介した資産形成の制
度が用意されているので、使ってほしい。

Q3 認知症の親が3年前に亡くなった。資産管理はできない状況だった
が、本人にその自覚はない。そうなる前に私に預金を全部、任せてくれ
たので、亡くなった後も問題はなかった。認知機能の低下は本人ではわ
からない。そう考えると、先ほど資産形成のカーブが下り坂になったと
きに、なるべく下り坂の角度を緩めるために、運用もしながら取り崩す
というお話だったが、それは現実的に可能なのか。

　要するに、高齢者の資産のほとんどが預金というのは、とてもよくわ
かる。増えなくてもいい一方減らなくてもいいということで、それは合
理的な行動だと思う。増やそうとすることにより減るリスクもあるの
で、高齢者にとって減るリスクを減らすことが最も合理的であり、その
ためには、預金か国債を高齢者には勧めるべきではないかと思うのだ
が、いかがだろうか。

A3 ご指摘のとおり、認知機能がだんだん低下してくると、新しく何かを
始めることはまず現実的ではない。

　事前にできることがあるとしたら、お元気なうちに、ご家族と一緒に
いろいろと決めておくことである。なるべくご本人の従前のお考えを維

持していくのが、本人の財産であれば理想ではある。そういうかたちの運用をしながら、ということになる。新しく何か始めるのは、おっしゃるとおり現実的ではない。

　後は運用というのは、どんなに抑制しても必ずリスクがある。最後はもちろんご本人、あるいはご家族が適切だと思う方法でよいのだが、現在は、超低金利が厳しい。これが少し正常化するのであれば、また別の方法があるかもしれない。

Q 4　認知機能が低下したときの資産運用の話が出たが、たとえば、80歳ぐらいから認知機能が低下したとして、子どもが運用するときに、その子どもが60歳だとすると、どちらも高齢者になっている。ほかにも、たとえば子どものいない60歳の人が認知症を患うと、認知症の人が自分の資産を運用するという状況が出てくる。何か問題が発生しそうだと思うのだが、そのあたり、お考えはあるだろうか。

A 4　認知症の方の資産運用というのは、実際のところ、認知症になる前の状態のまま凍結することになる。資産はご本人のものなので、たとえ家族であっても、後見人でもない限り、なかなか触れない。その前に道筋をつけていただくというのが、理想論ではある。その理想どおりにいかなかったとき、そのままにせざるをえない状況が、現実として起きているようだ。そのうえで、何とかするとなると、やはり成年後見人をつけてくださいという話になる。まとまったお金なら、先ほど申し上げた後見制度支援信託の活用もある。これは預金と考えてよいので、いずれにしても運用とは切り離されるが、現実的な選択肢となりうるだろう。いまそこにある状態がベストなのか、あるいはもう少し何かやる余地がないのかを考えることは有用かもしれない。

第6章

FinTechと
金融デジタライゼーション戦略

金融庁証券取引等監視委員会事務局長　松尾 元信

① FinTechで起こっていること

　本章においては、最近のIT化の急速な進展やデジタライゼーションの加速化などをふまえ、「金融リテラシー」において、こうした新しいデジタライゼーションの動きがいかに重要かについて、詳しく説明していきたい。筆者自身、金融庁で、ここ5、6年、ずっとFinTech（FinanceとTechnologyを組み合わせた造語で金融サービスと情報技術を結びつけた革新的な動き）を担当しており、まずは、いまFinTechでどんなことが起こっているのかというところから、話を進めていく。なお、筆者の私見にわたる部分が含まれることをあらかじめお断りしておきたい。

　FinTechの変化の根本にあるのは、スマートフォン（以下「スマホ」という）の登場である。スマホが「ライフログ」を自動に蓄積し、金融機関の支店やATMのかわりになってきたことに加え、AIによるビッグデータ処理・学習の高度化によって、いろいろな商品をつくるときにいちいち人の手を借りなくてよくなった。そうすると、お客様一人ひとりに対して、非常に安い価格で、リアルタイムに、その人にあった個別の商品やサービスを提供できるようになった。こうした大きな構造変化が、金融のなかで起きている。

　いままでの金融の世界でいうと、銀行などの金融機関が、支店や営業員によって集められた限られた顧客情報を人の手で分析していた。採算をあわせるためには、個別の商品をそうしたニーズにあわせてつくることができないので、供給側で想定した類型的な商品を並べて提供してきた。

　これが、スマホやAI、ビッグデータの登場で、人の手を介さずとも情報を分析できるようになった。たとえば、アマゾンでは、人にあった商品が推奨される。そのように、利用者に対するテーラーメードの商品が瞬時に出てくる世界になってきた。こうした大きな変化の全体像については、図表6－1で図解してある。

　そうなると、金融に関する「強み」も違ってくるようになる。誤解をおそれずにいうと、いままでは資金をどのように配分するかが金融の中心だっ

図表 6 - 1　スマホ・AI・ビッグデータによる安価・瞬時・個別のサービス

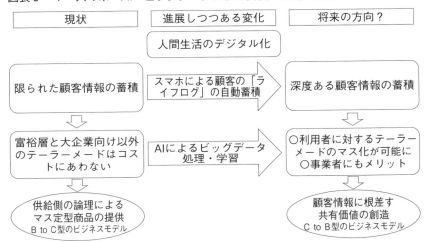

金融・非金融を通じた情報の利活用
・生活／経営改善のためのインセンティブや
アドバイスを提供など

　た。スマホなどの新しいテクノロジーが進化していくなか、さまざまなプラットフォーマーが出現し、情報がプラットフォームに毎日集まってくるようになり、金融のお客様のための商品も提供できるようになってきた。さらに、金融だけではなく、非金融を通じた全体の情報も押さえ、この勝負に勝てるという状況にある。たとえば「今日○○歩歩いた」といった情報を受けて、「もっと歩かないと病気になりますよ」といったいろいろなインセンティブも提供できるような世界になってきている。

　かつては、お金自体が希少資源で、情報も限られていたから、提供される金融サービスは定型的なものしか出せなかった。また、リアルタイムで情報が入ってこないために、バランスシートを定点観測して「この人にお金を貸せるか」と入口で審査するしかなかった。これが、スマホのアプリをキーとして、大量の情報が入ってくるようになった。いまでは、生活あるいは経営の改善に関するアドバイスをするといった、金融のサービスそのものとはい

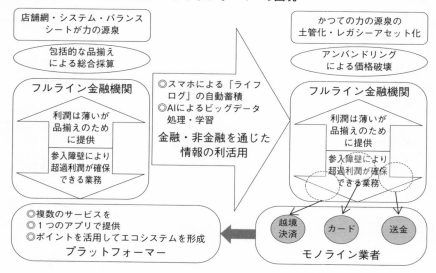

図表6−2　FinTech企業／プラットフォーマーの出現

えないものについて提供していくようなかたちに変わってきている。

　今後、金融はどのように変わるのだろうか。図表6−2に、大きな変化の流れを示している。まず、図の左側が従前の姿である。金融機関は情報が限られるなか、支店網等を駆使してワンセット・フルサービスを行っていた。しかし、金融・非金融を通じた情報を利活用し始めたところ、金融機関の利益の源泉であった儲けの大きいものが切り出されて、それぞれが金融サービスを提供できるようになったというわけである。

　たとえば、資金決済や送金は収益が大きかった。初期のFinTech業者はこれを切り出した。なお、「越境決済」「送金」といった事業ごとに切り出した業者を「モノライン業者」と呼ぶ。金融全体の機能のうち、こうして金融機能の一部だけを切り出す（アンバンドリング）と、いままでは考えられないような価格でサービスが提供されるようになった。

　それが現在では、さらに進んで、1つのサービスだけでなく、決済、カード、送金、資産運用などそういうもの全部を1つのアプリで提供していくことで、複合的なサービスを提供し、情報も吸い上げるようになっている。

GAFAや中国のAlipay、日本の楽天などが当てはまるが、こうしたアプリをつくるプラットフォーマーにとっては、お客様がどれだけ自社アプリを利用してくれるかが勝負になる。お金を貸すときだけでなく、アプリのなかで生活してもらうのがきわめて重要である。Alipayの場合、アプリ内で生活し、お金を借りたり返したりすればするほど自分の信用スコアが上がり、特典がつく。もはや金融だけの競争ではない。非金融の競争、情報を誰がコントロールするかという競争、毎日使うアプリになるための競争が同時に起こっている。

　情報をめぐる競争ということになってくると、情報の扱うルールを国としてどう設定するかが、その国の競争政策を決めるところで重要になってくる。国によって、プラットフォーマーへの態度は大きく異なる。この点については、国ごとに考え方が大きく異なっており、金融分野におけるBigTech（プラットフォーマー）への政策的対応について、①BigTechの金融分野への参入規制のあり方、②データの取扱いに係る規制のあり方の2つの軸からのアプローチで、分析、整理をしていく必要があろう。

　さらに、金融の世界をより複雑にしているのが、さまざまなネットワークの登場である。いままでは「金融機関ハブ型」で、お客様とお客様の間には必ず金融機関が入るので、当局も金融機関だけみておけばよかった。ところが、プラットフォーマーが出てくると、各金融機関をつないで、そこで販売する1つのアプリが非常に力をもつ。こうしたインターフェースが中心のネットワークがどんどん出てきていて、そうなると金融機関だけを押さえておくだけでなく、インターフェース企業も非常に重要になってくることから、各国当局としても、インターフェース企業の重要性が増してくる。

　ネットワークの究極的な姿が分散型である。ブロックチェーン、暗号資産などがこのかたちだが、業者自体が存在せず、個人と個人が直接金融商品をやりとりできる世界が生まれているということになる。たとえばビットコインは取引のルールが決まっているだけで、業者がルールを決めているわけではない面が強い。そうなると、当局としてはいったい誰を規制したらいいのかを一から考えないといけない。

金融庁の政策目的としては、結局日本の経済が成長して、必要なところに資金が回ることが重要である。そうすると、サービス提供が必ずしも既存の金融機関に限られるものではない。デジタル化、FinTechの成長の動きは世界的にみても不可避なので、それに対して障害になるような法制度はどんどん変えていかないといけない。個人情報保護には配慮しつつ、情報の利活用はどんどん行って、国民のためになるようなサービスが生まれる素地をつくっていく方向性である。一方、人のお金を扱うことから詐欺が起きやすいため、利用者保護もきちんとやらないといけない。タイムリーかつ過不足のない弊害防止策も講じていく必要がある。図表6－3に、当局としてのスタンスについて、ポイントを示している。

　また、既存の金融機関については、いまのあり方が正しいというわけではなく、少子高齢化などさまざまな動きがあるなかで、先をみてデジタルからの情報の利活用を積極的に行っていくべきである。

　そうしたことを、既存の金融機関とFinTech企業がオープンイノベーションによって連携・協働し、新たなサービスを動かしてくれたらいいと考えて

図表6－3　当局はどのような考え方で臨むべきか

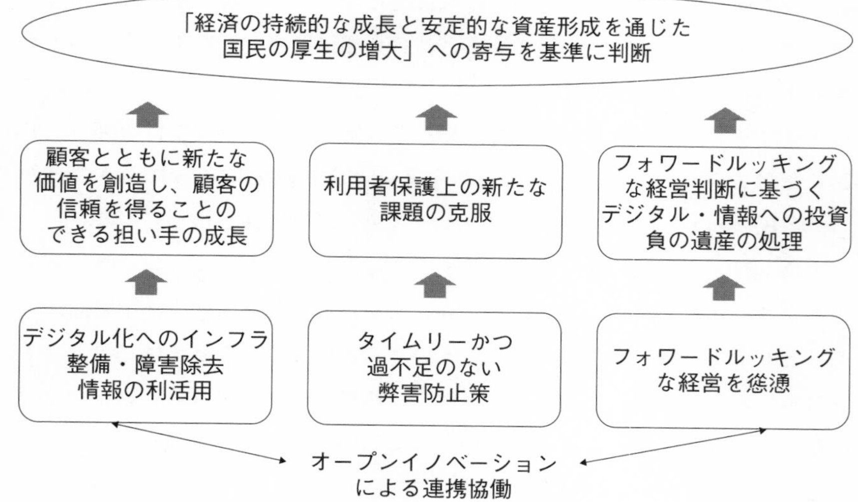

182

いる。そのため、金融機関とFinTech企業は敵ではなく、協働するということが重要である。そういう発想で、世界は進んでいるのではないかと考えている。

とはいえ、イノベーションだけに偏ると詐欺などの被害が出やすく、逆に利用者保護を徹底するとイノベーションが生まれにくくなる。このバランスをどうとっていくかが、今後どのように金融の規制を行っていくかというポイントになってくるだろう。

❷ 金融デジタライゼーション戦略の推進

2019年、金融庁では「デジタライゼーション戦略」を打ち出した。デジタル化は不可避なので、この流れをうまく国民経済の発展のために組み込んでいこうというのが大きなポイントである。この戦略のうち、図表6－4に、重点5分野を示してある。以下、簡単に説明していきたい。

(1) データ戦略の推進

重点5分野の第一は、データ戦略の推進である。いままでは金融機関だけの情報だったのを、非金融などの情報も組み合わせて新たなサービスを提供してもらえるよう、当局も後押ししていく。

情報の利活用については、たとえば自分がどれだけ歩いているかが保険会社に送信されて、目標の歩数に届いたら保険料を下げるとか、安全運転していたら保険料を下げるとか、「ウェアラブル端末を活用した保険」というものもありうる。また、資産運用でいうと、AIなどでどういう投資をするとよいかをアドバイスする「ロボアドバイザー」というものも、非常に安いコストで、できるようになってきている。

また、「トランザクション・レンディング（顧客の取引履歴などのデータを活用し、信用力を判定する融資）」という視点でいうと、アマゾンのように事業者の入出金の記録が全部わかっている業者が、その記録をもとに「あなたは○万円借りられますよ」と提案することができるようになる。この場合、

図表6－4　金融デジタライゼーション戦略の推進

重点5分野の新たな取組み

(1)　データ戦略の推進

■データの利活用の促進等のデータ戦略の推進（情報銀行の活用も含めた、金融機関の取組みの促進等）

(2)　イノベーションに向けたチャレンジの促進

■新たな金融サービス創出を目指す多様なプレーヤーを後押し（FinTech Innovation Hubによる情報収集・支援機能の強化等）

(3)　機能別・横断的法制の整備

■デジタライゼーションに伴う金融サービスの変容に対応するため、機能・リスクに応じた金融法制を整備（「決済」分野の横断化・柔構造化や横断的な金融サービス仲介法制の実現）

(4)　金融行政・金融インフラの整備

■効率的な行政・デジタライゼーションの基盤を整備（RegTech/SupTechエコシステムの具体化に向けた取組み）

(5)　グローバルな課題への対応

■サイバーセキュリティへの対応やブロックチェーン等最新技術の動向把握など（分散型金融システムについてマルチステークホルダー型アプローチで議論するガバナンスフォーラム（仮称）の開催、暗号資産に関連した新たな構想の出現をふまえた対応の検討等）

バランスシートをみてから貸す必要もなくなる。情報自体を資源にした金融の動きが出てきている。

　情報の分析に用いる技術の高度化と、分析対象となる情報量の増加によって、金融機関による情報の利活用の範囲も変化し、金融のかたちが変わってきた。図表6－5に表しているものは金融の世界だけで閉じているものが結

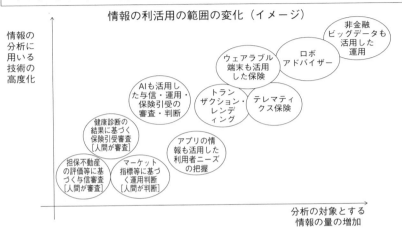

図表6−5　金融機関による情報の利活用の範囲の変化

○情報の利活用の範囲が適切に変化・拡大し、利用者利便の向上やイノベーションの促進
　につながっていくことが期待される。

情報の利活用の範囲の変化（イメージ）

情報の
分析に
用いる
技術の
高度化

分析の対象とする
情報の量の増加

非金融
ビッグデータも
活用した
運用

ウェアラブル
端末も活用
した保険

ロボ
アドバイザー

AIも活用し
た与信・運用・
保険引受の
審査・判断

トラン
ザクション・
レンディング

テレマティ
クス保険

健康診断の
結果に基づく
保険引受審査
［人間が審査］

アプリの情
報も活用した
利用者ニーズ
の把握

担保不動産
の評価等に基
づく与信審査
［人間が審査］

マーケット
指標等に基
づく運用判断
［人間が判断］

構多いが、ここからさらに金融と全然関係ないところ、たとえば、電力や携帯キャリアなどと連携して、もっといろいろなサービスが出てくるのではないかと考えている。歩数にあわせて保険料が変動するような保険商品が出てきたとしたら、金融・非金融の区分もないかたちで総合的なサービスを提供できるし、ウェアラブル端末などを用いて日々お客様と接触できるかたちになる。そうすると、今後は従来のようにニーズのあるときだけ接触する金融のかたちとまったく異なるものになっていくだろう。

　2018年の通常国会の法改正で、保有する情報を第三者に提供する業務を金融機関の業務に追加した。このように金融業務として可能だということを明示するかたちで、銀行、証券、保険の全部の条文に追加したのは、「情報の利活用により国民の利便にあう高度なサービスを提供していくのが望ましい」という世界の動きをふまえたメッセージである。

　こういう情報の利活用やFinTechの動きをみて、対応を迅速にやっていかないといけないが、失敗パターンと2つの成功パターンがみえてきている。

　まず、新しい動きを始めるときに「自分はこういうことができるからこう

いうサービスを提供しよう」と供給側の発想でやるのが失敗パターンである。いままではこのパターンのほうが多かったと思うのだが、まずは「顧客が何を求めるか」というところで発想するのがきわめて重要であり、これこそが1つ目の成功パターンである。新しい金融サービスを発想するとき、金融だけでとらわれてしまっていては駄目なのである。金融を超えて、他の分野もあわせたときにトータルでプラスになるようなサービスを発想していくのがよいだろう。つまり金融だけで儲けなくてもいい、そのような発想の逆転が必要になる。また、自前主義でやろうとしても無理な場合が多く、他の企業と協働してビジネスをしていかないといけない。

　もう1つの成功パターンは、将来何が起こるかとか、お客様には何がフィットするかとか、現時点でわからないことは横に置いて、とりあえず走りながら考える、スピード感のある意思決定をすることである。とりあえずやってみて、駄目なら1週間でやり方を変えてみればいい。金融機関というものは、ミスをしないよう時間をかけて完璧な意思決定をし、後から修正しないということが多いのだが、FinTechのサービス提供には不利に働く。

　FinTechを進めるうえで、抵抗勢力が大きいこともよく聞く。FinTechでお金を貸すことと、既存の貸付部隊が貸すことは、社内でバッティングする。「重複するからやらなくていいのでは」という声があがってきたとき、経営トップ自身が、新しいことをやっていかなければならないと考え、きちんと言葉にして抵抗勢力を抑えておく必要があるだろう。そのためトップの意識改革が非常に重要になる。そうした「金融の新領域に対応するためのポイント」については、図表6-6に示してある。

⑵　イノベーションに向けたチャレンジの促進

　重点5分野の第二は、イノベーションに向けたチャレンジの促進である。まず、2015年12月に「FinTechサポートデスク」を金融庁内につくった。これはFinTech企業の相談にワンストップで対応する相談・情報交換窓口で、新しいFinTech企業や金融機関に質問があるときに電話してもらえるようにした。たとえば、「このサービスは金融の規制に引っかかりますか」といっ

図表6−6　金融の新領域に対応するためのポイント

```
◎顧客からの発想 ◀━━━▶ 供給側からの発想
　○顧客のため金融・非金融を通じたデータの利活用
　○金融の世界にとらわれない顧客サービスを発想
　○金融・非金融を通じた企業との合従連衡
◎スピード感ある意思決定 ◀━▶ 時間をかけた意思決定
　（走りながら考える・柔軟な修正）（完璧な計画・修正はしない）
　○経営トップのビジョンとコミットメント
　○組織内のカニバリズム・過度なコンプラ論の排除
　○若い力・外部の力の活用
　　☑トップに直結した組織によるスピード感ある意思決定
　　☑子会社形態の活用（親会社からの十分な権限移譲）
```

た質問などに対して、なるべく早く返事をする、ということである。平均すると5日以内には回答している。このサポートデスクのメリットは、返事をすれば、すぐにも事業が始められることと、当局内でたらい回しにされないことである。図表6−7に、その状況に係るデータを示してある。

　もう1つが、FinTech実証実験ハブの開設である。これは2017年9月に設立したもので、実験ごとに金融庁内に担当チームを組成し、FinTech企業や金融機関が実証実験を行うことができるよう支援している。実験中だけでなく終了後も継続的にアドバイスを行うなど、一定期間サポートも行っていくというものである。

　さらに、2018年7月、FinTech Innovation Hubと呼ばれる組織を設立した。数多くのサービスがどんどん変化していくなかで、イノベーションの動きそのものを把握していくことが必要である。そのため、その把握に特化した部隊をつくり、日本の技術の最先端についてのヒアリングを常に行っている。

　ここでのヒアリングから、これから注目すべきことがみえてきた。これに関しては10の主要な発見としてまとめており、図表6−8に示している。まずはAI・データ活用である。AI人材というのは、日本で今後いろいろな競

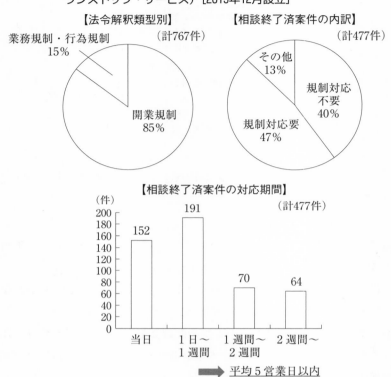

図表6-7　FinTechサポートデスク（FinTech企業に対応する金融庁の
ワンストップ・サービス）[2015年12月設立]

【法令解釈類型別】
（計767件）
業務規制・行為規制
15%
開業規制
85%

【相談終了済案件の内訳】
（計477件）
その他
13%
規制対応
不要
40%
規制対応要
47%

【相談終了済案件の対応期間】
（件）
（計477件）
200
191
180
160
152
140
120
100
80
70
64
60
40
20
0
当日　　1日〜　　1週間〜　　2週間〜
　　　　1週間　　2週間

平均5営業日以内

争力を保っていくときに非常に重要になるだろう。次に、ブロックチェーン
である。3つ目がAPI（Application Programming Interface）である。これは
複数のアプリのインターフェースのことで、たとえば銀行とFinTech企業を
つなぐところのアプリのインターフェースがきちんと整備できれば、いろい
ろな業者とコラボできるし、アクセスも簡単になるのでさまざまな共同の
サービス提供が可能になる。4つ目がビジネス革新である。ビジネス自体の
あり方を変えていく、たとえば、ビジネス・レンディングや事業承継などに
かかわるプラットフォームの提供などである。

図表6－8　ヒアリングから得られた「10の主要な発見（Key Findings）」

(1)　AI・データ活用

① 　AIとデータ活用の融合によるフローデータを用いたオンライン・レンディングの進展

② 　金融機関のデータ利活用により、変わりゆく金融マーケティングのアプローチ（生データのクオリティを生かす匿名加工情報を活用したマーケティング等）

③ 　データ活用を容易化する技術やモデル構築・検証技術の高度化の動き

(2)　ブロックチェーン

④ 　パブリック型ブロックチェーンの問題を解決する新たな技術動向の進展と分散型金融システムにおけるステークホルダー間連携の必要性

⑤ 　パブリック型ブロックチェーン（暗号資産取引）のセキュリティを高める動き

⑥ 　許可型ブロックチェーン等を活用した、金融と商流をつなぐB2Bユースケース創出の動き

(3)　API

⑦ 　効果的なAPI認証をはじめ、国際的にAPI接続のセキュリティに関する実務標準を目指す動き

⑧ 　APIによる金融間や金融・非金融をつなぐ異業種間連携（eKYCを含む）の創出の動き

(4)　ビジネス革新

⑨ 　ビジネス・レンディング・事業承継（M＆A）などのプラットフォーム提供による経営支援・社会課題解決型FinTechの登場

⑩ 　デジタル化の促進やイノベーション創出に向け、よりソフトなアライアンスによる知の集約・創出の動き（企業ラボ・アクセラレータ等）

(3) 機能別・横断的法制の整備

重点5分野の第三は、法制整備関連である。こうした新しい動きがどんどん出てくるなか、足元では、集中的に毎年法律の改正をすることで、その動きに対応している。

検討を進めているのが、機能別・横断的法制の整備である。簡単にいうと、FinTech企業などがいままで出てこられなかった分野になるべく簡単に出てこられるようにしようという法改正である。

送金するとき、クレジットカード、銀行、QRコード決済などさまざまな方法があると思う。しかし、規制には差がある。銀行だと送金の金額に上限がないが、資金移動業であるLINE Payは、安全を図るために1回100万円までしか送金できない。だが、安全に送金できるのならより高度なサービスがあってもよいだろう。そのため、従来のものともう少し異なる類型をつくって、そうした類型の送金ができる法改正を検討中である。

もう1つ取り組んでいることが、横断的な金融サービス仲介法制である。スマホのアプリ1つで、銀行、証券会社、保険会社の商品を全部購入できるようなサービスを提供できるようにするために、業態ごとに紐づいていた「仲介」の資格を1つの資格にまとめたら、新たなプレーヤーが入ってくるのではないかと思っている。

(4) 金融行政・金融インフラの整備

重点5分野の第四は、金融行政・金融インフラの整備である。いままでみてきたとおり、FinTechの動きを進めるためには、金融庁自体のデジタル化が急務である。金融規制自体がデジタルな動きに乗っていくべきだろう。紙で作成しているようなものを全部デジタルで変えていこうということである。

2019年には、SupTech（Supervisory Technologyの略。規制当局・法執行機関が検査・監督等の高度化・効率化のために活用するIT技術のこと）導入の取組開始にあたって、外部有識者と意見交換を行い、民間企業におけるIT技術お

よびデータの利活用状況や金融機関等におけるRegTech（規制とテクノロジーを組み合わせた造語）・FinTechの取組状況を把握しつつ検討を行った。銀行など金融機関がとっているデータもあるが、日本銀行もデータをとっているので、各金融機関と日銀とデータの共同化をやっていこうと進めている。こうしたものを分析していろいろな施策をつくっていくわけだが、分析する際には、RPA（Robotic Process Automation）という自動化ツールをどんどん使っていく予定である。

　また、インフラ系の話もある。金融の世界では、マネーロンダリングやテロリストへの送金といったことが非常に問題になる。そのため、世界各国の共通ルールとして本人確認をしないといけないのだが、従来は銀行の窓口で対面で行う必要があった。だが、それをやるとFinTech企業はスマホで完結できなくなり、そのサービスを利用するのをやめてしまう人ばかりになる。そうしたジレンマを解消するため、ビデオ通話で身分証を提示したり、身分証の画像で確認したりするなど、オンラインでも本人確認ができるような改革も行っている。

(5)　グローバルな課題への対応

　重点5分野の最後は、グローバルな課題への対応である。G7などで、各国共同でのアプローチを行っている。具体的には、サイバーセキュリティへの対応や、ブロックチェーンなど最新技術の動向を把握するというものである。特に最近の動きだと、暗号資産は関心の高い話題で、これらに対してどのようにアプローチしていくかはG7、G20でリードして発信していくことになるだろう。

③　暗号資産の法制度とブロックチェーン
──分散型金融システムの「ガバナンスフォーラム」

　今後のFinTechを語るうえで欠かせないテーマとして、暗号資産とそのベースとなる技術としてのブロックチェーンについて、説明したい。特に中国は、ブロックチェーンについて熱心に研究しており、世の中でこれほど注

図表6－9　ブロックチェーンについて

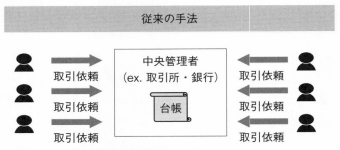

全員が、中央管理者の「台帳」を信頼するため、互いに
信頼のない人との間でも取引をしている

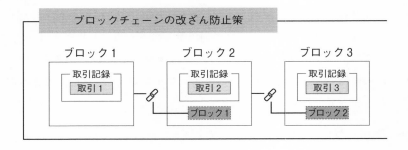

目されている理由は、従来の手法を覆す技術であるからである。

　ブロックチェーンとは、参加者が取引記録を共有し、検証できるという仕
組みのことをいう。図表6－9に概要を示してある。いままでの金融の世界
というのは、中央に取引所や銀行などがあり、誰がどこに送金したかを台帳
に書く人がいて、その人が書けば取引の完了というかたちになる。台帳を1
人だけがもっていて、その人が送金など行ったことをオーソライズするとい
うのが当たり前だった。

　ではブロックチェーンはどこが違うのかというと、参加者全員が台帳をも
っており、そのほとんどは「中央には誰もいない」ことである。ビットコイ
ンのような典型的な事例の場合、個人ごとに台帳をもっていて、台帳自体が
ビットコインのブロックチェーンになっている。そこに全員の取引の内容が

ブロックチェーン

一人ひとりが「台帳」を管理し、情報が正しいことを常に全員で確認し合うことで、取引の信頼性を担保しようとするもの

「取引1」の改ざんは、ブロック2以降の記録もすべて改ざんする必要がある。
各参加者が情報を共有・改ざんがないか共同で監視。

記載されていて、全員がそれを共有する。その台帳として、一定期間（ビットコインだと10分程度）内に行われた全世界すべての取引を1つのブロックにして記録し、そのブロックがつながれてチェーンになるという仕組みで、これが「ブロックチェーン」と呼ばれるゆえんである。

　ブロックチェーンのメリットは、中央の管理者がいないことにある。中央銀行にしても市中銀行にしても、ここに膨大なシステム投資をしてバックアップを置くので、ハッキングされず、システムもダウンしないようにするために非常に大きなIT投資が必要になる。その点、ブロックチェーンは中央の管理者がダウンして取引ができなくなるというものではなく、一人ひとりがダウンしても他のルートがあるので、耐性があり、システムも軽くできる。ブロックがつながるときに前の記録を使って計算した変数を使うので、

図表6－10　暗号資産の仕組みについて

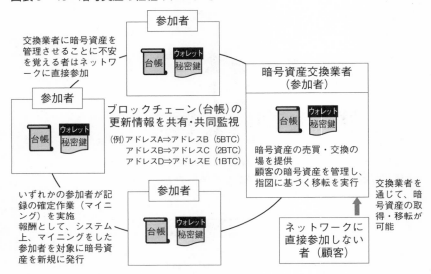

改ざんにも強いといわれている。

　この仕組を使って、相当流布したのがビットコインであり、暗号資産はこの仕組みで動いている。この動き方を、図表6－10に従って、説明したい。

　ビットコインのような資産は、参加者（買っている人）が自分のアドレス（口座番号のようなもの）をもっている。誰がどのアドレスをもっているかは、教えてもらわない限り一般にはわからない。「AさんからBさんに送金する」ということは、AさんのアドレスからBさんのアドレスに送金するということなのだが、アドレスだけだと、どの参加者なのかわからない。アドレスをもっている人で、ブロックチェーンに記録している人は自分しか知らない「秘密鍵」をもつことになる。その秘密鍵でOKを出すと、AからBに資産が移る。逆にいうと、この秘密鍵を盗まれてしまうと、暗号資産の流出が起こる。ある外国業者では、社長が自分の頭のなかで秘密鍵を記憶して管理していて、その社長が急逝してすべて使えなくなったという極端な事例もある。流出の事案をみると、秘密鍵を保管しているコンピュータがハッキン

グされるというのがほとんどなので、秘密鍵を保管する「ウォレット」をオフラインにするなどの安全性がいちばんのキーになる。

　金融庁では新しい暗号資産について制度創設を世界に先駆けて行っている。まずは、顧客の本人確認をきちっとやるマネー・ローンダリング（マネロン）・テロ資金供与規制（犯罪による収益の移転防止に関する法律）、もう1つ、業者については利用者保護の規制（資金決済に関する法律）を法制化した。これは、世界各国の申合せとしてマネロンやテロ資金供与規制を入れるという大きな動きがあるなかで、法規制を入れているというのが根本にあるということを頭の隅に置いていただきたい。

　規制をかけるにしても、国によって事情がかなり異なる。米国ではFRB（連邦準備理事会）、米国中央銀行、OCC（通貨管理庁）、OTS（財務省貯蓄金融機関監督局）、FDIC（連邦預金保険公社）など、銀行だけでこれだけ分断されていて、さらに州法もあるので各州でも行政機関が分かれている。一方、日本の金融庁は他国と違い、銀行・証券・保険行政がワンストップでできる行政機関なので、暗号資産など新しい動きがあったときも、非常に柔軟に対応できるというメリットがある。図表6－11に、主要国の金融当局の比較について、金融行政機能別に、どういう当局組織が所管しているかについて、示してある。この図表をみると、日本が最も一元的な対応が可能な組織となっていることがみてとれる。

　暗号資産といった新しい問題が起こったとき、規制をかけるとすればどの行政機関の担当なのかをまず決めなければならず、米国のような組織になっていると、ここで大変な作業が発生する。日本の場合は、いずれにせよ金融の話であれば金融庁の管轄なので、その問題の「正体」がわからなくても金融庁で対応するしかない。そうしたことから、暗号資産についての立法を日本が世界に先駆けて行えたというわけである。

　先ほども説明したとおり、ブロックチェーンという技術は、いろいろな台帳を同時にもてるという性質から、金融機能について、ブロックチェーン自体の実用化に向けた取組みが、さまざまな金融機関などで進みつつある。たとえば、貿易金融の場合、取引業者や空港・港湾などいろいろなところで同

図表6－11　金融庁の紹介　主要国の金融当局の比較

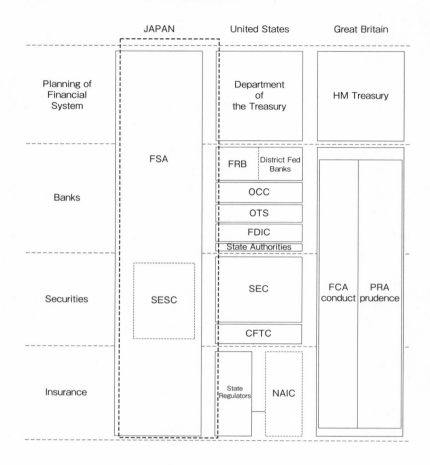

時に情報をもてるかたちになるため、非常に適している。今後はインフラ系
の技術のキーになると思うので、注目しておくとよいだろう。ブロック
チェーンの形態について、整理したものを図表6－12に示してあるので、参
考にされたい。

　とはいえ、ブロックチェーンのデメリットもある。ブロックチェーンの特
色とそれに付随する悩みを、当局の視点からまとめたものが、図表6－13で
ある。まず、「分散化」で、ブロックチェーンの金融では、仲介者となる業

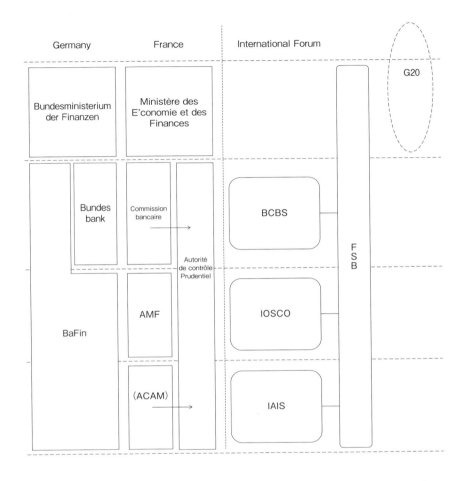

者が必ずしも存在しないため、いったい誰に何の規制をかけるのか、どうい
う規制をやればいいのかが非常にむずかしくなる。それに「自律性」の論点
もある。問題が起こったとき、止めようと思っても誰も止められないという
ことで、規制で禁止してもサービス自体を停止させることができないという
問題である。また、「匿名性」があるため、技術が進歩し、行き先が絶対に
わからないようなブロックチェーンもどんどん出てきている。それを追跡す
るのは非常に困難だろう。ブロックチェーンには、後から変更ができない

図表6−12 パブリック型ブロックチェーンと許可型ブロックチェーン

管理の形態	パブリック型	許可型（コンソーシアム型・プライベート型）
分類	ブロックチェーン［狭義］	ブロックチェーン［広義］ (注) 単に分散台帳技術という場合もある。
管理者	なし	複数企業または単一企業
ノードへの参加	自由［不特定多数］	限定［管理者による許可制］
合意形成アルゴリズム	PoW・PoSなど	参加者または自己による承認
トランザクション速度	遅い	速い
決済完全性	ない	あり
プラットフォーム例	Bitcoin/Ethereum等	Hyperledger project/Corda等
技術開発者	所謂コアディベロッパー	IBM・ソラミツ等/R3等
ソース	オープンソース	オープンソースまたは非オープンソース
主な活用事例	暗号資産	貿易金融・医療・デジタルコンテンツ等
具体例	暗号資産：BTC, ETH等 ［参考］DApps：Ethereumのプラットフォーム上で開発されたアプリを指す場合が多い。ICOが典型例。ほかにゲーム等での活用事例がある。	貿易物流：Tradelens［IBM・Marsk 等］ 貿易金融：Marcopolo［R3、金融機関］ カンボジア中銀決済：Hyperledger Iroha［ソラミツ］ 本人確認：実証実験：［全銀協等］ DVP決済：実証実験：［JPX］ 決済基盤：［Akamai、MUFG］

「耐性」がある。ブロックで完結してつながっていくので、後から変更することができない。そうすると、誤った情報なども修正や削除という事後補正がきかなくなる。また、「グローバル性」があることで、厄介なこともある。定義上グローバルなかたちをとるため、国境を必ず越えるというのが本質で

図表6−13　ブロックチェーン・エコシステム「規制力(Regulatability)の再考」

分散化 Decentralization	・「分散型」金融システムでは、仲介者が不在化していく可能性 ➡	規制ターゲットのあいまい化
自律性 Autonomous	・サードパーティーの介入によっても停止不能システム ➡	規制で禁止してもサービス自体は止まらない
匿名性 Anonymity	・准匿名性（pseudonymity）・複雑な匿名化技術が進展 ➡	追跡可能性（traceability）の欠如
耐性 Tamper-resistance	・記録＝「誰もが修正・削除不能」 ➡	事後補正ができない（irrevocable）
グローバル性 International	・デジタルの世界での歯止めのないグローバル化を体験 ➡	国境を越え、地下にも進展する可能性
開放性 Openness	・誰もが開発可能であり、誰もが参加可能な環境 ➡	責任の所在の不明確化

・分散型金融システムでは、法や規制のみではコントロールが困難な領域が拡大
・規制執行性（Regulatory enforceability）や規制の役割を再考・再定義していく必要

ある。そうすると、日本だけで止めたくても、他国で止められなければ規制の意味は相当薄くなる。そして「開放性」である。誰もがこうした技術を開発可能で、かつ誰もが参加可能であるため、責任の所在がそもそも不明確である。たとえばビットコインのブロックチェーンを前提に規制をいろいろ考えても、技術の進化や工夫により、リブラ（当初米フェイスブックが発行することとしていた、複数の通貨のバスケットで裏打ちされた価値）のような、新たな論点を有するグローバルな動きが出てくる。そうなると、これについて各国金融当局と対応していかないといけなくなり、各国の協調が求められ、かつ見識も必要になるというむずかしい事態になる。

　今後の金融行政のかたちとしては、将来のブロックチェーン・エコシステムとして、①イノベーションを阻害することなく規制目標を達成すること、②よりよい技術提供と自由な開発環境を提供すること、③安全でよりよい

サービスを希求すること、④規模・利潤確保とレピュテーション形成という４つの視点をもっている。これらは、もはや当局や金融機関だけでは解決できない。FinTech全体がそうなのだが、技術を開発する人や学者などいろいろな人がきちんと話し合って、さまざまな規制のあり方を考えていくことになるだろう。

　ここまで、FinTechの重要性、当局としても、金融に係るデジタライゼーション戦略の推進を進めていること、そして、ブロックチェーンなどのテクノロジーがもたらす金融サービスの新しい世界に当局はどういうスタンスでかかわっていくかなどについて、説明してきた。金融機能に係るこうした大きな構造的変化が、「金融リテラシー」を取り巻く状況と深くかかわっていることはいうまでもない。ベーシックな「金融リテラシー」を習得しつつ、こうした金融に係るテクノロジーにも、個々人が十分な目配りをどういうかたちで行うか、むずかしい面があるが、時代の大きな変換のなか、そうした観点をもつことが大切である。

 ## 4　本章の理解を深めるQ&A

Q 1　個々人の将来的な生活を考えていくときに、このFinTechの動きは、いままでの金融とはずいぶん違ってくると思う。「金融リテラシー」という側面で、FinTechをどういうふうにとらえていくのか。

A 1　たとえば、いままでは銀行に口座がないと送金できなかったわけだが、それが簡単にスマホで、高校生でもできるということは、若いうちから「金融リテラシー」がないと、被害が出やすいような状況もありうるということである。

　そのうえで、FinTechでは、安価で、かつ、瞬時のサービスがスマホでできるようになるので、「金融リテラシー」がある人は手軽に資産運用などの金融サービスを受けやすくなり、メリットは非常に多い。ただ、手軽なだけに、「金融リテラシー」を相当若いうちからもっていないと、いろいろなトラブルも起きるというところは注意しないといけな

い。しかし、FinTech全体としては、社会にとって確実にプラスである
と思う。

Q2　各国の規制当局との位置づけについては理解した。そうしたなかで、
　　　海外のFinTech動向で、当局として注目しているところは、どのあたり
　　　か。

A2　圧倒的に印象が強いのは中国である。中国では、日常の決済では現金
　　　自体がほとんど流通しておらず、Alipay、WeChat Payという二大プ
　　　ラットフォームの資金の移動（支払い）で、キャッシュレスが徹底的に
　　　進展している。また、ブロックチェーンも非常に進んでいる。

　　　　それに対して、日本のような誰でも銀行口座をもっている国はFin-
　　　Techが進みにくい面があるが、たとえばケニアでは、銀行口座保有率
　　　が低いので、スマホを使った送金が全体標準になっている。

　　　　また、スウェーデンも、人口が少なく、金融機関の支店も少ないの
　　　で、キャッシュレスが進んでいるということもある。

Q3　FinTechなどのイノベーションを促していくことが大事だということ
　　　はよくわかるが、その半面、さまざまな問題が起きてくると思う。当局
　　　としての検査や監督についての考え方をうかがいたい。

A3　たとえば、資金移動業者については、登録制でも、免許制でも、検査
　　　などの規定は必ずつくる。それぞれの業者の状況やリスクに応じて、き
　　　ちんとみていく。一口にFinTech企業といってもさまざまな企業がある
　　　ので、その状況やレベルに応じて検査などの対応をとる。このように、
　　　リスクに応じた体制の整備が重要と考えている。

第7章

老後に備えた資産運用

京都大学経営管理大学院特任教授　川北　英隆

資産運用は何のためにあるのだろうか。個人に関していえば、多少の例外はあるものの、将来の資金の支出に備えるためである。

　その将来の支出のなかで、大きな比重を占めるのが家の購入であり、老後の生活だろう。最近では自宅をもたずに生活する個人も珍しくなくなった。しかし、老後の生活に備えることからは、誰も逃れられない。

　この章では、老後の生活に備えるための資産運用を扱う。代表は年金である。最初に公的年金の資産運用を概観した後、株式や債券に対する投資スタンスを議論する。その後、投資に関する税制に言及する。

① ライフステージと退職後

　家の購入や老後の生活を想定し、資金を貯め、資産運用することは、自分自身のライフステージを考えて行動することに等しい。

(1) ライフステージと公的年金

　ライフステージのイメージについては「基礎編」第5章で示したが、もう一度みておきたい（図表7-1参照）。

　将来の収入と支出（家の購入などを含める）について、そのキャッシュフロー（現金に相当する資金の出入り）を見積もり、その差額の現在価値を計算すれば、それが将来形成できる金融資産についての、現時点における概算値となる。この将来形成できる金融資産の価値と、現時点において実際に保有している金融資産の合計値が、個人にとっての現時点での金融資産の総額である。ただし、あくまでも期待値である。

　ライフステージを一個人として考えると、定年退職するまでの間、給与などの収入の変動には、生活水準を変化させるなどである程度対応可能である。問題は退職後だろう。収入が皆無であっても生活だけは続く。しかも、いつ終わるのか定まらない。

　そのとき、頼りになる1つとして公的年金がある。公的年金は終身年金（生きている限り支給される年金）であるから、ここに大きなメリットがある。

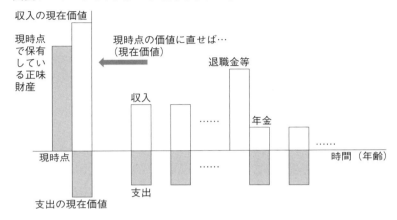

図表7－1　ライフステージとキャッシュフロー

収入の現在価値

現時点
で保有
している正味
財産

現時点の価値に直せば…
（現在価値）

退職金等

収入

年金

現時点

時間（年齢）

支出

支出の現在価値

　サラリーマンの場合、現時点において、公的年金（基礎年金＋厚生年金）が所得代替率50％を目標としていることに着目できる。所得代替率とは、年金の支給が始まる65歳での年金額（夫婦２人の基礎年金と、夫の厚生年金を合わせた標準的な金額）と、その時点での「現役男子の平均手取り収入額（ボーナス込み）」とを比較し、その割合を示した数値である。

　要するに、サラリーマンにとっての公的年金は、平均賃金の半分が支給されるように設計されている。もっとも、この50％とは、あくまでも現時点での目標値である。将来、経済をはじめとする諸般の状況によっては引き下げられるだろう。また、標準的な金額であるから、実際に受け取れる金額は個人によって異なる。

　このように考えると、公的年金だけで退職後の生活が満足できるものになるかどうか、いずれどこかの時点で、自分自身の問題として扱わなければならない。これはサラリーマンのみならず、全国民に共通する課題である。

　退職後の生活が公的年金だけでは不足するとの結論に達したのなら、どう対処すればいいのだろうか。当たり前のことだが、退職前に資産を保有しておき、それを取り崩して生活資金に充当しなければならない。

　現在、リバースモーゲージなど老後資金に関する金融手段も開発されてい

る。リバースモーゲージとは何か。それに類似する形態はさまざまだが、要するに、自宅に住み続けながら、その自宅を実質的に売却（もしくは売却予約）して生活費に充当する手段である。

とはいえ、退職後に備えて金融資産を貯めておく方法が一般的だし、それが安心だろう。この場合、金融資産として何が適切なのか、どういう手段を用いればいいのか、次にみておきたい。

(2) ライフステージと通貨分散

退職前までに金融資産を貯め、それを退職後の生活に使う場合、まず気をつけることは、非常に長期間の計画だという事実である。定年を間近に控えていたとしても、平均余命からすると20年前後先まで想定することになる。ましてや若い世代にとっては超長期である。

このことは、将来何が起こるかわからないこと、つまりリスクが非常に高いことを意味する。リスクというよりは、不確実性と表現したほうが適切かもしれない。

ここでリスクとは、正規分布に代表されるような、期待値とそのブレ具合がある程度想定できる状態のことである。一方、不確実性とは、期待値というよりも、何が起きるのかも想定できない状態を表現している[1]。

それはともかく、将来にどういう事態が生じるのかはわからず、少なくとも大きなリスクを想定するのが適切なら、退職前に貯める金融資産は、それへの耐性をある程度備えたものであるべきだろう。

現預金は安全だし、一定程度保有しておかなければならない。とはいえ、それだけでいいのだろうか。現預金はデフレ（つまり物価の下落）に強いものの、インフレ（物価の上昇）には弱い。退職後までを見通すのなら、インフレという事態も想定しておくべきである。

これに関連してもう１点、ライフステージでのキャッシュフローを眺めて気づくことがないだろうか。それは、将来の収入において円という通貨（自

1　2020年に勃発した新型コロナウイルスのパンデミックが不確実性の好例だろう。

国通貨）が多いことである。例外はあるだろうが、一般には賃金も、退職金も、年金も、すべて円で入ってくる。

ライフステージにおいて円のキャッシュフローが多いことは、退職前の金融資産を円ベースで形成することと同じである。同時に、現時点で保有している金融資産も円建て資産なら、何か気にならないだろうか。

分散投資の観点からは望ましくないだろう。第4章では、リスクの観点から分散投資の効果を述べた。この観点からすれば、円資産の一部を外貨に替え、外貨建て資産として保有することが、将来のリスクへの重要な対応策となりそうである。

ここで注意が必要である。すなわち、外貨建て資産ならどんな国の通貨でもいいわけではない。各国の政治的安定性、経済活動の活発さなどを評価することが重要となる。

筆者の個人的意見を付記しておく。長期投資を想定すると、個人の投資対象となりうるのは欧米などの先進国の通貨である。もちろん、それとて長い年月の間に状況が変化していく。変化したのなら、そのときに対応をきちんとすべきである。

(3) 公的年金のポートフォリオ

退職後のための資産形成と運用に関して参考となるのが、公的年金の資産運用である。というのも、公的年金は個人に対して退職後の資金を提供してくれるだけではない。公的年金が長期の視点から資産運用しているからであり、これは個人が退職後という超長期をイメージして資産運用するのと同じである。

モデルポートフォリオ

公的年金（厚生年金）の運用機関には4つある。年金積立金管理運用独立行政法人（GPIF）、国家公務員共済組合連合会、地方公務員共済組合連合会、日本私立学校振興・共済事業団である。4機関は協議のうえ、厚生年金のモデルポートフォリオを決め、運用方針に大きな差異が生じないようにし

ている[2]。

　モデルポートフォリオでは、アセットクラスとして国内債券、外国債券、国内株式、外国株式の４つを採用している。アセットクラスとは、リターンとリスクの特性が似通った投資対象を、１つの投資対象（アセット）にまとめなおしたものである。何千、何万とある資産を別々に扱うよりも、少数のアセットクラスにまとめて扱えば、ポートフォリオの計画と実際の投資行動が簡明になる。

　公的年金のように、株式と債券の２つの分類と、国内と外国の２つの分類とを組み合わせ、合計４つのアセットクラスを用いる方法は日本では一般的である。とはいえ、この分類方法に限定されない。アセットクラスの決め方は、「リターンとリスクの特性が似通った」という柔軟なものであり、しかも投資対象資産の特性は経済状況に応じて変化していくからである。

　なお、モデルポートフォリオでは、道路や港湾に代表される公的設備や不動産など、債券や株式と性質の異なるオルタナティブ（alternative、代替的）資産にも言及している。個人の場合の代表的なオルタナティブとして、REIT（不動産投資信託）と金（きん）などの貴金属があるとだけ、補足しておく。

　さらに、年金の支払いにすぐに充当できる現金もしくはそれと同等の性質を有した短期資産も現実には必要である。

　モデルポートフォリオに戻ると、この４つのアセットクラスに対する資産配分比率について、2015年には、国内債券35％、外国債券15％、国内株式25％、外国株式25％と決められた。これが2020年４月に改定され、現在は各資産とも25％の配分比率となった（図表７－２参照）。つまり、今回の改定によって国内債券への配分比率が10％引き下げられ、その分が外国債券に振り向けられた[3]。

---

[2]　2015年10月の「被用者年金一元化法」施行により、厚生年金と共済年金に分かれていた被用者年金制度が厚生年金に統一された。これに伴い４機関の年金資産運用の統一性が強く意識されるようになった。

[3]　モデルポートフォリオの説明は次にある。
　　https://www.gpif.go.jp/info/model_portfolio20200331.pdf.pdf

（単位：％）

アセットクラス	2015年10月	2020年4月
国内債券	35	25
外国債券	15	25
国内株式	25	25
外国株式	25	25
合計	100	100

基本ポートフォリオ

　モデルポートフォリオに基づき、公的年金の4機関は各々、実際の運用の基準となる基本ポートフォリオを決めているが、各機関のアセットクラスと基本ポートフォリオは、実質的にモデルポートフォリオと同一である。

　現実の運用においては、投資している株式や債券の時価を把握、集計し、基本ポートフォリオの枠内に収まっているのかどうかをベースに、ポートフォリオを管理している。

　付け加えておくと、基本ポートフォリオの策定に際し、以下のプロセスを経ている。モデルポートフォリオについても概略同じである。

　策定プロセスでは、第4章で示したように、最初に過去を参照しながら、各アセットクラスの将来のリターンとリスク、アセットクラス間のリターンの相関係数を推定する。一方で、公的年金として将来必要となるリターンを設定し、それを公的年金のリターンへの好み（選好）とすることで、各アセットクラスの組入比率を計算する。

　次に、アセットクラスのリターンとリスクに基づき効率的フロンティアを描くとともに、その他いくつかの公的年金としての制約などを想定した後、上記で算出したポートフォリオが効率的フロンティアに近く、かつ公的年金としての条件を満たしているのかどうかを確認して、最終的にポートフォリオを決定している。

　まとめ的に、公的年金の基本ポートフォリオでは、海外資産を半分組み入

れる方針であることを確認しておきたい。海外資産に関しては、後ほどもう少し詳細に考える。

② 資産運用のスタンスについて

　ここでは退職後に向けた資産形成に関して、どのような投資スタンスで臨めばいいのかを考えたい。現預金、債券、株式、投資信託の順に述べる。

(1) 現預金へのスタンス

　現預金は流動性の観点から保有すべきである。

　どの程度保有するのかは、将来のキャッシュフローに基づく収支差額をイメージしておき、支出が大きくなる場合に備えて現預金の保有を計画するのが第一歩である。家の購入などの大きな支出に対しては、銀行などからの借入れも想定するのは当然である。

　現預金にかえ、将来の支出の時期をみながら、円建て債券を保有することも考えられる。とはいえ、現在の円金利の水準はあまりにも低いため、あえて保有する必然性はない。将来、金利水準が上昇した時点で検討しても遅くないだろう。

　もう1点、現預金は株価の大幅下落などの場合に役立つことを指摘しておきたい。現預金の特徴は、いつでも、すべての資産に、ほぼ無条件で交換できることにある。一種のオプション性（選択権）である[4]。これが現預金の非常に大きなメリットである。2020年、新型コロナウイルスのパンデミックに際し、ドルへの需要が殺到したのは、このオプション性への強いニーズでもあった。

　限りなくゼロに近い金利しか付与されない現預金を我慢して保有し、資産価格が大幅に下落したチャンスをとらえ、これぞと思う資産に投資する。この戦略は、退職後を見据えた長期投資であれば十分生かせる。

4　先進国の通貨（現預金）の特徴であって、すべての国に共通するわけではない。

(2)　債券投資へのスタンス

　債券投資に関してはこれまで折に触れ、断片的に述べてきた。それらをまとめておく。

　個人にとっての債券投資は、満期まで保有することが基本となる。個人向けに発行される債券を除き、一般的な債券の売買単位は非常に大きい。もしも個人が売買できたとしても、そのために実質的に支払った手数料は高いと考えていい。

　満期までの保有で問題になるのは、その期間の長さである。通常、満期までの期間が長ければ、その債券の利率が高くなる。とはいえ、利率が高いのは、多くの場合、リスクが高いことの裏返しである。すぐ後で指摘するデフォルトのリスク、通貨価値の下落などを総合的に勘案し、保有してかまわない期間、つまり満期までの期間が適切なのかどうかを決めるべきである。

　満期まで保有することを前提とすれば、信用格付の高い債券が望ましい。代表的には先進国の国債であり、優良企業の社債である。新興国の場合、国債であってもデフォルトのリスクはゼロでない。

　もう1点は為替リスクである。いくら信用力の高い機関が発行したとしても、その債券が新興国の通貨建てであれば問題がある。デフォルトのリスクは無視できるだろうが、通貨価値の下落リスクが相当ある。

　別の角度からみれば、新興国の債券の利率は高い。その新興国の通貨建て債券の利率も高い。しかし、それはリスクと隣り合わせである。

　個人投資家として、一般に投資対象となる債券についての、筆者の考えをまとめておく。

① 　先進国の国債もしくは、信用格付の高い発行機関（企業を含む）のもの。
② 　先進国の国債や信用格付の高い機関の債券であれば、満期までの期間は5年から10年前後、社債であれば3年から5年前後が基本だろう。
③ 　円を含めた先進国の通貨建て。
④ 　さらにいえば、仕組債（「基礎編」第5章5を参照）は避けるべきである。

　もちろん、どのような債券に投資するのかは自由であるが、先に述べたリ

スクを十分吟味すべきである。

　なお、債券の発行機関は国、国際機関、企業など多岐にわたる。元利金の通貨もさまざまである。途中での売買にも制約がある。とすれば、投資信託の形態で投資するのがいいかもしれない。この点は(4)で述べたい。

(3)　株式投資へのスタンス

　現預金や債券と異なり、株式の投資スタンスは多少複雑である。

　個人投資家でも売買するのが簡単なだけに、買いから売りまでの期間（投資期間）をどうするのか、ある程度の方針を決めておくのが望ましい。次に、アクティブにするのか、パッシブで満足するのかの選択も重要である。当然、日本株か外国株かも問われる。

株式への投資期間

　市場における個人の株式投資は、短期あり長期ありと、バリエーションに富んでいる。長期とは5年以上の期間をイメージした投資としておく。

　まず短期投資である。株式市場では、日計りでの売買でさえ可能である。ネット証券会社を使えば、売買手数料が安く、かつ瞬間的な需給の状態（すなわち売買注文の状態[5]）もネット上で確認できる。そこで、「安く買って高く売れば大儲けできる」と誰しもが最初に考えてしまう。本当だろうか。

　もう少し客観的に考えたい。まず、「誰かの買いは誰かの売り」という事実である。そうだとすると、誰かの儲けは誰かの損である。だから、短期投資家の儲けを合計すればゼロになる。いわゆるゼロサム・ゲーム（zero sum game）である。売買手数料やパソコン代、さらに投資に必要な時間コスト（その時間をアルバイトに充てれば稼げる）などを考えれば、本当はマイナスサム（minus sum）である[6]。

　もちろん、ごく短期的な株価変動にトレンドや癖があり、それを知っているのが「私だけ」だとすれば別である。しかし、短期的な株価変動にトレン

5　板情報と呼ばれる。
6　マイナスサムの典型が公営賭博を含めたギャンブルである。

ドはないか、あったとしても瞬時に株価に反映されてしまう。株価変動の癖も、仮に「私」だけのものがあったとして、それ以外の「私が知らない」癖もあって、その癖の部分では「私が利用されている」かもしれない。

　現在はAI（人工知能）が発達し、それを利用したHFT（high frequency trading、高頻度取引）がプロの間で盛んである。AIを用いれば、株価変動に癖があったとして、その把握はきわめて容易だろう[7]。

　さらにいえば、株式市場は早い者勝ちの世界である（売買注文は原則として時間優先で処理される）。だから、プロは秒単位未満の速度を競いながら、売買注文を取引所に流している。このため、たとえAIと同じプログラムを個人が開発できたとしても、注文速度で個人が負けてしまう[8]。

　これに対し、長期投資はプラスサム（plus sum）である。「基礎編」の第5章図表5−4で示したように、株価が経済の成長にあわせて上昇するからである。株式から得られるリターンの源泉が、配当と、将来の企業の成長（それによる配当の成長）にあったことを思い出したい。つまり、他の投資家の売買注文にリターンの源泉はない。

　しかも都合がいいことに、長期の投資家が意外と少ない。

　長期の投資家なら、じっくりと株式を保有し、売却をほとんどしない（その結果として売却代金を新たな株式の買いに充当しない）はずなのだが、観察してみると、多くの投資家は意外なほど活発に株式を売買している[9]。言い換えれば長期投資の競争相手が少ないわけだから、その観点から優れた企業の株式を勝手気ままに選べる。

　なお、2年とか3年とかの中期的な投資はどうなのか。一言でいえば中途半端である。製品、サービス、景気動向などにはサイクルがある。2、3年経てば、そのサイクルから外れ、損失を被りかねない。どうせなら、長期の

7　株価変動を知る手段としてチャート分析がある。仮に有効なチャート分析があったとしても、AIがすぐに認識するだろう。

8　AIを用いた投資では注文速度が競われる。これを受けてプロの投資家は、取引所のコンピュータシステムと同じ場所に、自分たちの売買システムを設置している。

9　本書では示さないが、東京証券取引所の公表データを用いて売買回転率（株式売買金額／株式保有金額）を計算すればいい。売買回転率の小さな投資家は、銀行や保険会社に代表される政策保有株主（業務の関係での株主）だけに近い。

観点に基づいて株式に投資すべきである。

パッシブ運用と市場の人為性

　個人投資家にとって株式の長期投資が優れているとして、次の問題がある。アクティブかパッシブか、どちらを選ぶべきなのか。

　この答えは、何を、投資理論での「市場」とするのかに依存する。加えて、上場企業が合理的に経営資源（人、物、金、無形資産など）を活用しているのかも重要である。

　最初に市場に関していえば、現実の株式市場は人為的に形成されている。

　人為性の１つは上場制度である。取引所には上場基準と廃止基準があり、それに基づいて上場企業がリストアップされる。この人為性が、投資理論が想定する理想的な市場と整合的なのかどうか、確認すべきである。

　もう１つの人為性は、上場企業の活動と投資家による評価である。上場企業が合理的に事業活動しようとし、投資家がその上場企業の活動を合理的に評価しているのであれば、上場企業の淘汰が進む。この淘汰された結果に基づき、上澄み（優れた企業）をすくい取り、市場とすればいい。上澄み部分は、投資理論が想定する理想的な市場と整合性を有している可能性が高いのだが、これも確認すべきである。

　最初の人為性に関しては、日本の株式市場において上場制度の改革が図られようとしている。2018年から2019年にかけ、東京証券取引所と金融庁の主導によって「市場構造改革」の議論がなされた[10]。日本の株式上場制度は不完全だと、制度を担う役所と取引所が認識したからこそ、議論が始まった。

　日本の株式上場制度が不完全なら、パッシブ運用の多くが基準としている現在の東証株価指数（TOPIX）を、投資理論でいう市場とはみなせない。これまで多くの投資家が、TOPIXを投資理論でいう市場だとみなしてきたのは、東証第一部市場を完全無欠だと暗黙のうちに信じていたからだろう。

　実際には不完全だったとするのなら、これまでのTOPIXとは何だったの

10　議論の結論は、金融庁「市場構造専門グループ」報告書（2019年12月）にある。

かを問い直さないといけない。実際、上記の「市場構造改革」に関する議論も、現在のTOPIXの見直しを1つの結論としている。

アクティブ運用の合理性

　次に、上場企業や投資家の合理性に関しても疑問が生じている。

　上場企業に関していえば、事業活動による利益率が資本コスト[11]を下回っている企業の多さである。補足すれば、株主資本利益率（ROE＝当期純利益／株主資本（純資産））が、株主が要求する利益率を下回っている、低すぎるとの評価でもある。

　株主が要求する利益率とは、株主が企業に提供している資本の増加率であり、上で示したROEの計算式からわかるように、株式に対する投資家の期待リターンでもある。

　もちろん、景気が悪くなれば利益が減り、ROEも低下するから、株主の期待に応えられないことも起こりうる。しかし、ここでのROEの低さとは、長期的な平均値での観点である。長期的に評価しているわけだから、景気が悪かったことを言い訳にできない。

　ROEが低ければ、そんな低収益率企業の株式を売却するか、もしくは買わないという投資家の行動につながる。結果として株価が下落し、株価純資産倍率（PBR＝株式時価総額／株主資本）が1倍を割ってしまう[12]。

　日本の株式市場にPBR1倍割れ企業が多い[13]のは、株主の期待に応えていない企業が多いからだとの結論になる。投資家全体が上場企業の事業活動について、このように評価しているのなら、東証第一部市場の全企業を対象とするTOPIXを投資理論でいう市場とはみなせず、それを基準とするパッシブ運用のメリットがなくなる。

11　以下では簡略化のため、資本コストについて、社債や貸出などの負債の提供者を抜きに説明している。

12　純資産は株主が企業に預けた資産だが、それが株主の期待に応えるだけの利益を稼いでいないなら、満足できる利用状態ではないため、株主としてはその値打ちを割り引いて評価する。PBRが1を割る理由はここにある。たとえばPBRが0.8なら、80％の価値しかないとの評価である。

13　長期間市場を眺めてみると、おおよそ半分の企業が1倍割れである。

別の角度からみれば、上場企業を選別して投資するか、現在のTOPIXとは異なった株価指数に基づいてパッシブ運用をするのが望ましい。実際、先進各国でパッシブ運用に用いられている株価指数をみると、全上場企業もしくはそれに近い企業数で構成されるものは皆無に近い。

　「基礎編」の第5章で例示した米国の代表的な株価指数だが、ダウ平均が30社、Ｓ＆Ｐ500が500銘柄で構成されることを述べた。ドイツの代表的株価指数DAXは30社である[14]。ちなみに、TOPIXの構成企業数（2020年3月末現在）は2,100社を超えている。

　見方を変えると、30社程度あれば、分散投資の効果が相当程度期待できることも背景にある。第4章で述べたように、分散投資の効果は個別リスクへの対応であるため、その数を増やしたところで効果には限界がある。

　いずれにせよ、パッシブ運用に用いられている株価指数の世界標準は、上場企業の一部を抽出した、ある意味でアクティブな指数となっている。現実の市場は、投資理論がいう市場とは別世界であると、グローバルな投資家が考えているからだろう。

先進国市場も視野に

　CAPMに代表される投資理論の市場と、現実との乖離には典型的な事例がある。つまり、市場を投資家が居住する国に限定するのか（日本人なら日本だけなのか）、海外まで視野に入れるのかである。

　1980年代から1990年代にかけ、幸いなことに日本は素晴らしい企業に恵まれた。資源関連を除いた各産業において、世界的企業が必ずといっていいほど日本で活躍していた。このため、海外企業を気にしなくてよかった。

　しかし、現在はどうだろうか。今後の発展が期待されている分野、たとえばインターネットやAI関連の分野で、日本企業が世界企業の一角を占めているだろうか。

　また、企業の事業活動はグローバルに展開している。一方、日本は老齢化

14　2021年9月から、企業数を40に増やすことが予定されている。

図表7－3　各国の株価（1999年年末＝100）

出典：QUICK社データより筆者作成

　と人口減少の時代に突入している。投資家とすれば、日本の経済成長という
よりは、グローバルな経済成長を享受している企業を選び、投資するのが望
ましい。

　そこで、発展途上国は横に置き[15]、先進国の株価の推移をみておきたい。
図表7－3は日本、米国、ドイツの株価推移を示している。

　これによると、2008年のリーマンショックの頃まで、日本（TOPIX）、米
国（S＆P500）、ドイツ（DAX）の株価の推移に大きな差異がなかった。そ
れが、2009年以降に大きな差が生じ、日本が取り残された。

　これには為替レートの影響が大きいのではないかとの疑問が湧いてくる。
そこで、日本円で投資した場合の株価を計算し、比べてみた（図表7－4参
照）。この図表は、各年月において、日本の株価を1にした場合、米国とド
イツの株価（円ベース）が何倍になっているのかを示している。

　すると、円ベースでも図表7－3と同様、リーマンショック以降、日本が

15　株式投資の場合、債券投資と異なり、発展途上国も投資対象としやすい面がある。と
　はいえ、政治リスク、粉飾決済リスクなどは無視できず、個人投資家の長期投資対象と
　はなりにくい。

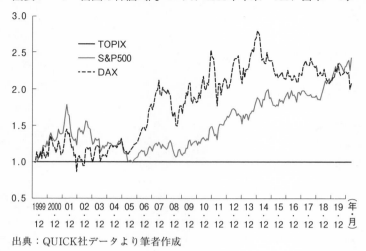

図表7－4　各国の株価（円ベース、1999年年末＝100、日本＝1）

出典：QUICK社データより筆者作成

取り残されている。なお、この図表において、ドイツがリーマンショックの以前から上昇しているのはユーロ高のためである。

　この３国に加え、欧米先進国の１つである英国についても計算したが、足元の株価は冴えず、円ベースでは日本を下回っている。ユーロからの離脱問題を抱えた英国経済の芳しくない現状を反映している。

　以上から、株式投資において海外も視野に入れた分散投資が望ましいといえる。公的年金がモデルポートフォリオと基本ポートフォリオにおいて、国内株式と外国株式の保有比率を同じにしたのも、同様の理由である[16]。

　グローバルな株式市場の規模（2020年４月末の時価総額）を比べると、日本600兆円、アジア（日本除き）1,900兆円、米国3,300兆円、欧州1,300兆円である[17]。ここからも、日本のなかに閉じこもっていたのでは投資チャンスを逃しかねないと理解できる。

---

[16]　次に示す市場規模の大きさからすれば、これでも日本株の比率が多すぎるとの議論がありうる。

[17]　株式と異なり、債券市場の規模の比較は借金残高の大きさ比べに等しく、それを分散投資の基準にするのは問題が大きい。

為替レート（円高）が心配になるのだが、先進国への株式投資の場合、株価の変動のほうが為替レートの変動よりも大きいという現実を、もう一度確認しておきたい。

ESGの視点からの長期投資

長期的かつグローバルな視点での投資として、ESGに言及しておきたい[18]。ESGとは、環境（environment）、社会（social）、ガバナンス（governance）の頭文字を並べた造語である。最近の投資家は、企業の事業活動が環境、社会、ガバナンス（企業統治）を意識したものになっているのかどうかに注目している。

企業経営がESGを十分意識しているのなら、その企業には社会的意義があり、将来も存続しうるから（sustainable）、投資して問題ない、もしくは投資価値があると評価できる。これがESG投資の評価軸である。

現在、国際連合が持続可能な開発目標（SDGs）を打ち出している。ESGは、この国連の開発目標とも、かなりオーバーラップする。SDGsを背景に、世界的な二酸化炭素の排出量の削減に焦点が当たっている現在、ESGに着目した投資が盛り上がっている。

もっとも、ESGが企業業績にどの程度のプラスの効果を与えるのか、現時点では必ずしもその効果が観測されていない[19]。また、効果があったとしても、それは短期間で生じるものではなく、長い時間を必要とする。

個人としてESGに賛同し、投資をするのであれば、必ずしもリターンを求めるのではなく、その企業を応援するという長期的スタンスで臨むことが必要だろう。

(4) 投資信託の位置づけ

世界に視野を広げた分散投資となれば、実際の投資の難易度が増す。さら

18　ここでは株式投資に関するESGの視点を述べるが、債券投資にも通用する。
19　ESG投資が株式投資のリターンにプラスの効果をもたらすとの分析もあれば、そうではないとの分析もある。ちなみに筆者はプラスの効果があるとの分析を公表している。

に債券での通常の投資単位は、通常の個人投資家の資産規模よりもはるかに大きい。

このときに役立つのが投資信託である。投資信託をどう活用すればいいのだろうか。

投資信託を選ぶ基準

投資信託の利用にはメリットとデメリットがある。

メリットは、プロの投資家のノウハウ（投資対象の選択、投資理論の応用など）が活用できることである。同時に、個人の少額の投資金額ではむずかしい分散投資が可能になる。さらに、資産運用に時間が割けないサラリーマンには重宝だともいえる。

デメリットもある。

1つは手数料である。投資信託の購入時の手数料（証券会社などに支払う販売手数料）、投資信託の管理や運用のための手数料（信託報酬など）が必要となる。以上の手数料は公表されているので確認できる。もっとも、手数料はプロ投資家のノウハウへの対価でもある。正当な手数料なら、支払いは当然だろう。なお、投資信託の運用会社が、そこに組み込まれている株式や債券を売買すれば、当然ながら、その手数料なども必要となる。

もう1つは、プロの投資家が誠実に運用してくれるのかどうかである。この点は確認がむずかしいものの、投資パフォーマンスを調べることで、ある程度検証できるだろう。さらにいえば、長期にわたって存続し、ファンドの規模もそれなりに大きな投資信託なら、この事実がある程度の安心材料となる[20]。

以上のメリットとデメリットに加え、アセットクラスの性質や投資環境を勘案して投資信託の活用を考えるべきである。この点については以下で述べるが、結論として、投資信託がいちばん役立ちそうなのは外国株式だろう。次に外国債券である。国内株式での必要性は高くなく、国内債券では現状、

---

[20]　当然ながら、必要十分な条件ではない。

ほぼ用いても仕方ない。

国内株式と国内債券

　まず、国内株式から投資信託の役割を考えてみたい。国内株式への投資手段としての投資信託を否定しないものの、上場企業に関する情報が多いので、個人で投資対象企業を選ぶことも十分可能である。

　もっとも、長期投資の視点から企業を選ぶための情報は、思うほど多くない。長期投資を目指す投資家の見解をネットから探し、学ぶことも重要だろうが、基本は、その企業が長期的に成長しているのかどうか、ユニークかつ競争力のある製品やサービスを提供しているのかどうか（その結果、海外での事業の比率が高い、売上高当りの利益率が高いなどの特徴がみられる）、経営者のスタンスが優れているなどの判断だろう。

　分散投資といっても、20社程度あれば十分効果が得られるし、それ以下の企業数であっても大きな問題はない。まず、数社に投資することから始めることが肝要だろう。

　ということで、国内株式に関して、投資信託の役割は高くない。

　次に国内債券について。現在の債券の利率はゼロ近辺であるため、それらを組み入れて投資信託を提供すれば、手数料倒れになりかねない。また、債券価格間の相関も高いので、分散投資効果がほとんどない。個人投資家向けの社債や国債を買えば、個人でも何とか投資可能である。

　むしろ、いまの国内債券の利率であれば、現預金で代替しても大差ない。2(1)で述べた現預金のオプション性を考慮すれば、個人にとっては現預金での保有のほうが優れているかもしれない。

外国株式と外国債券

　外国株式や外国債券では様相が異なる。

　外国株式の場合、情報の入手は日本企業との比較で難易度が上がる。売買するにも時差がある。

　そこで上場投資信託（ETF）が便利な投資対象となる。もちろん、一般の

投資信託を排除はしないが、その投資信託が投資対象となるかどうかを判断しなければならない。

海外市場でETFは活発に売買されていて、普通の株式と同様、ネット証券会社からの投資も可能である。さらに幸いなことに、海外ETFには、Ｓ＆Ｐ500などの株価指数に連動するパッシブ運用型のものがある。Ｓ＆Ｐ500が選ぶ500銘柄は米国の大企業であり、日本企業よりも事業活動の合理性が高いため、パッシブ運用に適している。

外国債券でも海外のETFが利用できる。外国債券の利率は、先進国であっても日本よりはやや高い。ETFの手数料の安さをあわせて考えると、投資対象として検討するに値するだろう。

ただし、外国債券ではデフォルトリスクの高い（すなわち信用格付の低い）債券の残高が多い。また、債券の元利金の通貨も問題となる。ETFといえども、そのファンドに組み入れられた債券の信用格付や通貨の扱いを確認し、投資していいのかどうかを検討すべきである。

③ 長期投資に関する税制の活用

退職後に備えて長期投資するうえで、税制が非常に大きな鍵を握る。所得税と地方税を足し合わせると、税率は無視できない。長期間の複利効果を考えれば、投資対象のリターンと並んで、税率の効果が重要になる。

(1) 年金制度と税制上の優遇措置

公的な年金制度には大きな税制上の優遇措置が設けられている。

公的年金と税制

通常の公的年金、つまり基礎年金や厚生年金には、実は非常に大きな税的な優遇措置が設けられている。

第一に、所得税の計算時に、個人が支払った保険料に対して社会保険料控除が受けられる。第二に、公的年金の運用機関の投資リターンには税制が適

用されず、無税である。もっとも、投資リターンが年金受給額に直接反映されるわけではない。第三に、公的年金の受給時に、その所得に対して別枠で控除（公的年金等控除）が受けられる。

　同様の年金に対する税制上の優遇措置は、企業年金（もしくは同等の年金制度）に対しても設けられている。

　企業年金とは、通常の厚生年金に、企業もしくは組織が独自に上乗せする年金である。なお、基礎年金は1階部分、通常の厚生年金は2階部分、そしてこの企業年金による上乗せは3階部分と呼ばれている。

　その公的年金の3階部分であるが、従来は多くが確定給付（DB）年金であった。この形態の年金は原則、企業などの組織が、従業員に対して約束している年金額を支払うものである。

企業型確定拠出年金と税制

　企業などにとって、確定給付年金の負担は大きい。

　特に名目ベースでの経済成長率が低くなり、それが債券などの金利水準の低下につながったため、年金資産の運用によって意味のあるリターンを安定的に得られなくなった。もしも従業員に約束した年金額を支払おうとするのなら、株式などリスクの高い投資対象に年金資産を振り向けざるをえない。

　しかし、このような年金資産の運用は企業にリスクを集中させる。このリスク集中について、景気が悪くなると何が生じるのか考えてみるといい。

　景気悪化によって、確定給付年金を提供する企業の業績が悪くなる。同時に、上場企業全体の業績も悪くなって株価が下落し、企業が運用している年金資産にマイナスのリターンを生じさせかねない。これも確定給付年金を提供する企業の収益を圧迫する[21]。つまり景気の悪化は、企業の本業はもちろん、年金資産面でも収益圧迫要因になる。

　これを嫌ったため、企業年金の流れは、確定給付年金から確定拠出（DC）年金へと大きく変わった。

21　会計基準上、年金関連の負債（退職給付に係る負債等）の新規計上もしくは追加計上が強いられるかもしれない。これは実質的に損金の計上である。

なお、確定拠出年金には企業型と個人型がある。ここで述べる確定拠出年金は企業型である。後者の個人型確定拠出年金はiDeCoとも呼ばれており、後述する。

　企業型確定拠出年金に戻ると、その特徴は、個々の従業員が自分自身の年金資金を管理し、その運用対象を決め、将来の年金額がその運用成果に左右される点にある。

　もう少し説明しておく。

　企業は年金掛け金を拠出し、それを個々の従業員の年金口座に入れる。さらに、従業員自身が掛け金を上乗せできる制度もある。従業員はこの年金口座の資金を用い、将来の自分自身の年金のために運用をする。運用対象の候補は、勤務先企業によってあらかじめラインアップされている。その後、運用に損失が生じても、企業側がその損失を補填することはなく、自分自身の年金額が減るだけである。逆に運用がうまくいけば、年金額が増える。

　もう1つの企業型確定拠出年金の特徴は、ポータビリティの高さにあるとされる。転職した場合、前の企業の確定拠出年金のファンドを新しい企業の確定拠出年金に移すことや、新しい企業に確定拠出年金がないなどの場合は個人型確定拠出年金に移せる。

　以上の確定拠出年金だが、企業にとって確定給付年金よりも負担が軽い。このため、確定給付年金を縮小もしくは廃止し、確定拠出年金へと移行する流れができた。もっとも従業員にしてみれば、確定拠出年金も公的年金の3階部分として位置づけられているため、税制上の優遇措置が受けられる。

　従業員にとっての確定拠出年金の魅力は、企業側が掛け金を負担してくれること、税制上の優遇措置があることと、ポータビリティの高さにある。これに加え、運用がうまくいけば、自分自身の年金額を多くできる（逆になるリスクも当然ある）ため、より魅力的となりうる。金融リテラシーを高めておく意義の1つがここにある。

個人型確定拠出年金（iDeCo）

　企業型確定拠出年金は、その制度を採用している企業の従業員しか加入で

きない。たとえば、自営業者、公務員、専業主婦（主夫）などは加入できない。そこで設けられたのが個人型確定拠出年金（iDeCo）の制度である。なお、企業の従業員であっても、条件さえ満たせばiDeCoに加入することができる[22]。

iDeCoは基本的に企業型確定拠出年金と同じ仕組みである。ただし、掛け金は自分自身のものだけであり、ほかからの補助は原則としてない。

税制上の優遇措置を考慮すると、企業型と同様に、老後を意識して利用すべき制度である。

(2) 少額投資非課税制度（NISA）

年金とは異なるが、税制上の優遇措置のある制度としてNISAも見逃せない。2014年に始まった制度だが、その後、ジュニアNISAやつみたてNISAも加わった。

一定の投資金額に対し、一定年限、売却益や配当に対する非課税措置が設けられている。株式への長期投資を始めるに際して、有利な制度である。

なお、この制度には存続期間が設けられている。いつまで続けられるのか（税制上の優遇があるのか）も見極めつつ、選択することにしたい。

(3) 証券投資に関する分離課税

証券投資に関するリテラシーと同時に、一般的な証券投資に関する税制の理解と確定申告も忘れてはならない。

証券投資に関する税制を正確かつ簡単に書くことはできないので、実際には各人できちんと調べ、金額が大きくなると証券会社や税理士などの意見を聞くことが必要となる。ここでは例示として、株式の税制だけを取り上げ、ポイントだけを書いておく。

ポイントの1つは、配当金に対して、所得税等（所得税、復興特別所得税、住民税）が源泉徴収されることである。税率は、所得税と復興特別所得税を

---

[22] 2020年現在、この加入条件の説明は簡単でない。関心があれば厚生労働省のホームページなどで調べ、最終的にはiDeCoを扱う金融機関に相談することになるだろう。

あわせて15.315%、住民税5％である。

　この配当金についての確定申告時の制度は、上場株式の場合、申告不要もしくは確定申告の選択となる。

　申告不要を選択した場合、源泉徴収された税金だけですべてが終わる。株式を売買しなかった場合、通常はこの申告不要になる。

　確定申告をする場合、総合課税もしくは申告分離課税のいずれかの選択になる。総合課税の場合、配当控除の適用がある。申告分離課税の場合、次に述べる株式売買に伴う譲渡損失との損益通算や、その譲渡損失の繰越控除の制度が適用できる。一般には申告分離課税を選択することになる。

　もう1つのポイントは、株式を売買すれば譲渡所得（もしくは譲渡損失）が生じ、これへの税的対応が必要となることである。上場株式の場合、サラリーマンでは通常、申告分離課税の対象となり、配当金と一緒に申告できるので、この選択が一般的だろう。

　もう少し説明すれば、譲渡損失があれば、配当金の合計額から、この譲渡損失分を差し引ける。差し引いても損失が残る場合、3年間を限度に繰り越しが可能である。

　以上に例示したように、一般の証券投資に関する税制は、長期投資といえども売買が生じることを前提とするのなら、確定申告を伴うものになる。源泉徴収でほぼ納税が完結しているサラリーマンにとってめんどうなことかもしれないが、むしろ申告に基づく納税が国民の義務であると同時に権利であることからすれば、本来の姿に戻るだけである。どの確定申告の方法が望ましいのかの判断をも含め、金融リテラシーのついでに税リテラシーも高めたい。

第8章

年金資金運用・ESG投資

年金積立金管理運用独立行政法人（GPIF）
前理事長　髙橋　則広

1 GPIFと分散投資について

(1) なぜ分散投資が必要なのか

GPIFとは、Government（政府）Pension（年金）Investment（投資）Fund（基金）、つまり、「年金積立金を運用している公的な機関」を意味する英語から頭文字をとっている。正式には、年金積立金管理運用独立行政法人といい、厚生労働大臣から寄託された年金積立金の管理および運用を行うとともに、その収益を年金特別会計に納付することで、厚生年金保険事業および国民年金事業の運営の安定に資することを目的としている。

まず、年金の運用のいちばんの基本は、長期の分散投資である。運用する

図表8－1　主要4資産と分散投資した場合のリターンの推移（2004～2019年）

		2004年	05	06	07	08	09	10
最高リターン	第1位	国内株式 10%	国内株式 44%	外国株式 23%	外国株式 3%	国内債券 3%	外国株式 37%	国内債券 2%
	第2位	外国株式 9%	外国株式 24%	外国債券 9%	外国債券 3%	外国債券 -16%	4資産分散 12%	国内株式 0%
	第3位	4資産分散 7%	4資産分散 18%	4資産分散 8%	国内債券 2%	4資産分散 -29%	国内株式 6%	外国株式 -3%
	第4位	外国債券 6%	外国債券 9%	国内株式 2%	4資産分散 -1%	国内株式 -41%	外国債券 6%	4資産分散 -3%
最低リターン	第5位	国内債券 1%	国内債券 0%	国内債券 0%	国内株式 -12%	外国株式 -53%	国内債券 1%	外国債券 -14%

出典：イボットソン・アソシエイツ・ジャパン株式会社「長期分散投資の効果」

資産として、国内株式と外国株式、国内債券と外国債券の４種類を想定する。４つの資産の１年間での収益率（リターン）をパーセンテージについて、図表８−１に示しており、各資産を４分の１ずつ足したものをグレーで示している。この図表では、2004年から2019年まで計算しており、当然ながら"４資産分散"は中央付近にくる。どの資産について、いちばん成績がよいかは、運用のプロでもわからない。１つだけわかっているのは「４分の１ずつ買うと真ん中に近づく」ということである。ところが、実際の運用の現場では、それぞれの資産への思いもあり、集団での意思決定がむずかしい。

　GPIFでは、日本国民の160兆円ものお金を、組織としてディシジョンメイキングして運用する。分散投資のいちばんの根拠は、真ん中辺にくるということ。リスクを避けるなら、分散するのが１つの手だということを覚えておいていただく必要がある。

11	12	13	14	15	16	17	18	19	20
国内債券 1%	外国株式 31%	外国株式 54%	外国株式 20%	国内株式 11%	外国株式 5%	国内株式 21%	国内債券 0%	外国株式 27%	?
外国債券 −1%	国内株式 20%	国内株式 53%	外国債券 15%	４資産分散 1%	国内債券 2%	外国株式 18%	外国債券 −6%	国内株式 17%	?
４資産分散 −7%	外国債券 19%	４資産分散 31%	４資産分散 12%	国内債券 0%	４資産分散 1%	４資産分散 10%	４資産分散 −8%	４資産分散 12%	?
外国株式 −10%	４資産分散 18%	外国債券 21%	国内株式 9%	外国株式 −2%	国内株式 −1%	外国債券 4%	外国株式 −11%	外国債券 4%	?
国内株式 −18%	国内債券 1%	国内債券 1%	国内債券 4%	外国債券 −6%	外国債券 −4%	国内債券 0%	国内株式 −17%	国内債券 1%	?

４資産に分散投資したとしても、毎年プラスとマイナスの凹凸ができることを、図表８－２のグラフでは示している。国内債券のグラフをみると、日本は低金利が続いていて、リターンは非常に小さい状況である。今後、この低金利下でどう運用するかは悩みの種である。４資産分散投資での１年ごとの成績を出したものについて、図表８－３の上のグラフにあるが、50回の投資で17回は元本割れになっていることが、示されている。一方、図表８－３の下のグラフでは、買ったものを10年間運用した場合で、元本割れは41回中１回しか起きていない。つまり、長くもつことで平均をねらえるため、スト

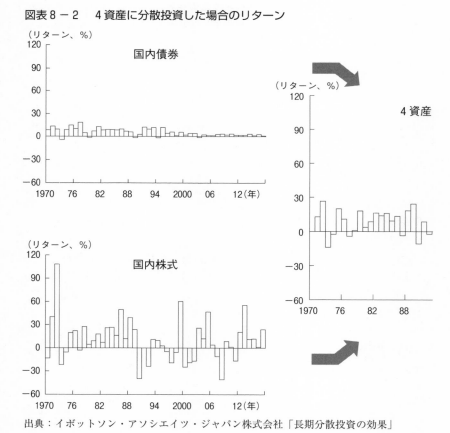

図表８－２　　４資産に分散投資した場合のリターン

出典：イボットソン・アソシエイツ・ジャパン株式会社「長期分散投資の効果」

レスがかかってもある程度の成績を収めることができるというわけである。

　GPIFは基本的にこの長期分散投資により、年金を運用している。実際のところ、運用資産160兆円のうち、株式の比率は半分で、国内株式と外国株式を40兆円ずつ買っている。また、債券は、国内債券は35％、外国債券は15％で、厳密には4分の1ずつではない。ただし、2020年4月以降は、基本ポートフォリオが変更され、それぞれ4分の1ずつになっている。しかし、基本的な考え方として、長期分散投資による効果をねらうという点で変わりはない。

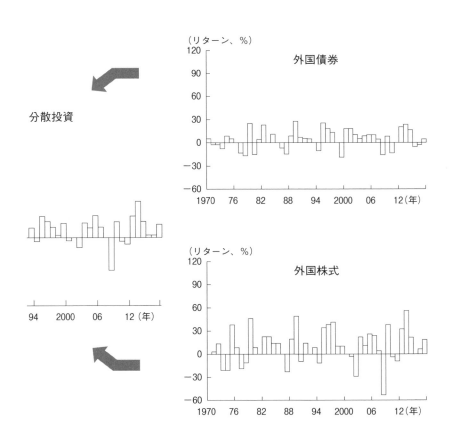

図表 8 − 3　分散投資の効果

100万円を 1 年間運用した結果

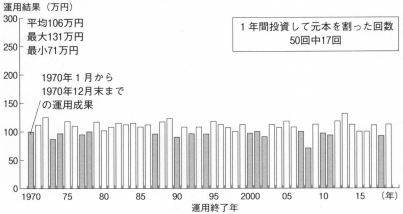

運用結果（万円）

平均106万円
最大131万円
最小71万円

1970年 1 月から
1970年12月末まで
の運用成果

1 年間投資して元本を割った回数
50回中17回

運用終了年

100万円を10年間運用した結果

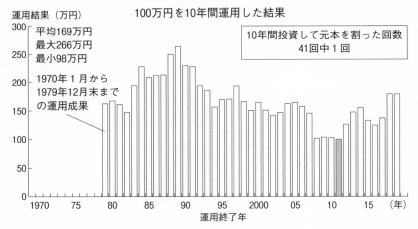

運用結果（万円）

平均169万円
最大266万円
最小98万円

1970年 1 月から
1979年12月末まで
の運用成果

10年間投資して元本を割った回数
41回中 1 回

運用終了年

出典：国内株式：東証一部時価総額加重平均収益率
　　　国内債券：野村BPI総合
　　　4 資産分散：国内株式、外国株式、国内債券、外国債券の 4 資産に25％ずつ投資
　　　　　　　　したポートフォリオ、毎月末リバランス
　　　外国株式：MSCIコクサイ（グロス、円ベース）
　　　外国債券：1984年12月以前はイボットソン・アソシエイツ・ジャパン外国債券
　　　　　　　　ポートフォリオ（円ベース）、1985年 1 月以降はFTSE世界国債（除く
　　　　　　　　日本、円ベース）

(2)　年金積立金の運用

　さて、年金財政における積立金の役割について確認しておきたい。図表
8－4に示してあるが、「保険料」とあるように、GPIFが運用しているのは
「年金保険の保険金」であり、"年金積立金"ではない。

　保険とは、保険事故が起きたときに保険金が支払われるものである。たと
えば、生命保険は保険料を一定期間支払って、死亡という保険事故が発生す
るとお金が支払われるものである。年金保険における保険事故は何かという
と「長生き」である。90歳とか100歳まで長生きすると、体もなかなか自由
に動かなくなり、結構大変だが、そのときに多少なりとも年金保険金が支払
われると助かる。長生きという保険事故のために保険料を支払っているのが
年金保険なのである。年金保険であるから、若い現役世代の方々が支払った
金額はそのままお年寄りの方々に渡している（賦課方式といわれているもので
ある）。支払った保険料をそれぞれの個人が積み立てて、それを将来もらう
という制度ではない。積立ではなく、保険だということを理解していただけ

図表8－4　年金財政における積立金の役割

【公的年金財源の内訳（2019年財政検証）】

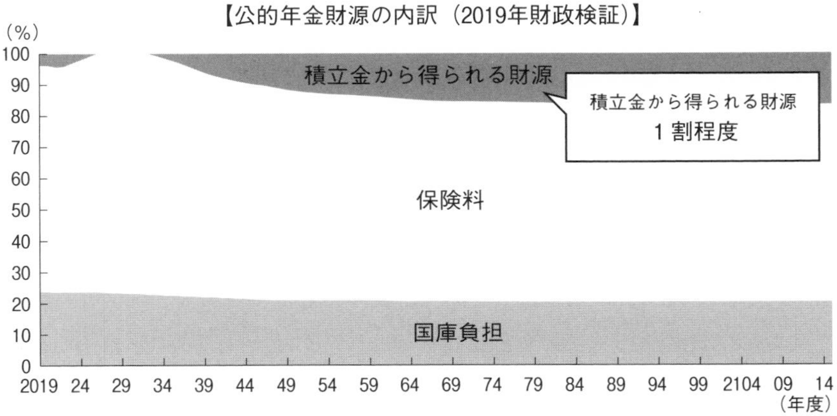

　（注）　厚生年金と国民年金の合計。長期的な経済前提はケースⅢ（物価上昇率1.2%、賃
　　　　金上昇率（実質〈対物価〉1.1%）、運用利回り（スプレッド〈対賃金〉1.7%））、人
　　　　口推計は中位に基づく。
　出典：2019年財政検証資料

たらと思う。

　そうした性質から、年金保険で支払われる保険金はあくまでも生活をサポートするもので、これだけで生きるというのは非常にむずかしい。2019年に話題となった2,000万円問題からも、たしかに公的年金だけで暮らすには相当生活を切り詰めないとなかなか生きていけない、ということがわかる。ただ、公的な年金保険なので、国庫負担ということで国が保険料の2割を補填してくれており、国民としては、加入しておいたほうが制度的に有利である。

　次にGPIFの運用戦略とその背景について説明する。年金を受け取れる年齢は、累次の制度改正に伴い、制度発足当初の55歳から65歳に引き上げられた。制度設計上は55歳から支払うことになっていたので、GPIFから出ていくお金は減少した。なおかつ、パート・アルバイトの人や中小企業の人も年金になるべく加入するように促したので、入ってくるキャッシュは増えた。ということで、これから25年ほどはGPIFにはたくさんキャッシュが入ってくる。そのため、当分キャッシュの支払いに余裕のあるGPIFからすると、多少リスクをとってもリターンを得たほうがいい。よって、株の比率が半分になっている。

　実は、日本の年金制度は他国より若い。若いということは、出ていくキャッシュが少ない。日本は高齢化が急速に進んでいるが、年金制度自体は若いので、キャッシュインの状況である。他方、英国やスウェーデンは老齢化した年金で、対象者に支払うべき金額が大きいため、彼らは株ではあまり運用せず、極力債券を買い、キャッシュアウトに備えるような運用をせざるをえない。GPIFは、これからあと20年程度は多少リスクのある資産に投資をしてもキャッシュの余裕はあるので、長期の分散投資のなかで、株やオルタナティブ資産などでリスクをとってハイリスクハイリターンを求める投資のほうが合理的であろうという考え方に基づいている。日本も25年、30年後になればキャッシュアウトに備える運用になるだろう。GPIFとしては、いまはリスクをとる局面なので、ある程度リターンを上げて、運用で果実を与えることで、いずれ取り崩しが始まる時に、できるだけ高い状態から下がっ

ていくようにしている。

　まだ若い方々には想像しにくいだろうが、年金保険は、年金を受け取ることのできる年齢になったら必ず支払われる。保険であるから、保険事故が起きればその金額は必ず支払われる。ただ、みなさんより30歳、40歳年下の人々、子どもや孫の世代では保険料の負担が多くなるということは懸念点である。そういったことも考えながら超長期の運用をしている。

　GPIFの実際の運用実績については、図表8－5で、四半期ごとのグラフに示している。GPIFは長期目線で運用しているが、四半期ごとの成績開示は継続したほうがいいと考えているので、一定の同じフォームで開示している。四半期ごとの開示でたまたま赤字だとややセンセーショナルに報道されたりするが、収益を累計すると、多少のブレはあるものの、67.8兆円の利益をあげているということになる。GPIFとしては、こうした長期的な運用実績を丁寧に説明していく、というスタンスである。

　もう1つの大事な視点は、株の配当である。株は時価なので、毎日価格が変わる。株価の変動に伴う収益をキャピタルゲインという。それとは別に株式投資からは通常は配当も得られる。また、債券には利息がつく。株価の変動と配当・利息の部分を合算したのが、図表8－6のインカムゲイン累積額の折れ線グラフである。債券の利息や株の配当をインカムゲインというが、GPIFのインカムゲイン34.5兆円は、GPIFのファンドのなかにキャッシュで入っている。それは借金をしている国の利息のおかげでもあるし、企業の儲けのおかげでもある。

　10年前から顕著に変化したことはやはり金利の影響である。10年前はまだ金利があったので、1年間のGPIFのインカムゲインのうち6割は債券の金利だった。ところが昨年は金利が非常に低く、逆に海外はもとより日本企業も配当政策に非常に力を入れていることから、配当の割合が高まった。現在GPIFに入ってくるキャッシュのうち、6割程度は株の配当である。そのため、企業の方々に頑張って配当していただけると年金財政として非常に助かるというのが最近の状況である。

図表 8 − 5　GPIFの運用実績

	2019年度第 2 四半期	市場運用開始以降 （2001 〜 2019年度第 2 四半期）
収益率 （収益額）	＋1.14％（期間収益率） （＋1.8兆円（期間収益額））	＋3.02％（年率） （＋67.8兆円（累積））
運用資産額	161.8兆円％（2019年度第 2 四半期末現在）	

図表 8 − 6　インカムゲイン累積額

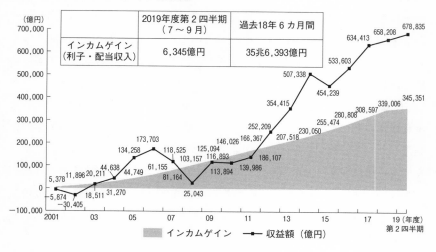

	2019年度第 2 四半期 （7〜9 月）	過去18年 6 カ月間
インカムゲイン （利子・配当収入）	6,345億円	35兆6,393億円

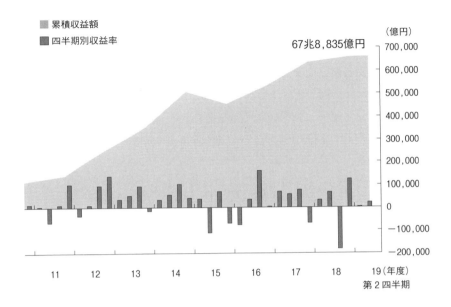

■ 累積収益額
■ 四半期別収益率

（億円）

67兆8,835億円

700,000
600,000
500,000
400,000
300,000
200,000
100,000
0
−100,000
−200,000

11　　12　　13　　14　　15　　16　　17　　18　　19（年度）

第2四半期

2　ESG投資

(1)　GPIFのスチュワードシップ活動

　GPIFは「ユニバーサル・オーナー」かつ「超長期投資家」である。基本的には、国民のみなさんが支払った保険料の余剰部分を運用しているわけで、みなさんから委託されたものをどのような責任のもとに運用するかがポイントになる。そこで、GPIFとしてスチュワードシップ活動（スチュワードシップ・コードとはコーポレートガバナンスの向上を目的とした機関投資家の行動規範のこと）を投資家の立場から行っている。

　GPIFでは、80兆円を株で運用していて、うち40兆円が国内株式と先ほど述べたが、それだけの金額を国内株式で運用するのはかなりむずかしい。一

応運用のプロとしてよい会社に投資したいのだが、おそらくほとんどの上場企業の株を買わないと40兆円分の投資をさばききれない。運用のプロとしては、よい会社に投資をしたい一方、悪い会社には投資したくない。それが、40兆円規模になるとできない。日本の株でも2,300社分もっていて、比率の多い少ないはあるが、ほぼ上場企業のすべての株をもっているということであり、その状況が、図表8－7で示してある。

　また、パッシブ運用（運用目標とされるベンチマークに連動する運用成果を目指す）とアクティブ運用（ベンチマークを上回る運用成果を目指す）の割合をみると、図表8－7で示してあるとおり、9割がパッシブ運用である。たとえば日経225やMSCIなどの指標どおりに投資するのがパッシブ運用で、基本的にはインデックス投資（目安となる指数に連動するスタイル）といわれている。金額が大きいと、どうしてもパッシブ運用が増えてしまうのだが、こ

図表8－7　GPIFは「ユニバーサル・オーナー」かつ「超長期投資家」

・ユニバーサル・オーナー（GPIFは広範な資産をもつ資金規模の大きい投資家）
・超長期投資家（GPIFは100年を視野に入れた年金制度の一端を担う）

⇒負の外部性（環境・社会問題）を減らし、市場全体、さらにはその背後にある社会が持続的かつ安定的に成長することが不可欠。

⇒運用受託機関に対して「建設的な対話」を促すことで、「長期的な企業価値向上」が「経済全体の成長」につながり、最終的に「長期的なリターンの向上」というインベストメント・チェーンにおけるWin-Win環境の構築を目指すことにより、スチュワードシップ責任を果たしていく。

【GPIFの株式保有状況（2019年3月末時点）】

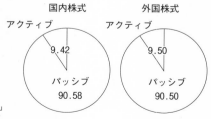

主要指数の構成銘柄数とGPIFの保有銘柄数

（銘柄数）
国内株式：TOPIX 2,124、GPIF保有国内株式 2,380
外国株式：MSCI ACWI（除く日本）2,449、GPIF保有外国株式 2,731

GPIFの株式運用におけるパッシブ・アクティブ比率

国内株式：アクティブ 9.42、パッシブ 90.58
外国株式：アクティブ 9.50、パッシブ 90.50

出典：GPIF業務概況書（2018年度）

れから25年間お金が入ってくる時期であるので、買わざるをえない、もたざるをえない、というのがGPIFの置かれている状況である。

　そうすると、上手に儲けている会社に集中的に投資してリターンを得るというのは、正直あきらめるしかない。GPIFの運用規模は非常に大きいので、どんな企業であっても、みんながうまくいく方向に会社の行動を少し変えてもらえるような投資をせざるをえないと考えている。

　たとえば、気候変動に対しては、炭素排出量が多い石炭会社に対し、こうした会社への投資をやめ、株式を売却するというダイベストという手法が有効である。しかし、GPIFは全部の会社の株式をもち、かつ長期の投資家であるため、こうした会社の株式を売却するのではなく、会社の事業ポートフォリオをもっと環境にやさしいものに変えていただけないかと、運用会社を通じて相談している。結果として、社会全体がハッピーになるという運用戦略を採用している。

　GPIF自身は法律上、直接会社にものがいえない。図表8−8で示したとおり、アセットマネジメント会社を通じて会社に働きかけるモデルである。いま、GPIFの職員は130人で、彼らが国内外の運用会社にファンドを預けてうまく運用してもらっている。それぞれの会社に対して、環境（Environment）、社会（Social）、ガバナンス（Governance）の頭文字をとったESG、つまり「環境にやさしいことをしていますか」とか「ダイバーシティーに奉仕していますか」といったことをあわせてお願いするというのが、現在のビジネスモデルである。

　いま、数多くの経営者の方々が、SDGs（Sustainable Development Goals。持続可能な開発目標）を意識して経営戦略を立てている。ESGとSDGsとは何が違うのかとよく聞かれるので簡単に説明しておく。

　ESGはコフィー・アナン元国連事務総長がいい始めた話で、歴史は割と長い。EもSもGもあるけれど、投資する以上リターンがないといけない。私自身は、かつて農業や漁業のお手伝いができればと農林中央金庫に就職した経緯があったのだが、基本的に金融や投資は世の中の「縁の下の力持ち」という考え方をもっていた。

図表 8 － 8　GPIFとインベストメントチェーン

社会的な課題解決が事業機会と投資機会を生む

出典：国連等資料よりGPIF作成

　しかし海外、特に欧州の投資の責任者は、お金を預かる以上は責任があり、それを放棄してはいけないという考え方であり、「縁の下の力持ち」的な発想とはまったく異なっている。彼らからいわせると、ESG投資というのは、誰に何といわれても、持続可能な社会のためにはお金を投資する人そのものが相当責任感をもってやらなければ、それは無責任だという考えである。私もいまではその考えに非常に感化されて、一生懸命にその方向で投資を進めている。

一方、SDGsはというと、これは30年までの「持続可能な開発」に向けたゴール目標である。言葉も文化もバックグラウンドも違う人たちにわかりやすくするために、17の目標を立てている。企業経営者にとってみると、この目標はビジネスチャンスの宝庫で、これをもとに事業経営し始めたときに、その事業のビジネスモデルをESG投資というツールのなかで判断するのが投資会社、あるいはその背後にいるのがGPIFというわけである。SDGsの目標に達したとしても、投資家としては、やはりリターンがなければいけない。

　「きれいごとをいってはいるが、投資をするのは金儲けのためじゃないか」と思う人に、1ついっておきたいのは、金の流れがないと、こうした投資を行うことは、続かないということである。人間はよいことをしていても途中で飽きる。ところがお金は何回も繰り返して動く。いちばんいいのはお金がどんどん増えていくことだが、お金の流れがあると持続性が生まれるということは1つの事実であろうと考えている。そのため、「この人はいい人だから信じます」ではダメで、「こうすれば企業経営がよくなるから必ず配当が出る。もしそれが嫌なら株主権を行使して社長を首にする」という仕組み・手法があるからこそ、ESG投資は続いていくのだと思う。

(2)　GPIFのESG投資

　GPIFでは、「ESG指数」を3年ほど前から、指数の提供会社と作成している。EとSとGのすべての指標を入れたのが、FTSE Blossom Japan IndexとMSCIジャパン ESGセレクト・リーダーズ指数である。テーマ別では、EはS&P/JPX カーボン・エフィシェント指数シリーズがある。カーボン・エフィシェントとは、同じ売上げや利益を計上するために使った炭素排出量の指標で、炭素の使用効率がいい会社にたくさん投資することになる。SはMSCI日本株女性活躍指数（WIN）で、たとえば、新入社員のうちの女性の比率や、役員のなかの女性の比率がいい会社にGPIFがたくさん投資する。Gはない。この5つの指数で3.8兆円ほど投資している。概念図を、図表8-9に示してある。

　グローバル環境指数選定における評価ポイントについては、図表8-10

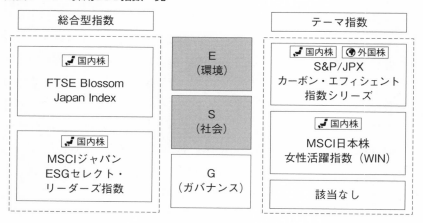

図表 8 - 9　採用ESG指数一覧

総合型指数		テーマ指数

総合型指数

[国内株]
FTSE Blossom
Japan Index

[国内株]
MSCIジャパン
ESGセレクト・
リーダーズ指数

E
（環境）

S
（社会）

G
（ガバナンス）

テーマ指数

[国内株]　[外国株]
S&P/JPX
カーボン・エフィシェント
指数シリーズ

[国内株]
MSCI日本株
女性活躍指数（WIN）

該当なし

に、その考え方を示してある。1つ目の評価ポイントは、評価の基準はまずはポジティブスクリーニングが基本である。投資して成績をよくみせたいとき、短期的によくみせるにはネガティブスクリーニングのほうが楽なのである。つまり、悪い会社に投資しない、成績が悪い会社の株を売る、ということだ。ただ、先述したとおり巨額を運用する私たちにはそれができないため、カーボンエミッションを出している量が多い＝駄目、ということではなく、去年の炭素排出量は100だったけれど、今年は80に抑えたといった改善度合いを評価するといったポジティブスクリーニングも取り入れて投資している。

　2つ目の評価ポイントは「開示」についてである。企業のディスクローズのうち、注目されるのは、売上げや利益の見通しといった数字である。ただし、投資家は、環境に対してどのくらい配慮している、といった非財務情報も重視している。5年、10年先にどのくらいの利益が出るだろうということより、炭素量の排出削減にはどんな計画で取り組んでいるとか、どんな技術開発をしているのかというところが大切なのである。

　また、開示のなかでも、最も重要視しているのが「社長の思い」である。私はこういうふうに経営したい、こういうかたちで社会に貢献したいという

図表 8−10　グローバル環境指数選定における主な評価ポイント

01	**ESG（環境情報）重視、ポジティブスクリーニングが基本** ▶石炭採掘企業や電力会社などの環境負荷の大きい企業について、形式的に銘柄除外を行う指数（ダイベストメント）は、「ユニバーサルオーナー」を志向するGPIFの方針と合致せず、ポジティブスクリーニングによる指数、業種内での相対評価を行う指数が望ましい。
02	**開示促進（公表情報重視）、評価手法の改善** ▶企業の温室効果ガス排出量やクリーン技術関連製品の売上高について、企業の開示は不十分であり、環境株式指数の場合、完全に開示情報のみで指数構築を行うことは困難。 ▶公表情報と非公表情報を併用する場合、情報開示を促進するインセンティブづけをする仕組み（例：開示情報を優先・優遇する仕組みなど）があれば、目的は達成できる。 ▶評価手法の改善のために、評価結果や評価手法を開示する指数会社が望ましい。
03	**ESG評価会社のガバナンス・利益相反管理** ▶国内株ESG指数の選定と同様な基準で対応。
04	**評価対象ユニバースが可能な限り広いこと** ▶市場全体の持続可能性向上のためには、小型株にも指数採用の機会が開かれるべき。

思いが大切だと考えている。私自身の偏見かもしれないが、魅力的な会社では、特に海外で顕著だが、リーダーの発信力が明快である。たとえば、米国の経営者であるイーロン・マスクは「私は火星に行きたい」といったが、これが長期の投資家に響いた。開示もせず、黙々と「当社はこうやってきたんだ」といわれても、国際的な資本市場でそれは通用しない。不言実行であるくらいなら、不実行でもいいから「有言」であることが大切なのだ。GPIFとしては、採用している指数は基本的に公開情報だけで判断するということもあり、ディスクローズの量を増やしてくれた会社に対しては評価を高くするようにしている。われわれからすると、有言でないとなかなか判断できないということである。

　3つ目の評価ポイントは、MSCIやフィッツ、S&PなどESG評価会社自身

のガバナンスである。これらの会社に対してデューデリジェンスをしている。ESG投資の対象として、株だけではなく債券も考えている。しかし、株は私たち投資家が議決権をもっているので対話する手段があるが、債券は基本的に貸借関係なので、貸主としてどうアプローチするかは非常にむずかしい。たとえば世界銀行の場合、ある国の風力発電のプロジェクトにお金を貸すときは、「グリーンボンド」として発行して投資家を集める。GPIFはそうしたものに優先的に投資しますという協定を世銀やほかの国際機関と結んでいる。そういうかたちで、環境にいいプログラムが広がることを考えている。

そして、4つ目の評価ポイントは、評価対象ユニバースが可能な限り広いことである。

(3) GPIFの今後の取組み

ESG投資が、日本でもこれほどまでに広がりをみせるとは思っていなかった。ありがたいことなのだが、ではESGによってプラスアルファでどんなよいことがあるのかという測定は非常にむずかしい。「この期間にこういうレベルでESG投資をするとこれくらいのリターンがあります」といったレポートは数あるが、GPIF並みの資金を運用している場合に、本当に国民の皆様が満足、あるいは納得してくれるようなリターンがあるかはまだわからない。だが、一時的なブームではなく、やり続けるべきものだと思っている。

そうした経緯から、2019年8月、GPIFは「2018年度 ESG活動報告」として、ESG投資でどの程度リターンがあり、どれくらいリターンがうまく出なかったかをディスクローズした。2018年度のESG活動報告については、図表8-11に示してあるが、今後も毎年公表していく。投資先にもディスクローズを求めている以上、まず自分たちの成績をレポートにして、批判、意見を取り入れて、翌年の行動に生かしていけたらと思っている。

ESG活動報告のなかで、GPIF自身のポートフォリオについて分析しているが、いろいろな仮定を設けてシナリオ分析するとGPIF自身がもっている

ポートフォリオの会社が排出する炭素等により、何もしなければパリ協定における目標を達成できないとの結果が示されている。こうした人類全体の課題については、どうしてもいちばん人間の弱い部分、ただ乗りで楽をすることになりがちで、なかなか解決しない。したがって、気づいた時にはすでに遅かった、となりがちだ。GPIFとして、当然、長期的な運用収益をあげることが優先で、それを前提として、どの程度こうした人類全体の課題にも対応していけるか模索している。また、ESGの投資評価をする専門人材も優先的に採用してきている。

　理事長として、長期の運用において私が最も気遣っているのはカルチャーである。いろいろな運用会社のトップと話すときに必ず聞くのは、「あなたの会社のカルチャーはどんなものか」ということだ。たとえば、「うちは顧客第一がカルチャーだ」といったとき、言葉ではなくて現実にどういうかたちで考えているかを問う。そして、会社全体としてどんな意思決定ができるかという、そのスキルを確認する。

　冒頭で話したとおり、投資というのは期間を区切ればプラス・マイナスがはっきりと出てしまう。100投資して3年後の数字が出たときに、その選択を組織としてどう決めたかについて、決めた技、決めるスキル、決めるときのメンバーの納得感を組織としてどういうふうにもっていけるかということが「カルチャー」であると思っている。繰り返しになるが、GPIF自身が基本的に年金という長期間の投資なので、つらい時期があったり、うまくいかなかったりすることもある。だが、20年後、50年後をみて、「これはちょっとやめたほうがいい」と思うのであればやめればいいし、「このくらいのことはしなくてはいけない」と思うならやらなくてはならない。最後は人の善意を信じるしかない。

　私はその社会人生活のなかで、株式や債券への投資業務の経験よりも、投資業務を行う組織づくりをしてきた経験のほうが長かった。私が農林中金で働き始めた時は、それまで農林中金は投資業務を行った経験がほとんどない組織であった。人材もノウハウもないなかから試行錯誤を繰り返して、投資業務を継続的に行いうる組織につくり変えてきた。そのときに感じたこと

図表8－11　GPIFが採用しているESG指数一覧

	FTSE Blossom Japan Index	MSCIジャパン ESGセレクト・ リーダーズ指数
指数のコンセプト	・世界でも有数の歴史をもつFTSEのESG指数シリーズ。FTSE4 Good Japan IndexのESG評価スキームを用いて評価。 ・ESG評価の絶対評価が高い銘柄をスクリーニングし、最後に業種ウェイトを中立化したESG総合型指数。	・世界で1,000社以上が利用するMSCIのESGリサーチに基づいて構築し、さまざまなESGリスクを包括的に市場ポートフォリオに反映したESG総合型指数。 ・業種内でESG評価が相対的に高い銘柄を組入れ。
対象	国内株	国内株
指数組入候補 （親指数）	FTSE JAPAN INDEX （513銘柄）	MSCI JAPAN IMI TOP 700 （694銘柄）
指数構成銘柄数	152	268
運用資産額（億円）	6,428	8,043

（注）　データは2019年3月末時点。

は、「組織として最も大切なことは、投資をして失敗した経験をどう共有し次に活かしていくかである」ということだ。組織での投資は、うまくいかないとみんな心に傷を負う。上司は部下に「お前がいったことをやったから失敗した」と、部下は「あのトップが早く決めなかったから失敗した」といいたい。でも、失敗の経験を共有して、「あの時ああいうことで失敗したから今度はこうしよう」とみんなで提案し合える組織でないと、投資業務を継続的に行いうる組織にはならない。投資環境によっては成功するときもあれば失敗するときもある。チームとして投資していくためには、失敗の経験を生かすことも必要である。したがって、投資業務を行う組織づくりには少し時間がかかると思っている。

MSCI日本株 女性活躍指数 （WIN）	S&P/JPXカーボン・エ フィシェント指数	S&Pグローバル大中型 株カーボン・エフィシェ ント指数（除く日本）
・女性活躍推進法により 　開示される女性雇用に 　関するデータに基づ 　き、多面的に性別多様 　性スコアを算出、各業 　種から同スコアの高い 　企業を選別して指数を 　構築。 ・当該分野で多面的な評 　価を行った初の指数。	・環境評価のパイオニア的存在であるTrucostによ 　る炭素排出量データをもとに、世界最大級の独立 　系指数会社であるS&Pダウ・ジョーンズ・イン 　デックスが指数を構築。 ・同業種内で炭素効率性が高い（温室効果ガス排出 　量／売上高が低い）企業、温室効果ガス排出に関 　する情報開示を行っている企業の投資ウェイト 　（比重）を高めた指数。	
国内株	国内株	外国株
MSCI JAPAN IMI TOP 500（498銘柄）	TOPIX （2,124銘柄）	S&P Global Large Mid Index （ex JP）（2,556銘柄）
213	1,738	2,199
4,746	3,878	12,052

③　本章の理解を深めるためのＱ＆Ａ

Ｑ１　年金の仕組みへの理解は非常に大事だと思う。人口減少や少子高齢化
　　のインパクトを考えると、現行の年金の仕組みは将来的に十分耐えうる
　　のだろうか。現在、賦課制度のもと、２、３人の現役世代が１人を支え
　　るかたちで年金を支払っているが、将来はさらに現役世代が少なくな
　　り、積立金を運用して支払うとのことだが、財政的に懸念はないのか。

Ａ１　人口減少による年金財政への懸念は、大変むずかしい問題である。試
　　算上は、現在40代から50代の第二次ベビーブーム世代が20年くらい経っ

て受給世代に移行すると、一時的に1人の現役世代が3人の受給世代を支えることになる。ただ、この時期を切り抜けると、現役1人が受給者1人を支える状態に戻るという前提で年金財政の検証がなされている。前提として、GPIFが積立金から払い出す頃には1人が1人を支えるようになり、払出しが終わる頃には、基本的に収入と支出が拮抗するということに制度上はなっている。

Q2 4資産分散法の利回りが、ここ20年ぐらい平均的にはプラスを確保しているが、一時的にリーマンショックの影響はあったにせよ、世界経済が成長し続けてきたことが前提だと理解している。ただ、これから先の運用を見据えると、多分いちばんの問題は、世界の金利低下の局面がどれだけ続くのかというあたりがポイントになると思うのだが、いかがか。

A2 次の10年の運用方針を検討する際、その前の10年をどう評価するかにかかっている。そうしたなかで、低金利もポイントではあるが、この10年の中国の成長をどうとらえるかということが重要だと考える。あれだけの巨大な国が、たしかに格差はあるが高度成長をした。次の10年も、高度成長する国がなんらかのかたちで世界経済のなかに入ってくるかどうかだと思う。もしかしたら、次の10年は、環境だとか持続可能な社会という制約を受け、もう少し、成長スピードが遅くなるもしれないとは思う。

Q3 巨額の資産を分散投資で運用するので、成績の悪い会社にも投資しなければいけない、とのことだったが、そのような会社には投資せず、そのまま手元に残しておけばいいと思うのだが、いかがか。

A3 たとえば、自動車会社であれば、国内に大手が数社ある。仮にAという会社がディーゼル車をつくっているが、これは非常に環境負荷が大きい。でも、ここからの利益は非常に大きいとする。ダイベストメントという投資法で、A社をゼロにして残りの会社に全部投資すると、ゼロにする金額そのものも当然大きいし、これから先20年、30年、つながりが

なくなるというのは、結構無責任ではないかというのが、われわれの考え方である。だからゼロにはせず、比率を下げ、基本的には対話をするなかで、その会社が変わるのを待つ。

　別の視点から話すと、投資のチャンスは、いい会社にもあれば逆境の会社にもある。投資家にもいろいろなタイプがいるが、いい会社はマーケットですでに高く評価されている。だから高値で購入するリスクのほうが大きい。だが、うまくいっていない会社は、上にいく可能性も結構ある。逆境にあるときの投資の考え方として、基本的にGPIFは持続可能性のある社会を目指しているので、悪い会社だから投資しないというよりも、なんとかならないかというスタンスである。

Q 4　ESG投資について、環境に配慮するよう働きかける一方で、リターンも大事だということだが、投資するときに、環境にはあまり優しくないが投資リターンが多く見込める企業と、環境に非常に配慮しているが投資リターンが見込めない企業があったとすると、どうするのか。利益もリターンも度外視の投資はないと思っているが、環境に配慮している企業というのは、長期的にみれば、投資リターンも高いということだろうか。

A 4　まだ答えはないが、いろいろなバランスを考えて中間辺りをねらっていくのかなと思っている。GPIFとして、１つは、環境に配慮する会社に投資しているわけではない。私たちは、環境のためによいこと、たとえば、社会貢献だとか寄付だとか、それのみをやっている会社には投資しない。当たり前だが、われわれも配当や株価の上がり益といったリターンを求めて投資している。ビジネス活動のなかで、一方的な寄付や社会貢献は、企業の社会的責任として取り組むことは理解できるが、それには次の生産活動なり企業活動としてリターンはない。だから、それには投資はしない。いわゆるCSRや寄付活動はお任せするが、われわれが投資先との対話のなかでESG投資としてお願いしていることではない。

第9章

「基礎編」「応用編」のまとめ
——今後の「金融リテラシー」の展望

京都大学経営管理大学院特別教授　幸田 博人

① はじめに

　「金融リテラシー」について、「基礎編」「応用編」での有識者による論考を通じて、必要な視点と材料は提供できたのではないかと考える。そうした内容をふまえながら、現時点で、どういう課題認識をもち、そして、今後の「金融リテラシー」の展望をどうとらえていくかについて、"まとめ"として記述していきたい。

　まずは、再度、「基礎編」と「応用編」の位置づけについて、確認しておきたい。「基礎編」の位置づけは、大学生にとっての基本的な「金融リテラシー」とは何かという観点である。経済学部などの文系大学生に限らず、理系大学生を含めた一般の大学生にとって、仮に人生100年時代だとして、今後80年にわたる個々人の将来のライフステージのなかで、"お金"や"金融の基礎知識"を知っておくことの有用性を理解することを目指した。そのためには、「金融リテラシー」はなぜ必要なのか、どういう現代的な背景があるかについて、総合的な視点で理解しておくことが非常に大切であると考える。一方で、「応用編」では、経済学部などの文系を中心とした専門分野について、日本の今後の社会構造や金融経済構造の大きな変化などの環境のもとで、「金融リテラシー」というテーマそのものの専門的な深みを探った。具体的には、金融商品の中身の問題、金融機関のビジネスモデルのあり方、金融ジェロントロジーなどはアカデミズムとの連携での考え方の整理なども含めて、社会課題や金融課題をどう解決していくかに係る「金融リテラシー」の現在の状況の理解と課題認識を明確にしたものである。「金融リテラシー」の重要性について、日本の社会課題としての関係を明確にとらえて、体系的に理解をしていくことがポイントと考える。

　このように「金融リテラシー」の「基礎編」と「応用編」を総合的に理解していくことは、大学生の幅広い層に必要であるということに加え、当局など政策関係者、大学の教育・研究関係者、金融関係者、現役の勤労者やシニア層の方などにも有用である。さまざまな方々とその問題意識を共有し、日

本の今後のあり方に関し意見交換し、将来の日本の社会基盤をつくっていくことにつながるものと考える。

② 「リテラシー」とは何か

　本書は、「金融リテラシー」について総合的にカバーした書籍であるが、そもそも論として、「リテラシー」ということをどう考えておくか、押さえておく必要がある。すなわち、現代的な「リテラシー」の概念の1つとして、「金融リテラシー」を理解しておくことが大事である。

　すでに、「金融リテラシー」についての定義や見方についてさまざまな執筆者が論じているので、筆者としては、「金融リテラシー」がいつ頃から話題として広がったのか、政策的な観点でどういうかたちで取り上げられるようになったのかに関し、簡単にみておきたい。金融庁は、2013年11月に、「最低限身につけるべき金融リテラシー（4分野・5項目）について」を公表している。ここでは、「一人の社会人として、経済的に自立し、より良い暮らしを送っていく上で、もっとも基本となるのが「家計管理」と将来を見据えた「生活設計」の習慣です。……（省略）そのため、生活スキルとして最低限身に付けるべき金融リテラシーを整理しました。（省略）」と記述している。リーマンショック後の金融危機との関係で、特に欧米金融機関のリスク管理面に加えて、「金融リテラシー」を個々人が相応に有していれば、その国の金融システムに与える影響が相対的に軽減できるということを、世界的な共通経験として得られた。こうして金融経済教育としての「金融リテラシー」が脚光をあびることになった。しかしながら、「金融リテラシー」が俎上にのり始めて、まだ、10年は経過していない。

　「金融リテラシー」と直結する資産形成などのテーマについては、今後の日本の社会・経済に係る構造上の問題から出てくる課題、たとえば、高齢化問題、あるいは地域間格差や世代間格差の問題とも近接しており、「金融リテラシー」の向上を図っていくことが、日本のそうした課題解決にも通じていく部分があり、金融経済教育の推進がより求められている。「金融リテラ

シー」の向上が図っていければ、個々人が将来的なライフプランのなかでより金融との接点を積極的にとるなど、資産形成に向けたアクションを適切に行うようになり、日本全体の社会の基盤の安定化にも通じていくということにもつながる。いわば、ポストコロナ時代における新しい働き方も前提に、「金融リテラシー」を有意義に活用した人生設計、あるいは人生100年時代を生き抜いていくことに通じていくものである。

　こうした観点で「金融リテラシー」を理解していくと、日本の社会課題との関係性もふまえて、現代的な「リテラシー」概念の１つとして、理解することが求められる。もともと、「リテラシー」とは、英語のliteracyであり、「読解記述力」を表している。手元の新英英大辞典（開拓社、新装版1978年）には、"the ability to read and write" と記されている。この「リテラシー」という用語は、最近、日本語としてさまざまな場面でよく聞かれるようになっている。「金融リテラシー」に限らず、「ITリテラシー」「情報リテラシー」「データリテラシー」「統計リテラシー」あたりが、現代的な「リテラシー」の代表格と思われる。基本的な読解記述力である「リテラシー」が、さまざまな専門分野と結びついて、生活していくために必要不可欠な事項として理解されているのは、現代社会が複雑で、先端的な分野からの絶えざる情報、知識、プロダクトの流入があることが関係している。昔からの"読み""書き""そろばん"ということだけでは、基礎的な生活様式での日々の活動が十分には保証されない世の中になっているということであろう。

　現代的な「リテラシー」とは、一般的には、生活者の立場で身につけることが望ましい知識・判断力である。特に、スマホが一般化した今日、パソコン（PC）をもっていない大学生が相応の比率（２割とも３割ともいわれている）でいるとしても、スマホを保有していない大学生は皆無である。そうした環境下、スマホをベースとして多様なサービスが生まれ、瞬時に変化も生じるなかで、個人が現代的な「リテラシー」を有していることは、生活者にサービスを提供する事業者などとの関係で不利益を被る可能性や、さらには情報発信者サイドとの情報や経験のギャップが生じることを埋めることにつながる。特に、スマホからネットを通じて個人も情報発信者となり、膨大な

情報がSNSを含むネット空間にあふれており、情報を自身で理解しようとする姿勢は非常に重要になっている。また、IT分野をはじめとする技術進展に伴い、事業者サイドや専門家が、よりいっそう、専門性に基づくたしかでわかりやすい情報提供を行うことが求められていることはいうまでもない。

　日本の社会課題の特徴について、図表9－1で整理してみた。5つのカテゴリー、具体的には、社会課題として、①人口動態として人口減少の加速化、シニア化の急速な進行など、②経済・産業面におけるデジタライゼーションの遅れとイノベーションの停滞、③環境、エネルギーにおける地球温暖化問題と防災関連、④旧来型の社会システムの限界、特に、働き方の問題や格差問題など、ある種のインクルージョン（包摂）に係る問題、⑤消費スタイルが双方向に大きく変化するなかでのデジタライゼーションの進展などがあげられる。こうした5つのカテゴリーで、社会課題についてみると、さまざまな現代的な「リテラシー」の重要性が、より浮かび上がってくるものと考えられる。

　日本の「金融リテラシー」の水準については、すでに本書においても何度も論じているが、あらためて整理すると、海外との比較（海外の調査：S＆P Global Financial Literacy Survey（2015））において、日本の金融リテラシーのある成人の割合は43％にとどまっており、欧州諸国などが相対的に高い水準（60％台から70％台前半）にある。日本の「金融リテラシー」の水準は、世界141の国と地域のなかで、ランクは38位となっている。

　こうした社会課題と近接した現代的な「リテラシー」（「ITリテラシー」……ほか）について、世界のなかで、日本は必ずしも高くない。ベースの教育面では、日本の教育水準は、たとえば、高等教育への進学率で世界と比較すると上位にあり、OECD（経済協力開発機構）の生徒の学習到達度調査（PISA）によると、読解力、数学的リテラシー、科学的リテラシーの3分野で上位に位置している。しかし、学校教育でのデジタル機器の利用時間は短く、OECD加盟国中で最下位と、デジタル活用面では遅れている。社会課題と近接している現代的な「リテラシー」は、下位にとどまっている。こうした日本の状況を鑑みるにつけ、山積みの社会課題に向き合い解決の方策を考

図表 9 − 1　日本の社会課題の特徴

	人口動態	経済・産業	環境・エネルギー
現状	・少子化による急速な人口減少と高齢化	・世界3位の経済規模 ・第2次産業・大企業に依存する競争力 ・デジタライゼーションの脆弱性	・化石資源への依存と地球温暖化 ・自然災害の頻発（地震、豪雨など）
今後の見通し・課題	・本格的な人口減少社会 ・地方経済圏の縮退と首都圏依存	・デジタル社会に伴う国際的な競争力や経済規模（産業シフト） ・イノベーションの重要性（オープンイノベーション、スタートアップ）	・自然・再生可能エネルギー ・代替的な新素材 ・社会システムや消費スタイルの変革

出典：各種資料より筆者作成

えていくためには、現代的な「リテラシー」の向上は、欠かせないと考える。

③　本書の「金融リテラシー」コラムの視点について

　今回の書籍にコラム16本（「基礎編」8本・「応用編」8本）を掲載したねらいについて、本書の冒頭の「「基礎編」のねらいと構成について」「「応用編」のねらいと構成について」にて、すでに記載している。具体的には、「有識者の方々からのさまざまなユニークな視点を受け、「金融リテラシー」を考えるにあたっての論点提示がなされた。このコラムを本文の前に熟読することで、「金融リテラシー」についての問題意識のスコープが広がり、個々人にとっての「金融リテラシー」の有用性に対する理解が増し、その活用の仕

社会システム・インクルージョン	消費スタイル
・高度で均一的な社会インフラ（医療や教育、治安、金融、交通） ・階層化（二極化）の固定化懸念	・大量生産・大量消費 ・高い利便性・サービス水準 ・シェアエコノミーやインターネット・通販の浸透
⇩	⇩
・財政制約下、社会システム改革 ・所得水準の底上げ ・働き方改革 ・人生100年時代と人材教育	・双方向プラットフォーム基盤確立 ・デジタライゼーションの進展

方がイメージできること、さらには、日本の今後の社会・経済構造の変化のなかで、「金融リテラシー」の重要性にも思いが広がる面がある」と、筆者は概略記述した。

　それでは、これら16本のコラムと川北氏の２本の「おわりに」から、どういうことが浮かび上がるのか、以下、論者の見方をふまえ、項目立てして簡単に整理してみたい。具体的には、第一に「金融リテラシー」のもつ意味、第二に、「金融リテラシー」向上のための視点、第三に、「金融リテラシー」を広げていくための新たな視点である。それぞれのコラムの内容から、筆者が必要な記述をピックアップした。以下の文責は、筆者にある。

⑴ 「金融リテラシー」のもつ意味

「金融リテラシー」がなぜ重要なのかについて、堀氏は、ITリテラシーや情報リテラシーとともに、金融リテラシーを身につけることは、非常に重要な意味をもっており、１人の個人として経済的に自立した生活を送るうえで、金融や経済全般の事象や情報を正しく理解・分析・整理し、判断する能力があるということが大事と整理している。

角田氏は、「金融リテラシー」には少なくとも４つのレベルがあり、金融や経済の「知識」、資産管理の決定を行う「判断能力」、そのための「スキル」、そして、自らの人生設計図をふまえた「決断」であると説く。

門間氏は、「金融リテラシー」は「本当に最低限」の部分と「プラスアルファ」の２つの「金融リテラシー」に分けて、メリハリをつけてとらえることの重要性を示している。「本当に最低限」必要な金融リテラシーは、第一に、月々の収入と支出を把握すること、第二に、危険から身を守る知識の習得、第三に、「わからなければ安全運転」を心がけることである。「プラスアルファ」の金融リテラシーとは、資産運用の基本原理を知ることであり、①投資には価格変動などのリスクが存在する、②大きなリターンを求めればリスクも高まる、③分散投資や長期投資によってリスクとリターンの組合せを改善させることができる、④内外の政治経済動向がリスクとリターンに影響する、といった事柄であることだと、わかりやすく示している。

川北氏は、「金融リテラシー」とは、要するに常識とか、当然の発想のうえに成り立っている "生きていくための当たり前の知恵" でもあり、"生きていくための当たり前の知恵" とはいえ、受け身ではなく、多少積極的に金銭と接するために、多少の知識も必要となるとの考え方を示している。金融リテラシーとは、むずかしいものではなく、生きるための常識の範囲内にある。本書も、その常識に、最低限必要な理論的背景と、多少の尾ひれをつけたと考えてもらえればいいとの見方が提示されている。

(2) 「金融リテラシー」向上のための視点

「金融リテラシー」が海外に比べて低いという問題意識から、河合氏は、若いうちから金融市場や経済に興味をもち、外部の知見も活用しながら、必要な知識を蓄積することの重要性を説く。

同様な観点から、奥野氏は、「金融」と「事業」を二元論的に理解しようとする風潮の問題指摘を行い、「金融」と「事業」の連関的な理解の重要性を示している。

また、高田氏は、今日、投資に対する意識が特に若者中心に生じていること、同時にそうした動きがNISA市場や確定拠出年金等の拡大につながっていることから、リテラシーの問題への第一歩は国民の参加にあると強調している。

飯山氏は、資産形成にフォーカスするなら、①早く始めることの重要性、②継続することの重要性、③定時定額の積立による時間分散の効果が重要で、団塊ジュニア世代が40歳代後半のいま、「金融リテラシー」を全員が備えるべく、変化を起こさなければ間に合わない、残された時間は少ないと主張する。

吉永氏は、米国人の金融リテラシー水準が高くないことは、各種の消費者調査などでもエビデンスが示されており、米国では、「金融リテラシー」が高くない人々にも、「老後2,000万円」といったそれぞれの人生設計の策定を支援し、実現のために必要な対策の実行手段として、リバランス付きの中長期分散投資に誘導する投資商品販売会社やその営業員がそこかしこに存在することの有効性を訴える。その意味で、営業員の金融リテラシーと彼らを研修する立場にある所属先の投資商品販売会社の責任は重いとの考え方を示す。

松山氏は、「保険リテラシー」の観点から、経済的な価値ベースの重要性と保険に係るさまざまなステークホルダー全体の金融リテラシーの底上げが重要であるとの論点を提示している。本書では、「保険リテラシー」については、限られたスペースの提供にとどまっており、今後、こうした「保険リ

テラシー」にも視野を広げていくことは重要であると、筆者は考える。

　草鹿氏は、FinTechが金融リテラシーの向上に寄与する余地は大きいが、利用者はデジタル・サービスならではの金融リテラシーを同時に身につけること、一方でサービス提供者は金融リテラシーを高めるような工夫（UI/UX含めて）を継続的に努力することの重要性を示している。

(3)　「金融リテラシー」を広げていくための新たな視点

　湯山氏は、東京大学においても、教養として金融を身につける機会があまりに少ないではないかとの問題意識から、「金融リテラシー」講義を2019年から行うことにしたとの話のなかで、文系理系を問わずに幅広い学生を対象として、まさに教養としての「金融リテラシー」講義を行い、そのなかで、文系学生以外の理系学生に「金融リテラシー」の関心が高いことを指摘している。

　藤田氏は、日本の家計は金融リテラシーに疎いというより、金融リテラシーがあっても応えてくれない時代が続いてしまったことをふまえ、家計の期待にしっかりとこたえる金融市場・資本市場にしていくことが最も重要だと訴える。

　新井氏は、21世紀の金融リテラシーには、テクノロジー、特にITの進展やその理論と実装を正確に把握することは欠くことができない能力として提示し、専門分野に依存しない汎用的読解力を継続的に強化していくことが大事と主張している。

　大澤氏は、現在（2020年）、世界経済に急ブレーキをかけているCOVID-19の終息はみえないが、個々人こそが、金融リテラシーはもちろん、世界市民としての正しい生き方のリテラシーを高めて、資本主義の新しい姿をつくりだす原動力にならねばならないことを、提示している。

　大橋氏は、「金融リテラシー」には、資金調達・資産運用においてself determinationが求められるようになり、その前提として金融リテラシーと自己責任への自覚が重要になっていく点について指摘している。

　大庫氏は、「金融リテラシー」の評価方法を定めずに、いくら「金融リテ

ラシー」について論じてみても、非生産的な議論の展開になるので、「金融リテラシー」を実際に引き上げていくためにも、早く「金融リテラシー」を正しく計量化していく取組みの重要性を説いている。

　このように、さまざまな有識者から、「金融リテラシー」をめぐる、多様な観点を示していただいた。これら多彩な問題意識が、今後の「金融リテラシー」の向上と定着を図っていくことに、役立つこととなろう。有識者の方々のコラム提供に、感謝したい。

「貯蓄から投資へ」「貯蓄から資産形成へ」について

　最後に、まとめとして、「貯蓄から投資へ」「貯蓄から資産形成へ」というテーマについて考えていきたい。このテーマは、20年来にわたって政策的な流れは明確に示され、政策的な枠組みも段階的に整備されてきており、関係者による多面的な努力も継続的に行われている。しかしながら、いまだに資金の流れは停滞したままである。現金・預金が中心（50％超）の構造はほとんど変化していない。今後、大きく変わるのかどうかについて、現時点でどうとらえておくか、筆者の認識を述べておきたい。

　過去20年ほどの間、「貯蓄から投資へ」「貯蓄から資産形成へ」が、政府・金融当局の政策指針になっている。2001年6月、小泉内閣における「骨太の方針」にて、間接金融から直接金融への切替えを進める方針を明確に出し、証券市場の構造改革と個人投資家の市場参加を促した。その後、リーマンショック、金融危機を経て、再度、2012年12月の安倍内閣発足後、アベノミクスにおいて、個人投資家のすそ野拡大のため、少額投資非課税制度（NISA）、確定拠出年金制度改革、金融知識の不足を補うための金融リテラシーへの取組み等を積極的に推進し、現在に至っている。しかしながら、本書においても何度も記述されているが、日本の個人金融資産構成は、依然として、現金・預金の比率が50％を超える水準であり、数十年にわたって、ほとんど変化していない状況にある。新しい資産形成の制度は浸透しつつあるが、まだまだ成果がはっきりと示された状況にあるとは言いがたい。

図表 9 - 2 実質賃金の国際比較（1997年＝100）

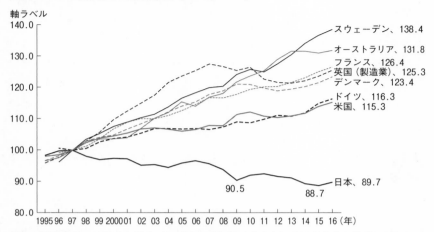

軸ラベル

スウェーデン、138.4
オーストラリア、131.8
フランス、126.4
英国（製造業）、125.3
デンマーク、123.4
ドイツ、116.3
米国、115.3
日本、89.7

90.5   88.7

1995 96 97 98 99 2000 01 02 03 04 05 06 07 08 09 10 11 12 13 14 15 16（年）

（注） 民間産業の時間当り賃金（一時金・時間外手当含む）を消費者物価指数でデフレー
トした。オーストラリアは2013年以降、第２四半期と第４四半期のデータの単純平均
値。フランスとドイツの2016年データは第１～第３四半期の単純平均値。英国は製造
業のデータのみ。

出典：独立行政法人労働政策研究・研修機構「国際労働比較2018データブック」
OECD.statより全労連が作成（日本のデータは毎月勤労統計調査によるもの）

図表 9 - 3 　日米欧の株価指数（TOPIXと日経平均）

各国株価（現地通貨ベース、1999年12月末＝100、2019年 9 月まで）

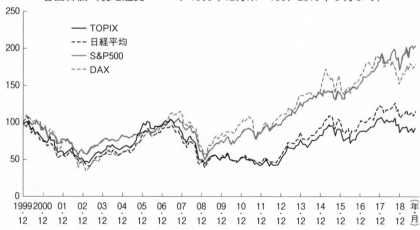

- TOPIX
-- 日経平均
- S&P500
-- DAX

1999 2000 01 02 03 04 05 06 07 08 09 10 11 12 13 14 15 16 17 18（年
12 12 12 12 12 12 12 12 12 12 12 12 12 12 12 12 12 12 12 12 月）

（注） 1999年12月末＝100として日米独の主要株価指数の推移を示した。
出典：QUICK社Astra Managerのデータより作成

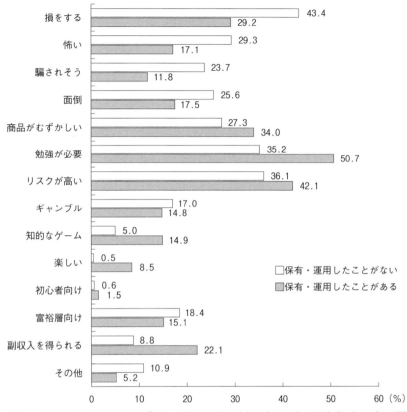

図表 9 − 4 「資産形成・資産運用」のイメージ

- 損をする: 43.4 / 29.2
- 怖い: 29.3 / 17.1
- 騙されそう: 23.7 / 11.8
- 面倒: 25.6 / 17.5
- 商品がむずかしい: 27.3 / 34.0
- 勉強が必要: 35.2 / 50.7
- リスクが高い: 36.1 / 42.1
- ギャンブル: 17.0 / 14.8
- 知的なゲーム: 5.0 / 14.9
- 楽しい: 0.5 / 8.5
- 初心者向け: 0.6 / 1.5
- 富裕層向け: 18.4 / 15.1
- 副収入を得られる: 8.8 / 22.1
- その他: 10.9 / 5.2

□ 保有・運用したことがない
■ 保有・運用したことがある

出典：QUICK資産運用研究所「個人の資産形成に関する意識調査」報告書（2016年12月）

　こうした状態について、「家計金融資産とマクロ経済に関する研究報告」（野村総合研究所、2018年8月）では、その要因について2点指摘している。第一に、家計が保有する住宅資産が、2016年末で約1,000兆円（家計資産の約35％）あり、きわめてウェイトが高く、家計にとって住宅を購入するという意思決定自体が大きなリスクテイクであり、金融資産でのこれ以上のリスクテイクはむずかしいことである。第二に、日本の金融制度・公的年金制度・雇用慣行の影響などであり、もともとの預貯金に家計貯蓄を誘導する政策、

図表 9 − 5　ライフステージに応じて発生する費用等の例

①現役期

資産形成期

（資産額）

親の介護

在宅介護期間：約34カ月※

再雇用時

子の誕生

約50万円※

住宅購入

三大都市圏：約2,500万〜約4,500万円※
その他地域：約1,900万〜約3,700万円※

退職

結婚

約358万円※

子の進学

約765万（すべて公立校）〜
約2,463万円（すべて私立校）※

就職

30歳頃　　　　40歳頃　　　　50歳頃　　　　60歳頃

出典：各種資料より金融庁作成

　年金財政の持続可能性への信頼感、年功序列、退職一時金・確定給付型企業
年金等の制度が充実していることなどの総合的な要因を指摘している。

　筆者なりにこの見方について整理してみると、次の4点が指摘できる。第
一に、将来生活の不安や長引くデフレの影響が大きいことがあげられる。こ
れは、図表 9 − 2 にあるように、実質賃金の国際比較をみると、1997年を
100とした指数では、日本は100を下回り90程度で推移しているのに対し、欧

264

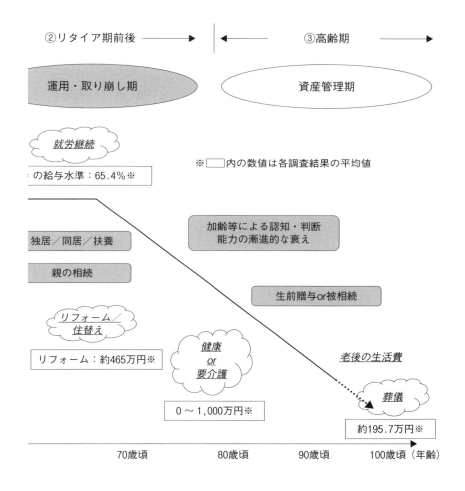

②リタイア期前後 ─────→ │ ←───── ③高齢期 ─────→

運用・取り崩し期　　　　　　資産管理期

就労継続

※□内の数値は各調査結果の平均値

の給与水準：65.4%※

独居／同居／扶養

親の相続

加齢等による認知・判断
能力の漸進的な衰え

生前贈与or被相続

リフォーム／
住替え

リフォーム：約465万円※

健康
or
要介護

老後の生活費

葬儀

0〜1,000万円※

約195.7万円※

70歳頃　　　　80歳頃　　　　90歳頃　　　　100歳頃（年齢）

米諸国においては、115から130台後半の指数にまで伸びている。第二に、株
価の低迷の影響も大きいと考える。図表9－3に示したとおり、日米欧の株
価水準について、1999年12月末を100としてみると、20年間で大きな格差が
生じていることが認識できる。この点については、図表9－4にある
QUICK資産運用研究所の「個人の資産形成に関する意識調査」からも、明
確にうかがわれる。「資産形成・資産運用」に関するイメージとして、「損を

する」「リスクが高い」というイメージが定着している。これは、株価の低迷によるところが大きいと思われる。だからこそ、幅広い世代において、「金融リテラシー」について学んでいくことが必要である。第三に、ライフステージごとに発生する費用（コスト）のイメージを、働いている方々が、きちんとつかんでおらず、漠然としか考えていない。たとえば、図表9－5にあるような人生100年時代を意識したライフステージのイメージを、きちんと考えたことも少ないだろう。また、現在のシニアの方々にとっては長いサラリーマン生活は“就職”ではなく“就社”であり、そうした意識を有することは少なかったと考える。この点からも「金融リテラシー」の重要性が浮かび上がってくる。第四に、現実論として、いざ“投資”や“資産形成”を行うとした場合のハードルの高さが、アクションにつながらないと考え

図表9－6　投資を始めるまでのハードルと対策

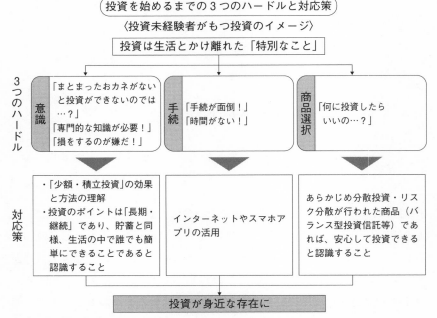

出典：MUFG資産形成研究所「金融リテラシー1万人調査の概要」（2018年8月）

る。これは、MUFG資産形成研究所「金融リテラシー1万人調査の概要」（2018年8月）の調査（図表9-6参照）からみてみると、「投資は生活とかけ離れた「特別なこと」」という意識（イメージ）のもと、①意識（専門知識が必要とか）、②手続（面倒、手間がかかりそうなど）、③商品選択（何に投資したらいいのかわからないなど）の3つのハードルがあることが認識できる。"投資"や"資産形成"が身近な存在になることが必要である。

　こうした論点を整理していくと、この20年、「貯蓄から投資へ」「貯蓄から資産形成へ」が大きく変化しなかったことをもってして、今後も、悲観的に考える必要はないものと思われる。筆者の考えとしては、今後、「貯蓄から投資へ」「貯蓄から資産形成へ」ということが本格的に動き出し、金融資産構成も徐々に変化していくことが、次の10年（～2030年）には十分に生じると考えている。MUFG資産形成研究所「金融リテラシー1万人調査の概要」（2019年11月）の調査で、積立投資を知っていて、資産形成を目的とした

図表9-7　積立投資を促すフレーズ

Q	あなたが資産形成に関するセミナーに参加したと仮定して、以下のフレーズを聞いたとき、「積立投資を始めてみよう」と真剣に考えさせられるものをお選びください。	
1位	「まずは少額（たとえば5,000円等）からでも、投資は始められます」	31.6%
2位	「投資利益が非課税になったり、投資金額が所得控除されるなど、税金面で有利になる制度があります」	23.5%
3位	「十分な知識がなくとも、毎月一定額を投資する方法であれば、長期的には損をする可能性は低くなります」	23.4%
4位	「NISAやiDeCo等は、国が推進する制度なので安心です」	13.0%
5位	「はじめの手続さえ行えば、あとは自動で毎月一定額を投資できる仕組みがあります」	12.8%
6位	「投資はお金持ちだけがするものではなく、毎月少額からでも始める意味はあります」	11.5%

出典：MUFG資産形成研究所「金融リテラシー1万人調査の概要」（2019年11月）

投資は「定期的に少額ずつ」との意向をもつが、いまだ実行していない人に質問を行ったところ、「まずは少額でも」とか、「長期的には損する可能性は低い」などのフレーズには関心は相応にあることがみてとれる（図表9－7参照）。制度面の充実が、こうした"資産形成"へのアクションを後押しする状況に入ってきていることがうかがわれる。また、今後の中心的な世代である20代から30代前半の"ゆとり世代"における特徴を図表9－8に示してあるが、40代以降を取り巻く環境とは異なり、意識面においても大きく変化していることがみてとれる。また、スマホをはじめとするIT機器や、制度

図表9－8　ゆとり世代の対応可能性

時代背景	（1987年）〜2004年生まれ ・リーマンショック ・少子化時代の到来 ・ゆとり教育 （・第二次就職氷河期） （・未婚率の上昇）

特　徴	（20代〜30代前半の社会人） ・競争意識や達成意識が低い ・昇進や昇給の意識が低い ・叱られ慣れていない ・離職率が高い ・指示待ちの人が多い ・プライベートを重視 ・コミュニケーション能力が低い ・物やお金への執着がない ・合理的・効率的な思考傾向 ・ITスキルが高い

投資の ハードル への対応	・将来に備えた資産形成意欲 ・長期積立分散投資の理解 ・スマホアプリを活用した簡便で効率の良い手続 ──口座開設・長期積立 ・スマホによる金融情報収集

出典：各種資料より筆者作成

面の充実などを考慮すると、こうした世代のライフステージに対する意識は
より視野が広がり、また、金融に関する情報面の利用の仕方などに関する基
盤の整備は進んできており、金融面の一定の経験などは必要となるものの、
環境は整い始めていると考える。今後の変化について、あまり楽観的な議論
をしすぎることは適当ではないが、仕組みを整えつつ、「金融リテラシー」
の向上に向けた努力を続けていけば、必ずや、日本の個人金融資産構成も
徐々に変化し、「貯蓄から投資へ」「貯蓄から資産形成へ」という流れが、具
体的に数字として表れ、定量的にも明確に認識できるものと考える。

〔参考文献〕
・神作裕之・小野傑・湯山智教『金融とITの政策学』（金融財政事情研究会、2018
　年7月）
・金融庁『最低限身に付けるべき金融リテラシーについて』（2013年11月）
・小林慶一郎・森川正之編著『コロナ危機の経済学』（日本経済新聞出版社、2020
　年7月）
・幸田博人「今後の「リテラシー」を考える」産業新潮（2020年10月号～毎月連
　載中：6回連載予定）

おわりに

　金融リテラシーのまとめ的に、次の2点を指摘しておきたい。1つは、金融リテラシーが小むずかしいものではないことである。もう1つは、相手の立場から物事をみる習慣の重要性である。

　金融リテラシーとは、そんなにむずかしいものではなく、生きるための常識の範囲内にある。本書もその常識に、最低限必要な理論的背景と、多少の尾ひれをつけたと考えてもらえればいい。

　ただし、常識とはいえ、世の中の進歩とともに常識と思えたことが変化していく。その変化に対応し、知識の入替えも必要となる。常に、「これでいいのだろうか」と疑うことが真の常識となる。

　個人的には、資産を運用するとして、預金か証券か、国内資産か海外資産かの選択問題をもっと真剣に考えなければならないと感じている。繰り返しの部分もあるが、多少述べておきたい。

　預金は安全かもしれないが、いまとなっては金利がつかない。国債も同様である。預金や債券投資が十分報われた時代は「いまは昔」である。

　一方、「株式に投資すれば財産をなくす」と諭されることもある。先日、ドラマをみていたら、これに近いセリフがあった。本当だろうか。株式投資に関するこの見解は、金融リテラシーの不足、つまり投資と投機との混同によって生じる。もしくは、戦前の株式市場が投機の場だった名残かもしれない。

　長期かつ分散して投資をすれば、大損する危険性に乏しい。「すぐに大金をつかみたい」と思うから大損してしまうのである。

　株式を買って明日にでも大金持ちになれるのなら、誰も苦労しない。大金持ちを夢みず、こつこつと株式に長期投資をすれば、老後の備えにはなる。このくらいの気持ちが金融リテラシーに沿っている。

　海外投資にも似た事情がある。1971年、1ドル360円の時代が終わり、1995年に一瞬だが80円割れになった。この間の急速な円高が記憶に深く刻ま

れたものだから、「海外投資は怖い」となった。もちろん、外国為替レート
は怖い。海外では国の破綻も生じる。

　しかし、怖い目に遭ったのは、投資する国を誤ったからだろう。弱ってい
る国か、秩序に乏しい国だったのではないだろうか。

　「金を貸してほしい」といわれたとき、相手の顔と暮らし具合をイメージ
するのが常識である。ある国もしくはその国の企業に投資するのも同じであ
る。たとえば、金利の水準が高いからといって、それだけの理由で投資すべ
きではない。金利が高いのには理由があるからだと、常識に基づいて判断す
べきである。

　ある国の金利の議論をさらに展開すると、金融リテラシーを実際の行動に
反映させるためには、相手の立ち位置から考えることが重要となる。

　金利が高いのは、なんらかの弱みがあるか、多少高い金利でもやっていけ
るとの自信の表れか、どちらかである。後者であれば、当面はともかくとし
て、何年後までなら大丈夫なのかが次の問題となる。

　囲碁や将棋の世界では、素人であっても何手か先のことを考える。当然、
交互に打ち、駒を進めるゲームだから、相手がどう出てくるのかを想定しな
ければならない。

　金融の世界も同じである。金利に関しては、上で述べたとおりである。も
う１つの事例として、決済での常識であるDVP（Delivery Versus Payment、
代金と物・サービスの同時受渡し）をあげておきたい。「振り袖の代金をあら
かじめ支払っていたのに、業者に逃げられた」事件があった。この事件、業
者に逃げられた個人には申し訳ないものの、金融リテラシーの欠如かもしれ
ない。

　代金の支払いにおいて、業者優位が半ば常態化している。しかし、業者の
信用力が怪しいかもしれない。そうであれば、注文した物が届いた時点や
サービスを受けた時点で、その代金を支払うのが望ましい方法である。「あ
らかじめ払ってほしい」といわれれば、DVPを主張しつつできるだけ後に
支払うか、手付金程度にしたいと交渉するか、可能であれば他の業者を探す
のが常識だと思える。

相手方として早く代金が欲しいのは、資金繰りに困っている証拠か、資金効率性を高めようとしているからだと考えていい。資金繰りの問題であれば、何やかやといって代金を支払わせようとするかもしれない。資金効率性を意識しているのであれば、正当に議論すれば、交渉の余地があるだろう。いずれにせよ、相手の態度から困窮度合いを判断できるかもしれない。

　金融リテラシーに関して、「相手の立場から物事をみる習慣」は折衝に発展しやすい。

　極端な場合、うまい汁を吸おう、騙そうと思って近づいてくる相手を撃退しなければならない。常識を含め、金融に関する知識とともに、相手のごまかしや、甘い誘惑の手口を見破り、反論し、拒絶しなければならない。知識レベルを超えた行動が要求される。

　ここまで極端でないにしても、リボルビング払いやFX（外国為替証拠金取引）とは何か、考えたことがあるだろうか。

　前者は借金をすることに等しい。相手側からすると、ゼロよりはるかに高い金利を得られる商品である。だから、カード会社はあの手この手でリボルビング払いを勧誘してくる。

　後者のFXは外国為替レートに関する短期の売買取引である。ネット証券会社に口座を開くと、FXのサイトが口を開けている。

　外国為替レートの場合、株式以上に短期取引はゼロサムゲームであり、業者に支払う手数料を計算に入れるとマイナスサムゲームになる。平均的な投資家が幸せになれるとは、とうてい考えられない。FXへの誘惑をいかに断ち切るのかも、金融リテラシーの一環だと思う。

　ネット証券会社の事例をあげたが、現在では金融に関する取引において、銀行、証券会社、保険会社はもちろんのこと、それ以外にも多種多様な機関が活躍している。利用する個人とすれば、この多種多様な機関のメリット、デメリット、癖を知らなければならない。このことは日常の買い物では常識である。金融取引だけが例外だと考えるほうがおかしい。

　簡単にいえば、多種多様な機関を使い分ければ大きなメリットが得られるし、実際に使い分けている実例も多い。これもまた、金融リテラシーのアッ

プデートが必要な事例である。

　さらにいえば、金融取引と、それに伴って発生する収益は課税の問題を生
じさせる。「儲かった」と単純に喜んでいる場合ではない。本書ではあまり
触れられなかったが、金融リテラシーは税リテラシーと表裏の関係にあるこ
とを指摘しておきたい。税と上手に付き合うことは、金融リテラシーを高め
ることにもつながる。

　本書を購入し読まれた方に、豊かな老後が来ることを祈念しておきたい。

川北　英隆

金融リテラシー入門 ［応用編］

2021年1月21日　第1刷発行
2021年7月1日　第2刷発行

編著者　幸　田　博　人

　　　　川　北　英　隆

発行者　加　藤　一　浩

〒160-8520　東京都新宿区南元町19
発　行　所　一般社団法人　金融財政事情研究会
企画・制作・販売　株式会社きんざい
　　出　版　部　TEL 03（3355）2251　FAX 03（3357）7416
　　販売受付　TEL 03（3358）2891　FAX 03（3358）0037
　　URL https://www.kinzai.jp/

校正：株式会社友人社／印刷：株式会社太平印刷社

ISBN978-4-322-13830-6